Accedi ai **Servizi R**

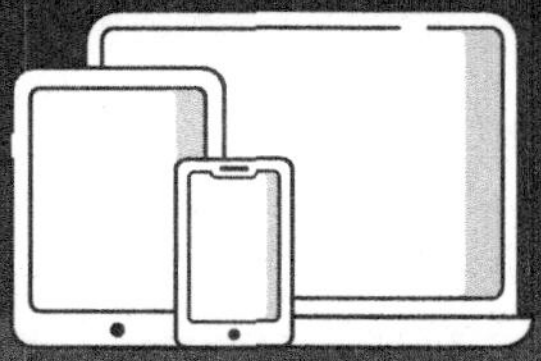

1 COLLEGATI AL SITO **EDISES.IT** ▶ 2 ACCEDI AL **MATERIALE DIDATTICO** ▶ 3 SEGUI LE **ISTRUZIONI**

Se hai acquistato su **amazon.it**, all'atto della spedizione riceverai via mail il **codice personale** necessario per accedere ai **servizi** e ai **contenuti extra** previsti da questo libro.

Se non hai ricevuto il codice (controlla anche nello spam), apri un ticket su **assistenza.edises.it** allegando la **ricevuta d'acquisto** e provvederemo ad inviarti il codice.

L'**accesso ai servizi riservati** ha la durata di **18 mesi** dall'attivazione del codice.

Per attivare i **servizi riservati**, collegati al sito **edises.it** e segui queste semplici istruzioni

SE **SEI REGISTRATO** AL SITO

clicca su Accedi al materiale didattico

▼

inserisci email e password

▼

inserisci le ultime 4 cifre del codice ISBN

▼

inserisci il **codice personale** ricevuto via mail da Amazon per essere reindirizzato automaticamente all'area riservata

SE **NON SEI REGISTRATO** AL SITO

clicca su Accedi al materiale didattico

▼

registrati al sito edises.it

▼

attendi l'email di conferma per perfezionare la registrazione

▼

torna sul sito **edises.it** e segui la procedura già descritta per **utenti registrati**

EdiSES edizioni

Concorso per
352 Allievi Dirigenti SNA
(Scuola Nazionale dell'Amministrazione)

Competenze dei dirigenti della PA

Quesiti situazionali

Quesiti di ragionamento
verbale e logico astratto

EdiSES
edizioni

Concorso 352 Allievi Dirigenti SNA (Scuola Nazionale dell'Amministrazione)
Competenze dei dirigenti della PA - Quesiti situazionali, Quesiti di ragionamento verbale e logico astratto
I Edizione – Gennaio 2023

9 8 7 6 5 4 3 2 1 0
2027 2026 2025 2024 2023

Le cifre sulla destra indicano il numero e l'anno dell'ultima ristampa effettuata

Cover Design and Front Cover Illustration: Digital Followers S.r.l.

Progetto grafico e Fotocomposizione: EdiSES edizioni S.r.l. – Napoli

Stampato presso: PrintSprint s.r.l. – Napoli

per conto della Edises edizioni S.r.l. – Napoli

ISBN 978 88 3622 833 1

www.edises.it
assistenza.edises.it

I curatori, l'editore e tutti coloro in qualche modo coinvolti nella preparazione o pubblicazione di quest'opera hanno posto il massimo impegno per garantire che le informazioni ivi contenute siano corrette, compatibilmente con le conoscenze disponibili al momento della stampa; essi, tuttavia, non possono essere ritenuti responsabili dei risultati dell'utilizzo di tali informazioni e restano a disposizione per integrare la citazione delle fonti, qualora incompleta o imprecisa.

Realizzare un libro è un'operazione complessa e, nonostante la cura e l'attenzione poste dagli autori e da tutti gli addetti coinvolti nella lavorazione dei testi, l'esperienza ci insegna che è praticamente impossibile pubblicare un volume privo di imprecisioni. Saremo grati ai lettori che vorranno inviarci le loro segnalazioni e/o suggerimenti migliorativi sulla piattaforma *assistenza.edises.it*

Sommario

Premessa

Il testo riporta tutte le nozioni teoriche sulle **competenze** richieste per la prova preselettiva, la seconda prova scritta e la prova orale del concorso per **352 Allievi Dirigenti SNA** (Scuola Nazionale dell'Amministrazione), individuate a partire dal **Modello di competenze dei dirigenti della PA italiana** previsto nelle **Linee guida di accesso alla dirigenza pubblica**, adottate con decreto del Ministro della pubblica amministrazione del 28 settembre 2022.

Il testo si articola in quattro parti:

- la prima parte descrive le **competenze più richieste nel mondo del lavoro**, in particolare le competenze dei dirigenti della pubblica amministrazione
- la seconda parte è dedicata ai **quesiti situazionali** (test in cui è presentato uno scenario con una situazione problematica in un contesto lavorativo e in cui si chiede di individuare una soluzione ragionata tra le diverse proposte); in particolare, nella parte sono commentati quesiti situazionali assegnati in precedenti concorsi SNA
- la terza parte analizza i **test di ragionamento verbale e logico astratto**
- la quarta parte comprende un'appendice dedicata al **colloquio**

Tra le estensioni web del volume sono disponibili:

- il **software online** per infinite esercitazioni sui quesiti situazionali e sui test di ragionamento verbale e logico astratto
- per alcune categorie di quesiti, indicate nel volume dalla specifica icona ▶, sono offerte **spiegazioni in aula virtuale**.

Ulteriori materiali didattici sono disponibili nell'area riservata a cui si accede mediante la registrazione al sito *edises.it* secondo la procedura indicata nelle prime pagine del volume.
Eventuali errata-corrige saranno pubblicati sul sito *edises.it* secondo la procedura indicata nel frontespizio.
Altri aggiornamenti sulle procedure concorsuali saranno disponibili sui nostri profili social.

blog.edises.it
infoconcorsi.edises.it

Indice

Parte Prima
Competenze trasversali (*soft skills*)

Parte Seconda
I test situazionali

Parte Terza
I test logico-attitudinali

Appendice
Il colloquio

Parte Prima

Competenze trasversali (*soft skills*)

SOMMARIO

Capitolo 1
Le competenze più richieste nel mondo del lavoro

1.1 Il concetto di competenza nel lavoro

Il **processo di selezione del personale** nelle organizzazioni, pubbliche o private, è un momento centrale tra i diversi meccanismi di gestione delle risorse umane.
Tecnicamente, nel processo di selezione viene attuata un'attività di ricerca tesa a scegliere il soggetto che tra gli altri risulta maggiormente idoneo a ricoprire un determinato ruolo professionale in virtù delle conoscenze, competenze e motivazioni che possiede. In questo processo, il primo passo è quello di confrontare le *conoscenze*, le *competenze* e le *motivazioni* dei soggetti da selezionare con i *requisiti* necessari per esercitare il ruolo relativo alla posizione da ricoprire.
Ma, per comprendere il concetto di **competenza** nel lavoro, è necessario ricorrere agli studi della psicologia del lavoro, nell'ambito della quale *la competenza è un aspetto strettamente connesso alla dimensione soggettiva del lavoratore*.
La competenza esprime, innanzi tutto, il concetto di *pertinenza* o *spettanza*. In tal senso definisce ciò che compete a una determinata figura professionale ovvero ciò che costituisce il suo ambito di pertinenza, il suo dominio. Pertanto, si può ben capire come il concetto di competenza sia strettamente connesso al ruolo professionale. Ma la competenza non può ridursi esclusivamente al concetto di pertinenza, come dimostrano gli studi dei due psicologi del lavoro **William Levati** e **Maria V. Saraò**, che forniscono una interessante definizione di competenza intesa come dimensione psicologica: "La competenza è una caratteristica intrinseca di un individuo, appartenente alla dimensione psicologica, costituita dall'insieme articolato di capacità, conoscenze, esperienze finalizzate. Si esprime attraverso i comportamenti e necessita della motivazione e del contesto. L'aspetto specifico del contesto, che impatta sulla nascita e sullo sviluppo della competenza, è la cultura organizzativa. L'azione combinata di motivazione e contesto fa assumere alla competenza il suo carattere soggettivo di consapevolezza di possibilità di controllo sull'ambiente esterno" (W. Levati, M.V. Saraò, Il modello delle competenze, Franco Angeli, Milano 2003).
Secondo questa interpretazione, dunque, la competenza non è un comportamento o modello comportamentale, bensì una caratteristica intrinseca dell'individuo (tratti di personalità, motivazioni, immagini di sé, conoscenze) in grado di determinare performance efficaci o superiori in una data mansione. In questa interpretazione le competenze inoltre sono spesso associate alla **capacità di adattamento** alle nuove situazioni e alla **capacità di governare l'incertezza** attraverso pratiche lavorative costruite di volta in volta e poco formalizzabili. In questo senso la competenza è l'esito di modalità di apprendimento legate all'attività, al prendere parte attiva, dunque all'esperienza e non la semplice somma dei saperi presenti nella testa o nelle mani dell'individuo.

Primo fondamentale ingrediente della competenza è la **capacità**. Essere capaci di svolgere un certo lavoro significa, innanzi tutto, avere, nel proprio patrimonio genetico, una predisposizione a farlo. Lyle M. Spencer e Signe M. Spencer, allievi e collaboratori di McClelland, nel libro *Competence at Work* (1993), citano una massima ancora molto diffusa negli ambienti manageriali, che riassume in maniera emblematica il concetto di capacità: "È possibile insegnare a un tacchino ad arrampicarsi sugli alberi, ma è meglio assumere uno scoiattolo". Le capacità, dunque, sono caratteristiche intrinseche dell'individuo non ulteriormente sviluppabili o modificabili poiché strettamente connesse con i vincoli biologici e personologici dell'individuo. Una persona introversa e poco gregaria non è compatibile, ad esempio, con lavori che prevedono frequenti contatti con la gente e la conseguente necessità di gestire relazioni plurime (venditore, commesso, rappresentante, animatore) ed è assolutamente sconsigliato a una persona con tali caratteristiche intraprendere un percorso lavorativo in tal senso, meglio indirizzare la propria formazione e la propria carriera verso professioni più in linea con le proprie capacità.

Per capacità, inoltre, si intende l'effettiva facoltà di mettere in atto determinati comportamenti. Quando l'individuo non possiede tale facoltà e le sue capacità sono presenti in forma embrionale, allora si parla di **attitudini**. Queste possono diventare capacità attraverso le **opportunità di esercizio** offerte dal contesto.

Le capacità, dunque, non sono migliorabili, in quanto parti integranti della persona nella sua identità bio-psicologica.

Nella competenza, però, rientrano, oltre al concetto di capacità, anche quelli di **conoscenza** e di **esperienza**. Non c'è limite alle conoscenze che si possono acquisire e alle esperienze che si possono fare. Si tratta, quindi, di due dimensioni assolutamente potenziabili e la cui integrazione si traduce in **padronanza**: l'esperienza è fonte di conoscenza, così come la conoscenza funge da stimolo per l'esperienza.

Spencer e Spencer inoltre identificano e sviluppano un **dizionario delle competenze** che si articola in sei categorie:

1. **Competenze di realizzazione e operative**: orientamento al risultato; attenzione all'ordine, alla qualità e all'accuratezza; spirito d'iniziativa; ricerca delle informazioni.
2. **Competenze di assistenza e servizio**: sensibilità interpersonale; orientamento al cliente.
3. **Competenze d'influenza**: persuasività e influenza; consapevolezza organizzativa; costruzione di relazioni.
4. **Competenze manageriali**: sviluppo degli altri; attitudine al comando: assertività e uso del potere formale; lavoro di gruppo e cooperazione; leadership del gruppo.
5. **Competenze cognitive**: pensiero analitico; pensiero concettuale; capacità tecnico/professionali/gestionali.
6. **Competenze di efficacia personale**: autocontrollo; fiducia in sé; flessibilità; impegno verso l'organizzazione; altre caratteristiche e competenze personali.

Il dizionario delle competenze

Il **dizionario delle competenze** (*competency dictionary*) costituisce un linguaggio e un'unità di misura comune, che rende metodologicamente possibile la valutazione di una competenza, che consente, quindi, di assegnare le competenze sulla base della categoria di appartenenza, del profilo professionale e, altresì, del lavoro effettivamente svolto.

Nel dizionario delle competenze, di ogni caratteristica viene data una **definizione** e elencati un certo numero di **indicatori comportamentali** che ne dimostrano il possesso. In genere, gli indicatori comportamentali sono raggruppati per livelli di complessità progressiva.

La possibilità di effettuare una **mappatura delle competenze** è estremamente importante per un'organizzazione, in quanto fornisce le basi per l'elaborazione di un sistema di pianificazione delle risorse umane, per la valutazione e lo sviluppo del potenziale e per l'analisi sul campo dei bisogni formativi. La mappatura delle competenze è infatti una sorta di revisione generale dell'organizzazione, che consente di individuare l'insieme dei contributi delle persone dei quali l'organizzazione ha bisogno.

1.2 *Hard skills* e *soft skills*

Nei processi di selezione del personale, che si uniformano sempre più alle procedure di selezione dei concorsi dell'Unione europea (modello EPSO; *v. infra*), oltre alle competenze tecnico-professionali specifiche del profilo lavorativo, acquisite durante il percorso di studi o nelle precedenti esperienze lavorative, sono richieste una serie di competenze legate al modo di interagire in ambito lavorativo, alla capacità di risolvere i problemi o di gestire le situazioni.
A seconda del campo di indagine, nell'ambito delle competenze si distingue, infatti, tra *hard skills* e *soft skills*.
Le ***hard skills*** sono l'insieme delle competenze tecniche, strettamente correlate a una tipologia di lavoro, fortemente connesse alla conoscenza acquisita nel percorso educativo, facilmente osservabili, misurabili. Costituiscono il nucleo dei requisiti professionali di una data posizione lavorativa, includono capacità linguistiche, informatiche e di programmazione, e il loro possesso è dimostrabile attraverso l'esibizione di un attestato o certificato che ne attesti la validità.
Le ***soft skills***, o ***competenze trasversali***, si riferiscono, invece, a competenze che non rientrano nell'ambito tecnico, non sono correlate specificatamente a un lavoro, ma sono strettamente connesse agli atteggiamenti personali, intangibili (capacità di lavorare in *team*, pensiero creativo, *problem solving* e doti relazionali). Ciò le rende più difficili da quantificare, misurare e sviluppare.
Le *soft skills* comprendono un insieme di attitudini, atteggiamenti e capacità che hanno a che fare con il modo di concepire il mondo, le organizzazioni e le relazioni con gli altri. È evidente che, in buona parte, le *soft skills* individuali fanno parte del carattere. Altre competenze, invece, si possono affinare o, in qualche caso, acquisire con un'adeguata formazione e, soprattutto, con l'esperienza, come, ad esempio, la capacità di apprendere o la capacità di comunicare efficacemente.
Nell'attuale scenario economico, la trasformazione digitale e lo sviluppo tecnologico portano con sé sfide e opportunità da cogliere e gestire sviluppando e alimentando nuove competenze in modo equilibrato e strategico. Oggi, la maggior parte dei lavori è caratterizzata da una duplice attenzione al tema delle competenze: da una parte la crescente richiesta di solide conoscenze e abilità tecnico-scientifiche, dall'altra un'applicazione di *soft skills*.

1.3 Competenze di base, competenze tecnico-professionali e competenze trasversali

Una classificazione fondamentale delle competenze, soprattutto per gli operatori di orientamento, nello svolgere le attività di informazione, consulenza e sviluppo delle capacità personali che aiutano le persone a inserirsi nella vita attiva, distingue le competenze in: competenze di base; competenze tecnico-professionali; competenze trasversali.

Le **competenze di base** sono l'insieme delle conoscenze e della loro capacità d'uso, indispensabili per l'inserimento al lavoro e alle professioni (ad es., conoscenza della lingua inglese e dell'informatica).

Le **competenze tecnico-professionali** sono costituite dalle conoscenze e dalle tecniche operative specifiche di una certa attività professionale (saperi e tecniche).

Le **competenze trasversali**, note anche come ***soft skills***, sono competenze che consentono la traduzione di saperi e di capacità in comportamenti efficaci; non sono connesse specificatamente a una determinata attività o posizione lavorativa, ma entrano in gioco in tutti i diversi ruoli e mansioni.

Le stesse si articolano in:

> **competenze relazionali**: saper comunicare, saper interagire, saper lavorare in gruppo, sapersi confrontare;
> **competenze diagnostiche**: saper analizzare, saper controllare più variabili, saper reperire e trattare informazioni, saper valutare una situazione in corso d'opera;
> **competenze decisionali**: saper risolvere problemi, saper valutare, saper decidere, saper scegliere;
> **competenze comunicative**: capacità di esprimere con chiarezza ed efficacia il proprio pensiero. Saper comunicare significa non solo costruire in modo logico e fluido un discorso o un testo, ma anche saper adattare il contenuto e la forma in base al tema da trattare, al contesto e all'interlocutore;
> **responsabilità personale**: saper rispondere, rendere ragione ed essere consapevoli delle conseguenze derivanti dalla propria condotta;
> **gestione dei conflitti**: capacità di affrontare le problematiche che sorgono nelle relazioni orizzontali e diagonali all'interno di un'organizzazione;
> **gestione dello stress**: capacità di affrontare e tollerare le situazioni di forte stress o fattori stressogeni più specifici, che si possono venire a creare durante lo svolgimento della propria attività lavorativa all'interno di una organizzazione e a contatto con altre persone;
> **gestione dei cambiamenti**: capacità di rendersi flessibili rispetto a dinamiche esterne, di relazionarsi in modo curioso e attivo nei confronti dei cambiamenti che interessano la propria sfera d'azione;
> **capacità relazionali**: complementare alla comunicazione, è la capacità di instaurare, costruire e gestire le relazioni con l'ambiente esterno, le altre persone e i diversi contesti di vita;
> **motivazione**: bisogno, tendenza o aspirazione che spinge un individuo ad assumere un certo comportamento o a prendere certe decisioni; è il motore delle sue azioni.

1.4 Le competenze digitali: *digital hard skills* e *digital soft skills*

1.4.1 Le competenze trasversali digitali

Nell'era digitale, tutte le aziende devono affrontare la sfida di adeguare le competenze degli individui al nuovo contesto lavorativo. Particolare importanza assumono, in questo contesto, le cd. **competenze digitali**.

È difficile dare una definizione univoca di tali *skills*. Una prima definizione "ufficiale" è stata proposta dalla Raccomandazione del Parlamento europeo e del Consiglio nel dicembre 2006, in un documento che indicava le otto competenze chiave per l'apprendimento permanente: "La competenza digitale consiste nel saper utilizzare con dimestichezza e spirito critico le tecnologie della società dell'informazione (TSI) per il lavoro, il tempo libero e la comunicazione. Essa è supportata da abilità di base nelle ICT (*Information and Communication Technologies* – Tecnologie dell'Informazione e della Comunicazione): l'uso del computer per reperire, valutare, conservare, produrre, presentare e scambiare informazioni nonché per comunicare e partecipare a reti collaborative tramite Internet".

L'importanza delle *digital skills* emerge dai dati dell'**Osservatorio delle competenze digitali** 2019, secondo cui "per accelerare sul digitale, occorre accelerare su chi ha le competenze per abilitarlo. Più professionisti esperti (laureati e non), più formazione di qualità, più *soft skills* sono tra i fattori determinanti per ridurre il ***gap domanda-offerta*** di competenze digitali. Non solo i progetti digitali ritardano per carenza di personale con *skill* adeguate, ma aumenta la disoccupazione di forza lavoro con competenze in obsolescenza".

Nell'ambito delle competenze digitali, l'Osservatorio delle competenze digitali – promosso da Aica, Anitec-Assinform, Assintel e Assinter Italia, in collaborazione con Miur e Agid – ha schematizzato i livelli di conoscenze e competenze, riconducendoli a **4 categorie**:

1. Le **competenze per la cittadinanza digitale**, necessarie a tutti i cittadini per potersi allineare alla digitalizzazione del contesto sociale.
2. Le **competenze digitali dei lavoratori**, che rispecchiano la capacità di saper usare nella quotidianità lavorativa strumenti informatici, a prescindere dalla funzione aziendale di appartenenza.
3. Le **competenze specialistiche ICT**, tipiche di figure che operano all'interno delle strutture ICT di realtà private e pubbliche o all'interno delle divisioni operative di fornitori di tecnologie e servizi ICT.
4. Le **competenze di e-leadership**, che caratterizzano chi associa alla cultura digitale particolari attitudini e talenti che consentono di immaginare determinati percorsi di cambiamento e di contestualizzarli all'interno della propria organizzazione.

Quando si parla di competenze digitali, è possibile fornire una classificazione, infatti, ci si può riferire alle *digital hard skills* e/o alle *digital soft skills*.

Le ***digital hard skills*** si riferiscono alle competenze tecniche di base, acquisite tramite percorsi di studio, come università, corsi di formazione o master, o anche sul posto di lavoro. Tali competenze sono quantificabili.

Differenti sono le ***digital soft skills***, particolari competenze trasversali che riguardano principalmente le relazioni e i comportamenti delle persone in qualsiasi contesto lavorativo e che consentono di usare con efficacia i nuovi *strumenti digitali*. Tali competenze sono difficilmente quantificabili: dipendono dalla cultura, dalla personalità e dalle esperienze vissute dal singolo, sono strettamente connesse al modo di interagire, comunicare e cooperare in team.

P4I-Partners4Innovation, la società del Gruppo Digital360 che offre servizi di Advisory e Coaching a supporto dell'Innovazione Digitale e Imprenditoriale, ha fornito una classificazione delle ***digital soft skills***, che nasce dalla rielaborazione di due modelli: il modello *Digital Competence Framework* (DIGCOMP), sviluppato dalla Commissione Europea, e il modello delle *Digital Soft Skills*, sviluppato dall'Osservatorio HR *Innovation Practice* del Politecnico di Milano. La classificazione è costituita dalle quattro abilità seguenti:

> *Knowledge networking*
> *Virtual Communication*
> *Digital Awareness*
> *Self Empowerment*

Knowledge networking

È la capacità di identificare, recuperare, organizzare, capitalizzare e condividere il patrimonio di conoscenze all'interno di reti e comunità virtuali.

Questa *soft skill* digitale prevede il possesso di alcune **competenze**:

- capacità di ricercare e filtrare i dati, i contenuti e qualsiasi tipo di informazione digitale
- creare e rielaborare i contenuti digitali
- valutare e condividere i dati digitali raccolti.

Virtual Communication

È la capacità di comunicare in maniera efficace, di gestire e coordinare la propria identità digitale in ambienti di lavoro, ormai sempre più improntati al digitale. Questa competenza trasversale consiste nel saper sfruttare tutti gli strumenti digitali a propria disposizione per ottenere una comunicazione più efficace, fluida e anche produttiva. Il candidato ideale ha la **capacità** di gestire i progetti e di lavorare in team attraverso l'utilizzo simultaneo e condiviso di alcuni strumenti digitali come Skype, e-mail, videoconferenze, chat di gruppo e app di messaggistica istantanea.

Digital Awareness

L'espressione *digital awareness* può essere tradotta con **consapevolezza digitale**, cioè quella capacità di utilizzare gli strumenti digitali senza nuocere agli altri e a se stessi. Nonostante molte aziende siano molto favorevoli nell'assumere candidati in grado di saper utilizzare i social network, le chat, gli smartphone e gli altri strumenti digitali, desiderano anche che il futuro dipendente sappia proteggere i suoi dati personali e i suoi dispositivi. Il candidato in possesso della *digital awareness* deve utilizzare i dispositivi digitali con parsimonia e senza eccedere e soprattutto deve evitare di utilizzarli per creare un danno a sé stesso e agli altri.

Self Empowerment

È l'abilità trasversale che permette di utilizzare gli strumenti digitali per favorire l'**apprendimento personale** e risolvere **problemi complessi**. Il candidato in possesso di questa *soft skill* digitale è in grado di risolvere con efficacia problemi tecnici, di riconoscere i suoi gap di competenza digitale e di ricercare strumenti per apprenderle velocemente.

1.4.2 Le competenze digitali per la Pubblica amministrazione: il PNRR; la Strategia nazionale per le competenze digitali; il Syllabus

Il possesso di **competenze digitali** da parte dei dipendenti pubblici rappresenta una condizione essenziale per consentire l'adattamento dei servizi della pubblica amministrazione all'era digitale. Affinché gli interventi programmatici si traducano in pratiche agite è, infatti, necessario che tutti i lavoratori della pubblica amministrazione siano in grado di comprendere, accettare e adottare i nuovi strumenti a disposizione e i cambiamenti nei processi di lavoro che questi comportano, per poter arrivare a farsi promotori essi stessi dell'innovazione. Ciò al fine di migliorare il servizio, il rapporto con il cittadino e la qualità del proprio lavoro.

Nel 2018, l'**OCSE** ha evidenziato come la trasformazione digitale della pubblica amministrazione risulti essere principalmente una sfida di carattere gestionale piuttosto che tecnologico, in quanto richiede un profondo cambiamento nel modo di lavorare delle amministrazioni realizzabile solo attraverso l'affermazione di un ampio ed eterogeneo ventaglio di competenze a tutti i livelli dell'amministrazione.

L'OCSE individua **4 classi di competenze**:

1. **Competenze digitali di base**, volte principalmente ad assicurare l'utilizzo appropriato, da parte dell'intera forza lavoro pubblica, degli strumenti a supporto dell'automazione d'ufficio di cui dispone.
2. **Competenze specialistiche** necessarie a fronteggiare la progressiva diffusione di tecnologie emergenti e dalle grandi potenzialità anche in ambito pubblico, quali ad esempio l'intelligenza artificiale, e che possono essere acquisite solo attraverso l'attivazione di percorsi virtuosi di selezione e valorizzazione di nuove figure professionali.
3. **Competenze digitali complementari**, che, appunto, si definiscono complementari in quanto presupposto essenziale per attuare con padronanza e dimestichezza i cambiamenti apportati dalle tecnologie digitali nei processi istituzionali di una pubblica amministrazione (si pensi ad esempio ai cambiamenti introdotti nelle procedure di pagamento dal sistema pagoPA oppure alla regolazione del sistema di gestione documentale).
4. **Competenze digitali manageriali o di e-leadership**, alle figure dirigenziali si richiede il possesso di tali competenze affinché possano promuovere e guidare il cambiamento nella gestione del servizio pubblico.

In Italia, l'**Agenzia per l'Italia Digitale** (**AgID**) ha svolto negli ultimi anni un ruolo attivo nella definizione di modelli di riferimento per la sistematizzazione delle competenze digitali nella PA.

In particolare, l'AgID ha realizzato azioni mirate su **3 livelli di intervento**:

1. Il **livello delle competenze digitali di base**, attraverso la traduzione ufficiale in italiano di DigComp 2.1, il *framework* delle competenze digitali per i cittadini che, oltre a fornire un linguaggio comune per identificare e descrivere le aree di competenza digitale chiave a livello europeo, rappresenta uno strumento per migliorare le

competenze dei cittadini, aiutare la formulazione di interventi e politiche a supporto del rafforzamento delle competenze digitali e pianificare iniziative formative mirate.

2. Il **livello delle competenze digitali specialistiche**, attraverso la pubblicazione, nel 2018, delle "Linee guida per l'armonizzazione delle qualificazioni professionali, delle professioni e dei profili in ambito ICT" e l'aggiornamento, nello stesso anno, delle "Linee Guida per la qualità delle competenze digitali nelle professionalità ICT". Quest'ultime definiscono i profili di competenza delle professioni ICT a partire dal modello per l'identificazione di conoscenze, abilità e competenze per la definizione di figure professionali ICT, noto come *e-Competence Framework* 3.0 e recepito in Italia dalla norma UNI EN 16234.
3. Il **livello delle competenze digitali di e-*leadership***, attraverso la pubblicazione, nel 2018, delle "Linee guida sull'e-leadership", uno strumento a supporto delle amministrazioni per comprendere i fabbisogni di interventi organizzativi e formativi volti a promuovere la diffusione e affermazione degli "eleader", in grado di integrare competenze digitali, competenze trasversali tipiche del leader e competenze specifiche di settore.

Inoltre, nel 2019 AgID ha sottoscritto un protocollo di intesa con la CRUI – Conferenza dei Rettori delle Università italiane, finalizzato all'attivazione di **percorsi di mappatura delle competenze** e **definizione di percorsi formativi mirati per il Responsabile per la transizione al digitale**, una figura chiave nel processo di transizione al digitale delle pubbliche amministrazioni prevista dal **Codice dell'amministrazione digitale** (D.Lgs. 82/2005).

DigComp 2.2

L'impianto del framework europeo sulle competenze di cittadinanza digitale (DigComp) è stato definito per la prima volta nel 2013 dal Joint Research Centre (JRC) per conto della DG Istruzione e cultura e ulteriormente sviluppato per conto della DG Occupazione, affari sociali e inclusione.
Il 22 marzo 2022 è stato pubblicato il DigComp 2.2, una nuova versione del Quadro europeo per le competenze digitali dei cittadini. Le aree di competenza e le competenze restano quelle individuate in DigComp 2.0, i livelli di competenza quelli descritti in DigComp 2.1; nella versione 2.2 sono indicati esempi di conoscenze, abilità e atteggiamenti connessi a ciascuna delle 21 competenze.

Le competenze digitali di base nel PNRR

Il **Piano Nazionale di Ripresa e Resilienza** (**PNRR**) è il documento che ciascuno Stato membro dell'Unione europea deve predisporre per accedere ai fondi del **Next Generation EU** (**NGEU**), lo strumento introdotto dall'Unione europea per la ripresa post pandemia COVID-19, rilanciando l'economia degli Stati membri e rendendola più verde e più digitale. Con il PNRR gli Stati membri devono definire un pacchetto coerente di riforme e investimenti per il periodo 2021-2026. Il piano deve, inoltre, dettagliare i progetti, le misure e le riforme previste nelle aree di intervento riconducibili ai **6 pilastri fondamentali** del NGEU.
Il PNRR dell'Italia è stato presentato in via ufficiale dal Governo italiano il 30 aprile 2021 e trasmesso alla Commissione europea e al Parlamento ed è stato approvato definitivamente, con Decisione di esecuzione del Consiglio, il 13 luglio 2021.
Il Piano si compone di **6 Missioni** e **16 Componenti**, che si articolano intorno a **3 assi strategici** condivisi a livello europeo: *digitalizzazione e innovazione, transizione eco-*

gica, inclusione sociale. Vi sono poi **3 priorità trasversali**: *parità di genere; miglioramento delle competenze, della capacità e delle prospettive occupazionali dei giovani; riequilibrio territoriale e sviluppo del Mezzogiorno.*
Nel PNRR, la **Missione 1** (Digitalizzazione, innovazione e competitività del sistema produttivo) ha come obiettivo generale quello di dare un "impulso decisivo al rilancio della competitività e della produttività del Paese", mediante investimenti idonei a garantire un deciso salto di qualità nel ***percorso di digitalizzazione del Paese***.
Le linee di intervento della Missione 1 si sviluppano attorno a 3 componenti progettuali:
C1) digitalizzazione, innovazione e sicurezza nella PA;
C2) digitalizzazione, innovazione e competitività del sistema produttivo;
C3) turismo e cultura 4.0.
In particolare, nella Componente 1 della Missione 1, l'Investimento 1.7 è relativo alle **Competenze digitali di base**. In quest'ottica, gli sforzi di trasformazione digitale di infrastrutture e servizi sono accompagnati da interventi di supporto alle competenze digitali dei cittadini, per garantire un sostegno robusto e pervasivo al compimento del percorso di alfabetizzazione digitale del Paese. In questo ambito, il PNRR nel suo complesso prevede diverse linee di azione, tra loro sinergiche, che coprono tutti gli snodi del percorso educativo. Molte di queste iniziative sono descritte in altre componenti e, in particolare, nella Missione 4. Gli interventi mirano a supportare le fasce della popolazione a maggior rischio di subire le conseguenze del *digital divide*, in qualche modo "l'ultimo miglio" delle conoscenze digitali. Oltre alle misure (più) tradizionali fornite dalle piattaforme educative, di istruzione e di supporto all'inserimento nel mondo del lavoro, con il PNRR si vuole rafforzare il network territoriale di supporto digitale (facendo leva su esperienze regionali di successo) e il Servizio Civile Digitale, attraverso il reclutamento di diverse migliaia di giovani che aiutino circa un milione di utenti ad acquisire competenze digitali di base.

La Strategia nazionale per le competenze digitali

Nel 2020, per la prima volta l'Italia si è dotata di una **Strategia nazionale per le competenze digitali**, base essenziale per l'attuazione di interventi organici, multisettoriali ed efficaci su un'area fondamentale per lo sviluppo economico e sociale del Paese. Fino ad allora la mancanza di una strategia ha limitato la messa in atto dei processi di trasformazione digitale.
Elaborata nell'ambito dell'iniziativa Repubblica Digitale, la Strategia è il risultato di un approccio collaborativo che ha messo sullo stesso tavolo Ministeri, Regioni, Province, Comuni, Università, istituti di ricerca, imprese, professionisti, Rai, associazioni e varie articolazioni del settore pubblico, oltre alle organizzazioni aderenti alla Coalizione Nazionale (più di 120, che promuovono oltre 130 iniziative).
La Strategia si fonda su **4 assi di intervento**:

1. **Istruzione e Formazione Superiore**: per lo sviluppo delle competenze digitali all'interno dei cicli d'istruzione per i giovani.
2. **Forza lavoro attiva**: per garantire competenze digitali adeguate sia nel settore privato che nel settore pubblico, incluse le competenze per l'e-leadership.
3. **Competenze specialistiche ICT**: per potenziare la capacità del Paese di sviluppare competenze per nuovi mercati e nuove possibilità di occupazione, in gran parte legate alle tecnologie emergenti e al possesso delle competenze indispensabili per i lavori del futuro.

4. **Cittadini**: per sviluppare le competenze digitali necessarie a esercitare i diritti di cittadinanza e la partecipazione consapevole alla vita democratica.

Obiettivo della implementazione della Strategia è stato quello di eliminare il **gap** con gli altri Paesi europei, in termini generali di digitalizzazione e rispetto ai singoli assi di intervento, e di abbattere il *digital divide* tra varie aree del nostro territorio nazionale.

Per raggiungere tale obiettivo è elaborato un **Piano operativo** con le iniziative concrete. È del 6 ottobre 2022 il Piano operativo finalizzato alla definizione e alla programmazione degli interventi per l'attuazione della Strategia Nazionale per le Competenze Digitali. Il Piano, che rappresenta l'aggiornamento della prima versione del Piano, pubblicata nel dicembre 2020, tiene in considerazione gli aggiornamenti intervenuti nel periodo 2020-2022. Promosso dal Dipartimento per la trasformazione digitale della Presidenza del Consiglio dei Ministri, il Piano punta a chiudere entro il **2026** il gap attuale sulle competenze digitali con Paesi come Germania, Francia, Spagna, con azioni misurabili e in linea con i target europei del Decennio digitale. Si tratta del documento di riferimento nazionale per la pianificazione delle competenze digitali, atteso anche dalle istituzioni europee, così come descritto nel rapporto DESI.

In particolare, il Piano descrive le azioni di sistema e delinea gli obiettivi, misurabili e perseguiti nell'ambito di ciascun asse di intervento, evidenziando anche le principali iniziative intraprese dalle singole amministrazioni e dalle organizzazioni della Coalizione Nazionale per le competenze digitali.

Il Syllabus "Competenze digitali per la PA"

La trasformazione digitale richiede l'affermazione di una classe di competenze che l'OCSE definisce *competenze digitali complementari* in quanto presupposto essenziale per attuare con padronanza e dimestichezza i cambiamenti apportati dalle tecnologie digitali nei processi istituzionali di una pubblica amministrazione (si pensi ad esempio ai cambiamenti introdotti nelle procedure di pagamento dal sistema pagoPA oppure alla regolazione del sistema di gestione documentale).

In Italia, il **Dipartimento della funzione pubblica**, attraverso il progetto "**Competenze digitali per la PA**", intende svolgere un'azione complementare a quelle delineate indirizzando le competenze che l'OCSE definisce *competenze digitali complementari trasversali* a tutti i dipendenti pubblici. In particolare, l'obiettivo perseguito è quello di fornire ai dipendenti pubblici gli strumenti per affrontare le specificità dei cambiamenti nei processi di lavoro della pubblica amministrazione italiana dovuti alla digitalizzazione.

In tal senso è volta la scelta del Dipartimento della funzione pubblica di **promuovere** attraverso il progetto "Competenze digitali per la PA":

- la definizione di ***programmi formativi*** composti da moduli di breve durata, progettati secondo le metodologie più evolute di erogazione di corsi principalmente in modalità FAD (formazione a distanza);
- la personalizzazione della proposta formativa grazie a una rilevazione agile degli effettivi fabbisogni di competenze, realizzata a partire da un'attività di autoverifica delle conoscenze e abilità possedute in relazione alle competenze descritte nel ***Syllabus***.

Nel 2018 il Dipartimento della funzione pubblica ha rilasciato il **Syllabus "Competenze digitali per la PA"**, il documento che descrive le conoscenze e le abilità di base richieste a un qualsiasi dipendente pubblico, ad eccezione degli specialisti IT (Information Technology), per partecipare attivamente alla **trasformazione digitale della Pubblica Amministrazione**.

La **stesura** della prima versione del Syllabus è stata coordinata dall'Ufficio per l'innovazione e la digitalizzazione del Dipartimento della funzione pubblica e ha visto il coinvolgimento e la partecipazione di esperti nella formazione e nella trasformazione digitale della pubblica amministrazione, sia in qualità di autori che di revisori dei contenuti. Il documento è stato poi oggetto di una consultazione pubblica realizzata attraverso il ricorso all'applicazione Commentario messo a disposizione da Formez PA. Nel corso della consultazione, che si è tenuta dal 24 ottobre al 21 dicembre 2018, sono stati acquisiti oltre 200 commenti che sono stati presi in considerazione ai fini della stesura della versione finale del documento, così come illustrato nel Report sugli esiti della consultazione pubblica. Il Syllabus è oggetto di manutenzione continua nel corso dell'intera durata dell'iniziativa "Competenze digitali per la PA", al fine di assicurarne il costante aggiornamento rispetto alle evoluzioni del contesto tecnologico, normativo e sociale.

Il Syllabus è stato definito in modo da garantire che il **set di competenze** di cui si compone risulti il più possibile chiaro e non ambiguo, al fine di consentire a soggetti terzi di comprendere chiaramente i contenuti dei test di autoverifica e di predisporre percorsi formativi agilmente riconoscibili come conformi al Syllabus stesso.

Obiettivo generale del Syllabus è fare in modo che tutti i dipendenti pubblici siano in grado di operare attivamente in modo sicuro, consapevole, collaborativo e orientato al risultato all'interno di una pubblica amministrazione sempre più digitale. Nello specifico, descrive le conoscenze e le abilità che concorrono a rendere i dipendenti pubblici in grado di:

- **utilizzare in modo appropriato e nel rispetto della normativa gli strumenti digitali** a disposizione nell'ambito dei propri processi di lavoro;
- **comprendere rischi e vantaggi della gestione digitale di dati e informazioni** così come delle molteplici forme di comunicazione e collaborazione disponibili negli ambienti digitali;
- **promuovere la gestione e condivisione dell'informazione pubblica** al fine di dare concreta attuazione ai principi di trasparenza e responsabilizzazione;
- **comprendere le potenzialità di utilizzo delle tecnologie** emergenti all'interno delle pubbliche amministrazioni;
- **tutelare i diritti di cittadinanza digitale** riconosciuti a cittadini e imprese;
- **svolgere un ruolo proattivo e assertivo nel processo di trasformazione digitale** della PA.

Si fonda sull'impianto del ***framework* europeo sulle competenze di cittadinanza digitale** (DigComp), versione 2.1.

Il Syllabus si articola, infatti, secondo **4 dimensioni** coerenti con quelle adottate nel framework DigComp:

Dimensione 1: Area di competenza, che delimita ciascun ambito tematico che concorre alla definizione della competenza digitale nel suo complesso.

Dimensione 2: Descrittore delle competenze presenti in ciascuna area.

Dimensione 3: Livello di padronanza per ciascuna competenza.

Dimensione 4: Descrittore delle conoscenze e/o delle abilità che caratterizzano una competenza per ciascun livello di padronanza.

Il Syllabus si concentra sulle **2 componenti** che concorrono a definire la **competenza** maggiormente osservabili e sviluppabili attraverso percorsi formativi, quali appunto:

- la **conoscenza**, intesa come insieme di informazioni e nozioni di cui il dipendente pubblico dispone in relazione a una tematica specifica sul digitale connessa al proprio lavoro, e
- l'**abilità**, intesa come capacità di compiere determinate attività che si avvalgono del digitale.

Al contrario, altre componenti distintive della competenza – quali il concetto di sé, i tratti e le motivazioni – oltre a essere difficilmente rilevabili necessitano di tempi di apprendimento molto ampi e tecniche e strumenti in grado di intervenire in profondità nell'individuo. Per tali ragioni la loro rilevazione e sviluppo esula dalle finalità del progetto "Competenze digitali per la PA".

Il Syllabus si compone di **11 competenze** organizzate in **5 aree**; ciascuna competenza, a sua volta, si articola in un numero variabile di conoscenze/abilità raggruppate in **3 livelli di padronanza**:

1. Base
2. Intermedio
3. Avanzato.

I livelli sono definiti tenendo conto di **2 dimensioni**:

1. Gli **obiettivi cognitivi di apprendimento**, individuati ispirandosi alla proposta di classificazione ordinata e progressiva di Bloom, che distingue tra conoscenza- comprensione, applicazione-analisi e sintesi-valutazione.
2. La **complessità della tematica indirizzata**, che giustifica la presenza della mera conoscenza di concetti anche per i livelli di padronanza intermedio o addirittura avanzato.

1.5 Il concetto di competenza nell'ordinamento giuridico italiano e nel quadro dell'Unione europea

Per comprendere appieno il significato del concetto di **competenza**, nelle sue diverse accezioni, occorre considerare anche le definizioni contenute in provvedimenti legislativi.

1.5.1 Le competenze e l'apprendimento permanente nel decreto legislativo 13/2013

A tal proposito, il D.Lgs. 16 gennaio 2013, n. 13, che promuove l'apprendimento permanente attraverso un sistema di certificazione delle competenze, definisce le regole generali per l'individuazione e il riconoscimento delle competenze secondo parametri unificati che permettono di valutare in modo omogeneo il livello di conoscenza relativo a ogni tipo di apprendimento: formale, non formale e informale.

All'art. 2 il decreto citato definisce il concetto di *apprendimento*, nelle sue possibili derivazioni, e quello di *competenza*:

- **apprendimento permanente**: ***qualsiasi attività intrapresa dalla persona in modo formale, non formale e informale***, nelle varie fasi della vita, al fine di migliorare le conoscenze, le capacità e le competenze, in una prospettiva di crescita personale, civica, sociale e occupazionale. A sua volta, distinto in:

- ***apprendimento formale***: apprendimento che si attua nel sistema di istruzione e formazione e nelle università e istituzioni di alta formazione artistica, musicale e coreutica, e che si conclude con il conseguimento di un titolo di studio o di una qualifica o diploma professionale, conseguiti anche in apprendistato, o di una certificazione riconosciuta, nel rispetto della legislazione vigente in materia di ordinamenti scolastici e universitari;
- ***apprendimento non formale***: apprendimento caratterizzato da una scelta intenzionale della persona, che si realizza al di fuori dei sistemi sopracitati, in ogni organismo che persegua scopi educativi e formativi, anche del volontariato, del servizio civile nazionale e del privato sociale e nelle imprese;
- ***apprendimento informale***: apprendimento che, anche a prescindere da una scelta intenzionale, si realizza nello svolgimento, da parte di ogni persona, di attività nelle situazioni di vita quotidiana e nelle interazioni che in essa hanno luogo, nell'ambito del contesto di lavoro, familiare e del tempo libero;

> **competenza**: comprovata capacità di utilizzare, in situazioni di lavoro, di studio o nello sviluppo professionale e personale, un insieme strutturato di conoscenze e di abilità acquisite nei ***contesti di apprendimento formale, non formale o informale***.

1.5.2 Le competenze chiave per l'apprendimento permanente nella Raccomandazione del Consiglio UE 22 maggio 2018

Altre definizioni ufficiali del concetto di competenza sono contenute nei documenti messi a punto dal Consiglio dell'Unione europea, che rappresentano un punto di riferimento imprescindibile per tutti coloro che si occupano di tali concetti nell'ambito del lavoro. In particolare, si rimanda alla Raccomandazione del Consiglio del 22 maggio 2018 relativa alle **competenze chiave per l'apprendimento permanente**.

Il documento parte dalla seguente definizione: "Le **competenze** sono definite come una combinazione di conoscenze, abilità e atteggiamenti, in cui:

> la ***conoscenza*** si compone di fatti e cifre, concetti, idee e teorie che sono già stabili e che forniscono le basi per comprendere un certo settore o argomento;

> per ***abilità*** si intende sapere ed essere capaci di eseguire processi ed applicare le conoscenze esistenti al fine di ottenere risultati;

> gli ***atteggiamenti*** descrivono la disposizione e la mentalità per agire o reagire a idee, persone o situazioni".

Il citato documento del Consiglio dell'Unione europea si concentra sulle **competenze chiave**, definendole come "quelle di cui tutti hanno bisogno per la realizzazione e lo sviluppo personali, l'occupabilità, l'inclusione sociale, uno stile di vita sostenibile, una vita fruttuosa in società pacifiche, una gestione della vita attenta alla salute e la cittadinanza attiva".

Esse si sviluppano in una prospettiva di apprendimento permanente, dalla prima infanzia a tutta la vita adulta, mediante l'apprendimento formale, non formale e informale in tutti i contesti, compresi la famiglia, la scuola, il luogo di lavoro, il vicinato e altre comunità.

Le competenze chiave sono considerate tutte di pari importanza; ognuna di esse contribuisce a una vita fruttuosa nella società. Le competenze possono essere applicate in contesti differenti e in combinazioni diverse. Esse si sovrappongono e sono interconnesse; gli aspetti essenziali per un determinato ambito favoriscono le competenze in un altro. Elementi quali il *pensiero critico*, la *risoluzione di problemi*, il *lavoro di squadra* le *abilità comunicative e negoziali*, le *abilità analitiche*, la *creatività* e le *abilità interculturali* sottendono a tutte le competenze chiave.

Il quadro di riferimento delinea **8 competenze chiave**:

1. **Competenza alfabetica funzionale**. Indica la capacità di individuare, comprendere, esprimere, creare e interpretare concetti, sentimenti, fatti e opinioni, in forma sia orale sia scritta, utilizzando materiali visivi, sonori e digitali attingendo a varie discipline e contesti. Essa implica l'***abilità di comunicare e relazionarsi efficacemente*** con gli altri in modo opportuno e creativo.
2. **Competenza multilinguistica**. Definisce la ***capacità di utilizzare diverse lingue in modo appropriato ed efficace allo scopo di comunicare***. In linea di massima essa condivide le abilità principali con la competenza alfabetica: si basa sulla capacità di comprendere, esprimere e interpretare concetti, pensieri, sentimenti, fatti e opinioni in forma sia orale sia scritta (comprensione orale, espressione orale, comprensione scritta ed espressione scritta) in una gamma appropriata di contesti sociali e culturali a seconda dei desideri o delle esigenze individuali. Le competenze linguistiche comprendono una dimensione storica e competenze interculturali. Tale competenza si basa sulla capacità di mediare tra diverse lingue e mezzi di comunicazione, come indicato nel quadro comune europeo di riferimento. Secondo le circostanze, essa può comprendere il mantenimento e l'ulteriore sviluppo delle competenze relative alla lingua madre, nonché l'acquisizione della lingua ufficiale o delle lingue ufficiali di un Paese.
3. **Competenza matematica e competenza in scienze, tecnologie e ingegneria** La ***competenza matematica*** è la capacità di sviluppare e applicare il pensiero e la comprensione matematici per risolvere una serie di problemi in situazioni quotidiane. Partendo da una solida padronanza della competenza aritmetico-matematica, l'accento è posto sugli aspetti del processo e dell'attività oltre che sulla conoscenza. La competenza matematica comporta, a differenti livelli, la capacità di usare modelli matematici di pensiero e di presentazione (formule, modelli, costrutti, grafici, diagrammi) e la disponibilità a farlo. La ***competenza in scienze*** si riferisce alla capacità di spiegare il mondo che ci circonda usando l'insieme delle conoscenze e delle metodologie, comprese l'osservazione e la sperimentazione, per identificare le problematiche e trarre conclusioni che siano basate su fatti empirici, e alla disponibilità a farlo. Le ***competenze in tecnologie e ingegneria*** sono applicazioni di tali conoscenze e metodologie per dare risposta ai desideri o ai bisogni avvertiti dagli esseri umani. La competenza in scienze, tecnologie e ingegneria implica la comprensione dei cambiamenti determinati dall'attività umana e della responsabilità individuale del cittadino.
4. **Competenza digitale**. Presuppone l'***interesse per le tecnologie digitali*** e il loro utilizzo con dimestichezza e spirito critico e responsabile per apprendere, lavorare e partecipare alla società. Essa comprende l'alfabetizzazione informatica e digitale, la comunicazione e la collaborazione, l'alfabetizzazione mediatica, la creazione di contenuti digitali (inclusa la programmazione), la sicurezza (compreso l'essere a proprio agio nel mondo digitale e possedere competenze relative alla cibersicurezza), le questioni legate alla proprietà intellettuale, la risoluzione di problemi e il pensiero critico.

5. **Competenza personale, sociale e capacità di imparare a imparare**. Consiste nella capacità di ***riflettere su sé stessi***, di ***gestire efficacemente il tempo e le informazioni***, di ***lavorare con gli altri in maniera costruttiva***, di ***mantenersi resilienti*** e di ***gestire il proprio apprendimento e la propria carriera***. Comprende la capacità di far fronte all'incertezza e alla complessità, di imparare a imparare, di favorire il proprio benessere fisico ed emotivo, di mantenere la salute fisica e mentale, nonché di essere in grado di condurre una vita attenta alla salute e orientata al futuro, di empatizzare e di gestire il conflitto in un contesto favorevole e inclusivo.
6. **Competenza in materia di cittadinanza**. Si riferisce alla capacità di agire da ***cittadini responsabili*** e di partecipare pienamente alla ***vita civica e sociale***, in base alla comprensione delle strutture e dei concetti sociali, economici, giuridici e politici oltre che dell'evoluzione a livello globale e della sostenibilità.
7. **Competenza imprenditoriale**. Si riferisce alla capacità di ***agire sulla base di idee e opportunità*** e di trasformarle in valori per gli altri. Si fonda sulla creatività, sul pensiero critico e sulla risoluzione di problemi, sull'iniziativa e sulla perseveranza, nonché sulla capacità di lavorare in modalità collaborativa al fine di programmare e gestire progetti che hanno un valore culturale, sociale o finanziario.
8. **Competenza in materia di consapevolezza ed espressione culturali**. Implica ***la comprensione e il rispetto di come le idee e i significati vengono espressi creativamente e comunicati in diverse culture*** e tramite tutta una serie di arti e altre forme culturali. Presuppone l'impegno di capire, sviluppare ed esprimere le proprie idee e il senso della propria funzione o del proprio ruolo nella società in una serie di modi e contesti.

1.6 Le linee di indirizzo per l'individuazione dei nuovi fabbisogni professionali da parte delle amministrazioni pubbliche: dalle conoscenze alle competenze

Un riconoscimento all'importanza delle competenze trasversali nella selezione del personale della Pubblica amministrazione (PA) è nel Decreto del Ministro per la Pubblica amministrazione e del Ministro dell'Economia e delle finanze del 22 luglio 2022, che definisce, ai sensi dell'art. 6-*ter*, comma 1, del D.Lgs. 30 marzo 2001, n. 165 (Norme generali sull'ordinamento del lavoro alle dipendenze delle amministrazioni pubbliche), **le linee di indirizzo per l'individuazione dei nuovi fabbisogni professionali da parte delle amministrazioni pubbliche**. Tali linee di indirizzo, come si legge nell'art. 1 del citato decreto, sono *volte ad orientare le pubbliche amministrazioni nella predisposizione dei rispettivi piani dei fabbisogni di personale, anche con riferimento a fabbisogni prioritari o emergenti e alla definizione dei nuovi profili professionali individuati dalla contrattazione collettiva, con particolare riguardo all'insieme di conoscenze, competenze, capacità del personale da assumere anche per sostenere la transizione digitale ed ecologica della pubblica amministrazione.*

Secondo le linee di indirizzo, le amministrazioni devono individuare il proprio fabbisogno professionale considerando non più esclusivamente le **conoscenze teoriche** dei dipendenti (***sapere***), ma anche le **capacità tecniche** (***saper fare***) e le **capacità comportamentali** (***saper essere***). Nei concorsi occorre, quindi, valutare anche le *soft skills*, come la capacità di innovare le procedure amministrative, lavorare in squadra e prendere decisioni in modo autonomo. Insomma, si intende dare ***più spazio alle competenze trasversali per chi intende lavorare per la PA***. Queste *soft skills* devono essere valutate nei concorsi, come previsto dalle norme introdotte con i decreti legge 80/2021 e 36/2022, attraverso metodologie consolidate e devono avere maggiore peso nei percorsi formativi e di carriera.

Le competenze nelle procedure di reclutamento del personale delle pubbliche amministrazioni
Il D.L. 36/2022 (Ulteriori misure urgenti per l'attuazione del Piano nazionale di ripresa e resilienza (PNRR)) ha introdotto rilevanti novità in materia di reclutamento del personale nella Pubblica amministrazione. Tra l'altro, con l'inserimento dell'art. 35-*quater* nel D.Lgs. 165/2001, ha previsto che nei concorsi per l'assunzione del personale non dirigenziale delle P.A. *le prove di esame sono finalizzate ad accertare il possesso delle competenze, intese come insieme delle conoscenze e delle capacità logico-tecniche, comportamentali nonché manageriali, per i profili che svolgono tali compiti, che devono essere specificate nel bando e definite in maniera coerente con la natura dell'impiego, ovvero delle abilità residue nel caso dei soggetti di cui all'art. 1, comma 1, della L. 68/1999* (Norme per il diritto al lavoro dei disabili).

Con l'obiettivo di superare l'automatismo nel turnover, le assunzioni da parte delle amministrazioni pubbliche non devono consistere più nella sostituzione di vecchie figure con altre identiche, ma guardare alle competenze che devono sostenere la trasformazione della PA prevista dal **PNRR**. Un processo che si traduce in una progressiva riduzione delle figure amministrative aspecifiche a favore, ad esempio, di esperti del **digitale**, di ***e-procurement***, di **transizione verde**, di ***project management***.
Il decreto favorisce il superamento del concetto di **profilo professionale** a beneficio di quello di **famiglia professionale**, inteso come l'ambito in cui i dipendenti hanno conoscenze o competenze comuni, ambito che si presta a raccogliere una pluralità di profili di ruolo o di competenza, in base alla complessità dell'organizzazione.

1.6.1 Fabbisogni professionali e gestione per competenze

La graduale qualificazione delle amministrazioni pubbliche come organizzazioni ad alta intensità di lavoro qualificato (*human capital intensive*) richiede agli enti di dotarsi delle infrastrutture immateriali funzionali a definire, osservare e sviluppare le competenze tecniche e trasversali del proprio personale, con particolare enfasi su quelle digitali.
Partendo da questa necessità, i progetti del PNRR in tema di riforma del pubblico impiego fungono da impulso all'**evoluzione dei modelli organizzativi delle amministrazioni pubbliche** e, in particolare, dei mestieri e dei contenuti professionali di chi vi opera.
Data la rapida obsolescenza dei contenuti descrittivi statici delle professioni richieste per lo svolgimento delle attività necessarie al raggiungimento delle *mission* delle amministrazioni pubbliche, soggette a mutamenti nelle modalità di svolgimento e nella strumentazione a supporto, è necessario identificare – ancor prima dei **nuovi profili professionali** – le **modalità di analisi e descrizione di tali profili**, in modo da intercettare una pluralità di dimensioni che vadano oltre quella delle sole conoscenze teoriche, del titolo di studio e dell'elencazione dei compiti da svolgere, per approdare, invece, all'identificazione di un cd. ***sistema di competenze***.

Occorre spostare, quindi, l'attenzione da *cosa* viene fatto (mansioni e attività) a *come* vengono svolti i compiti e a quali conoscenze, capacità tecniche e comportamentali – e di quale profondità e ampiezza – siano indispensabili al loro svolgimento ottimale.
È necessario coniugare la programmazione dei fabbisogni di personale con un modello organizzativo volto a non concludere la descrizione del profilo all'assolvimento delle mansioni previste dalla posizione di lavoro che i dipendenti ricoprono al momento di ingresso nel pubblico impiego, ma a riconoscerne e accompagnarne l'evoluzione, verso una caratterizzazione fondata sulla **specificità dei saperi**, sulla **qualità della prestazione** e sulla **motivazione al servizio**.
In linea con le traiettorie di cambiamento intraprese presso il settore pubblico dei Paesi OCSE e con le indicazioni fornite dalla Commissione Europea, la trasformazione della PA in un insieme di **organizzazioni basate sulle competenze** (***competency-based organizations***) si traduce nella necessità di innovare i tradizionali sistemi di amministrazione del personale **verso strategie di gestione del pubblico impiego basate sulle competenze** (***competency-based human resource management***), con l'obiettivo di identificare i mestieri e le competenze di cui le persone hanno bisogno per svolgerli in tutte le aree della realtà organizzativa, costruire un ***framework*** e utilizzarlo come base per i **processi di reclutamento, selezione, valutazione, premialità, formazione e sviluppo professionale**.
Secondo il documento, l'adozione e il funzionamento dei moderni assetti organizzativi del comparto pubblico dipendono strettamente da una propedeutica, corretta ed efficace **mappatura delle professioni della PA e dei relativi fabbisogni** in relazione agli obiettivi e ai nuovi compiti, la cui realizzazione deve fondarsi sulle **competenze del personale impiegato**.
Per una lettura a fini professionali del concetto di competenza è necessario far riferimento a molteplici dimensioni che riguardano, da un lato, la **posizione organizzativa e di lavoro** in cui il singolo individuo è inserito e, dall'altro, un **insieme capacità tecniche e trasversali** che gli sono proprie o che lo stesso acquisisce nel contesto in cui è inserito e che sviluppa attraverso l'esperienza e il confronto sociale.
Le **competenze**, in sostanza, non si esauriscono nelle **conoscenze acquisite o maturate nel tempo**, ma consistono **anche** nel ***come* le conoscenze sono utilizzate nello svolgimento del lavoro** e, quindi, nelle ***capacità***, nelle ***abilità***, nelle ***attitudini***, e sono influenzate dai valori e dalle motivazioni che i singoli debbono possedere per interpretare in maniera efficace, flessibile e, dunque, dinamica il proprio ruolo nell'organizzazione.

1.6.2 Il modello di rappresentazione dei profili di ruolo

Nel documento è proposto un modello costruito con la finalità di raccogliere i diversi **profili di ruolo** di amministrazioni con missioni e dimensioni anche molto diverse, al fine di fornire uno strumento di base e flessibile per l'elaborazione del sistema di gestione dell'ente, ma anche di consentire una più ampia interoperabilità dei modelli adottati da ciascuna amministrazione.
Il modello si basa sulla distinzione tra ***processi caratterizzanti*** e ***processi di supporto***: i processi caratterizzanti realizzano la *mission* istituzionale e si distinguono in relazione all'area o alle aree di policy presidiate; i processi di supporto, invece, sono serventi rispetto ai processi caratterizzanti e sono trasversali al funzionamento dell'organizzazione. Mentre i processi caratterizzanti sono specifici della natura pubblica delle organiz-

zazioni oggetto dell'analisi, i processi di supporto sono più fungibili con organizzazioni di altri settori, fatte salve le specificità della gestione pubblica.

Tabella 1 Modello di rappresentazione dei profili di ruolo nelle *Linee di indirizzo per l'individuazione dei nuovi fabbisogni professionali da parte delle amministrazioni pubbliche*

	Ruoli operativi	Ruoli tecnici/ di supporto	Ruoli gestionali/ di coordinamento	Ruoli professionali/ manageriali
Processi caratterizzanti	**Profili di ruolo**			
Regolazione di settore				
Pianificazione, programmazione e/o progettazione di politiche, attività, servizi				
Gestione di attività/ erogazione di servizi				
Controlli e sanzioni				
Processi di supporto	**Profili di ruolo**			
Processi relativi alle risorse economiche				
Processi relativi alle risorse umane				
Processi relativi alle risorse tecnologiche				
Processi di approvvigionamento				
Processi relativi ai servizi ausiliari				
Processi di supporto alla *governance*				

I **processi caratterizzanti**, a loro volta, si distinguono in:
> ***processi di regolazione***, che attengono alla definizione di norme o regole che disciplinano il settore di policy presidiato dall'amministrazione;
> ***processi di pianificazione, programmazione e/o progettazione di politiche, attività, servizi***, che attengono al policy design;
> ***processi di gestione delle attività e/o di erogazione delle prestazioni***, che riguardano l'attività di produzione a diretto beneficio dell'utenza, anche attraverso la gestione di contratti con operatori di mercato;
> ***processi legati all'esercizio di controlli, ispezioni e sanzioni***, che riguardano l'attività di monitoraggio e vigilanza sulle aree di pertinenza.

I **processi di supporto**, invece, si distinguono in:
> ***processi di gestione delle risorse economiche***;

> ***processi di gestione delle risorse umane***;
> ***processi di gestione delle risorse tecnologiche***;
> ***processi di approvvigionamento***;
> ***processi relativi ai servizi ausiliari***;
> ***processi di supporto alla governance***.

La dimensione dell'amministrazione e la complessità organizzativa possono determinare un maggiore o minore livello di aggregazione dei processi, così come – in presenza di una **mappatura dei processi** con un diverso livello di articolazione – può risultare necessario aggregare o suddividere ulteriormente la griglia proposta.

La dimensione orizzontale racchiude quattro tipologie di ruoli ricoperti all'interno dell'organizzazione, che vanno letti alla luce del livello di specializzazione del ruolo ricoperto e dell'intensità e ampiezza delle responsabilità gestite. A livello aggregato, essi popolano le famiglie professionali.

Nella tabella non si offre una corrispondenza predefinita tra il ruolo e il livello di inquadramento contrattuale, proprio per mantenere aperto il carattere di confrontabilità che ha ispirato la necessità del modello stesso.

Resta comunque impregiudicata la facoltà dell'amministrazione che adotta il modello di predeterminare una corrispondenza tra i tipi di ruolo e le aree/categorie contrattuali, eventualmente aumentando le colonne (e quindi i ruoli) per venire incontro alla complessità della realtà organizzativa. Ad esempio, in molte amministrazioni i ruoli manageriali sono coincidenti esclusivamente con la dirigenza, ma altrove essi possono invece ricomprendere le c.d. posizioni organizzative o analoghe figure con responsabilità direttive e di coordinamento che gli impianti contrattuali consentono di istituire.

Una volta adattato il modello alle proprie esigenze, andrà assicurato il rispetto delle declaratorie contrattuali in termini di famiglie professionali e di attribuzione dell'inquadramento giuridico, escludendo, con ciò, che all'interno di una medesima amministrazione lo stesso ruolo possa coesistere in distinte categorie giuridiche.

È, invece, possibile, operare dal punto di vista gestionale una lettura ampia delle famiglie professionali, se ci si volesse riferire ad es. alla famiglia di quanti sono impegnati con i processi di gestione delle risorse umane o con i processi di gestione delle risorse tecnologiche.

Tale passaggio, secondo quanto riportato nel documento, non è determinante ai fini dell'adozione del modello, che può utilmente essere messo al servizio della rappresentazione del *set* di competenze necessario al proprio funzionamento e della programmazione del fabbisogno futuro, trovando in altra sede la traduzione nelle aree giuridiche definite dal contratto e nelle famiglie professionali affidate alla contrattazione integrativa.

Le linee di indirizzo operano la seguente identificazione dei ruoli:

> **Ruoli operativi**: racchiudono i ruoli di quanti, nelle diverse amministrazioni, sono addetti a fornire ausilio ai processi trasversali o a quelli caratterizzanti; normalmente, in termini di competenze e grado di autonomia, sono contraddistinti da:
  - ***competenze***: basso grado di specializzazione tecnica, buona affidabilità, alta capacità di collaborazione;
  - ***autonomia***: bassa autonomia nella definizione dei compiti e nel monitoraggio, alta supervisione diretta.

> **Ruoli tecnici/di supporto**: ricomprendono sia i ruoli connotati da un preciso contenuto tecnico che quelli più generalisti utilizzati in una o più fasi di un dato processo

di lavoro; in entrambi i casi, in termini di competenze e grado di autonomia, sono contraddistinti da:

- ***competenze***: buona capacità tecnica, affidabilità e collaborazione;
- ***autonomia***: buona autonomia esercitata per attività di routine, alta supervisione diretta.

> **Ruoli gestionali/di coordinamento**: ricomprendono sia i ruoli con responsabilità diretta di gestione di un'attività o di una sequenza di attività di processo sia i ruoli caratterizzati dalla responsabilità che si esercita nel coordinamento di altre unità di personale; in entrambi i casi, in termini di competenze e grado di autonomia, sono contraddistinti da:

- ***competenze***: alta capacità tecnica, affidabilità, collaborazione e capacità di coordinamento e supervisione del lavoro di altri;
- ***autonomia***: alta autonomia esercitata anche per attività non di routine e gestione diretta di processi complessi, bassa supervisione diretta.

> **Ruoli professionali/manageriali**: ricomprendono sia i ruoli caratterizzati da elevata specializzazione di conoscenze in ambiti disciplinari complessi che i ruoli con responsabilità di uno o più processi di lavoro:

- ***competenze***: conoscenza del settore combinata a capacità programmazione e leadership;
- ***autonomia***: completa, esercita la funzione di supervisione sulle strutture affidate con responsabilità.

Se l'**individuazione del profilo professionale** avviene ***con riferimento alle aree o categorie giuridiche del sistema di classificazione*** si resta nell'ambito della nozione più tradizionale di profilo utilizzata prevalentemente fino a oggi; se, invece, ***si fa riferimento alla collocazione secondo il grado di partecipazione ai processi di lavoro e alla produzione di risultati***, si fa ricorso alla nozione di profili di ruolo; se, infine, si declina il contenuto del "mestiere" mediante la descrizione delle conoscenze, capacità tecniche e capacità comportamentali richieste per il suo esercizio, si accede alla nozione dei profili di competenza.

1.7 Le competenze nei concorsi per l'Unione europea: il Quadro delle competenze EPSO

L'opportunità di separare l'attività di selezione della competenza professionale dall'amministrazione che esprime il fabbisogno si sta affermando in modo sempre più chiaro in ambito europeo, con la tendenza ad affidare la fase selettiva a un'organizzazione o agenzia terza, distinta dall'amministrazione che recluta. È proprio questo il caso dell'Unione europea per la quale il reclutamento viene realizzato sulla base di una pianificazione quantitativa e qualitativa a valle della quale le attività di selezione e di inserimento sono coordinate da una agenzia di selezione per le varie istituzioni comunitarie istituita ad hoc, l'ufficio europeo per la selezione del personale, ***European Personnel Selection Office*** (**EPSO**).

La missione dell'EPSO consiste nel contribuire alla costruzione della funzione pubblica europea soddisfacendo il fabbisogno di assunzioni delle istituzioni comunitarie attraverso la selezione dei **candidati di talento** mediante concorsi generici e specializzati, rivolti ai cittadini di tutti gli Stati membri – ovvero diverse centinaia di milioni di persone – nell'ottica di "manutenere" e innovare le competenze di una PA europea.

Le competenze sono parte integrante del processo di selezione: costituiscono il punto di partenza della valutazione dell'idoneità dei candidati per un determinato profilo professionale. Consentono un'assunzione mirata. Stabiliscono inoltre aspettative chiare per i potenziali candidati.
Si tenga presente che, oltre alle competenze generali, per i profili più specializzati le istituzioni dell'UE ricercano candidati altamente qualificati nei rispettivi settori di competenza.
A tal fine, l'EPSO accentra le funzioni di selezione del personale svolgendo la propria attività con personale esperto nelle tecniche di selezione delle risorse umane, soprattutto per quanto concerne la **valutazione delle competenze e delle attitudini** dei candidati. Al fine di selezionare il personale, l'ufficio europeo pubblica bandi di concorso nella Gazzetta Ufficiale dell'Unione europea e sul proprio sito web.
Come servizio interistituzionale, l'EPSO è incaricato di selezionare il personale soprattutto per il Parlamento europeo, il Consiglio dell'Unione europea, la Commissione europea, la Corte di giustizia dell'Unione europea, la Corte dei conti europea, il Comitato economico e sociale europeo, il Comitato delle regioni, il Servizio europeo per l'azione esterna, il Mediatore europeo e il Garante europeo della protezione dei dati.
In particolare, ogni istituzione attinge agli elenchi dei candidati idonei forniti dall'EPSO, che organizza concorsi sulla base di una previsione di massima (quantitativa) calibrata su analisi statistiche del passato, sulle previsioni di sviluppo dei compiti e delle funzioni delle Istituzioni europee e del contenuto delle singole professioni. Le prove concorsuali per profili generali – quali quelli di amministratori (AD), per assistenti (AS) e per linguisti, che presentano un turnover più ampio – sono organizzate con frequenza annuale in modo da alimentare una lista di idonei disponibili immediatamente ogni volta che le Istituzioni hanno bisogno di una risorsa; al contrario, i concorsi per le figure specialistiche sono programmati all'occorrenza.
Al fine di selezionare i candidati, è stato introdotto un framework di competenze – basato sull'analisi delle tipiche mansioni svolte dai dipendenti – per cui ogni candidato, che può disporre in via preventiva di un set di strumenti informatici di autovalutazione rispetto alla posizione messa a bando, viene valutato in base al possesso o meno delle seguenti **competenze**:

- **analisi e *problem solving***: individuare gli elementi di rilievo in problemi complessi e trovare soluzioni creative e pratiche;
- **comunicazione**: comunicare con chiarezza e precisione, oralmente e per iscritto;
- **qualità del lavoro e risultati**: assumere le proprie responsabilità e prendere le iniziative necessarie per effettuare prestazioni di alta qualità secondo le procedure stabilite;
- **apprendimento e sviluppo**: sviluppare e migliorare le proprie capacità personali e la conoscenza dell'organizzazione e del suo ambiente;
- **individuazione delle priorità e spirito organizzativo**: determinare il grado di priorità dei compiti più importanti, agire con flessibilità e organizzare con efficacia il proprio carico di lavoro;
- **resilienza**: mantenere la propria efficienza quando il carico di lavoro è elevato, gestendo positivamente le frustrazioni organizzative e adattandosi a un ambiente di lavoro in mutazione;
- **capacità di lavorare in gruppo**: lavorare in collaborazione con altri all'interno di un gruppo e in forma trasversale, rispettando le differenze tra gli individui;

> **leadership** (per le funzioni di amministratore): gestire, formare e motivare gli altri colleghi per ottenere risultati.

Secondo l'EPSO, raggiungere gli obiettivi delle istituzioni europee dipende innanzitutto dal personale. Ecco perché le competenze del personale devono essere allineate in modo ottimale alle missioni e ai valori delle istituzioni. Di conseguenza, è essenziale che il personale a tutti i livelli e in tutte le istituzioni dell'UE, indipendentemente dall'estrazione, dal genere, dalla religione, dalla cultura o dalla funzione, dimostri qualità comuni.
Già dal 2010 l'EPSO utilizza un **quadro delle competenze** costituito da **8 competenze generali**, che vengono testate nella fase dell'Assessment Center (*v. infra*).
Nel corso del tempo le esigenze delle istituzioni dell'UE sono cambiate. La revisione del quadro delle competenze era un prerequisito per la creazione di un bacino diversificato di talenti in grado di soddisfare efficacemente le nuove esigenze e rispecchiare l'evoluzione più recente del mercato del lavoro.
Il nuovo quadro delle competenze, utilizzato nei concorsi dal 2023, definisce le competenze essenziali per svolgere efficacemente un determinato lavoro e fornisce informazioni trasparenti per la procedura di selezione, chiarendo le qualità che ci si aspetta che i candidati dimostrino di possedere durante le prove di concorso pertinenti.
Il quadro delle competenze elaborato da EPSO nell'ambito delle selezioni per i collaboratori delle istituzioni dell'Unione europea, per le prove dell'Assessment center, è il seguente:

1. **Capacità di pensiero critico, di analisi e di soluzione di problemi in maniera creativa**: gestire informazioni complesse in una prospettiva olistica; dar prova di consapevolezza delle possibili ripercussioni di problemi al di là della propria sfera di responsabilità e tener conto del contesto complessivo e degli altri punti di vista; cogliere l'essenziale e saper strutturare in maniera chiara i propri pensieri; elaborare soluzioni creative e innovative che tengano conto delle esigenze e delle posizioni delle parti interessate.
2. **Capacità di prendere decisioni e di conseguire risultati**: prendere decisioni in un ambiente in costante mutamento e in situazioni in cui le informazioni sono contraddittorie o incomplete; scegliere tra soluzioni imperfette, trovare il giusto equilibrio tra qualità e velocità sulla base del contesto; trasformare le sfide in azioni e soluzioni pratiche e conseguire risultati tangibili.
3. **Capacità di gestire le informazioni (alfabetizzazione digitale e dei dati)**: trovare, filtrare, valutare, utilizzare, creare e comunicare contenuti utilizzando le tecnologie informatiche e Internet; leggere, comprendere e utilizzare i dati in modi diversi e dimostrare di possedere competenze matematiche; convertire conoscenze, abilità e competenze attraverso strumenti digitali e sapersi adattare rapidamente a nuove realtà informatiche e professionali.
4. **Capacità di autogestione**: organizzare il proprio lavoro, fissare obiettivi, gestire il tempo in modo efficace e dar prova di motivazione personale e di senso di responsabilità; dimostrare resilienza in situazioni di stress e in caso di contrattempi; reagire con atteggiamento positivo ai cambiamenti e saperli gestire e rimanere efficaci in situazioni in cui il carico di lavoro è mutevole/fluttuante; dimostrare flessibilità e adattabilità.
5. **Capacità di collaborazione**: collaborare con le diverse strutture e assumersi la responsabilità dei risultati dell'organizzazione nel suo complesso; condividere le conoscenze (invece che tenerle solo per sé), dar prova di spirito di servizio; affrontare

in modo costruttivo i conflitti; dimostrare facilità a lavorare in un ambiente multiculturale e multilingue, sostenere la diversità e adottare comportamenti rispettosi e inclusivi nei confronti degli altri.

6. **Capacità di apprendimento**: elaborare strategie di apprendimento, individuare le proprie esigenze di formazione e impegnarsi per migliorare costantemente; assumersi la responsabilità del proprio apprendimento e riflettere su di esso; dimostrare disponibilità a cambiare strategia di fronte a nuove informazioni, imparare dagli errori e applicare utilmente gli insegnamenti tratti; dare, ricevere e rispondere al feedback.
7. **Capacità di comunicazione**: comunicare chiaramente sia oralmente che per iscritto, adattando il messaggio e gli strumenti al pubblico; dimostrare di possedere competenze redazionali, capacità di sviluppare argomentazioni solide e di strutturarle in modo efficace, doti di persuasione, capacità di negoziazione, competenze di facilitazione e capacità di ascolto.
8. **Intraprendenza**: dar prova di spirito di iniziativa, creatività, entusiasmo, capacità di innovazione e lungimiranza e possedere qualità di leadership; rappresentare il servizio trasmettendo all'esterno un'immagine positiva, istruire e preparare altri, dare l'esempio e ispirare altri con le proprie azioni.

Capitolo 2
Le *soft skills*: tipologie e indicatori comportamentali

2.1 Introduzione

Le **competenze trasversali personali** o ***soft skills*** possono essere sviluppate ed esplorate nel corso della vita, non necessariamente in ambito accademico o lavorativo, e possono arricchire ogni dimensione: quella personale, quella relazionale, quella sociale ed anche, ovviamente, quella professionale. Le *soft skills*, infatti, corrispondono al patrimonio intangibile di una persona e si tratta, nel complesso, di capacità, attitudini e stili di comunicazione direttamente influenzati dai tratti della personalità individuale, doti empatiche ed espressive spontanee e "innate".

Per valutare le ***soft skills***, si associano a esse degli specifici comportamenti che costituiscono una sorta di indicatori della capacità, i cd. **indicatori comportamentali**: indicatori che descrivono "tipi ideali" (in positivo e in negativo) di comportamento, che tuttavia non sono e non pretendono di essere una fotografia della realtà, ma si limitano a tracciare una mappa cognitiva, che serve a orientare sia i valutatori che i valutati.

In questo capitolo, distingueremo le ***soft skills*** in:

- skill di efficacia personale;
- skill relazionali;
- skill relative a impatto e influenza;
- skill orientate alla realizzazione;
- skill cognitive.

Di seguito, senza far riferimento a specifici profili professionali, illustriamo le soft skills e gli indicatori comportamentali, raggruppati in classi secondo una ***scala crescente di intensità***. La scala di valutazione proposta, per ciascun indicatore comportamentale, prevede **3 livelli**:

1. Basso
2. Medio
3. Alto.

Chiaramente, il "peso" attribuito alle diverse skill varia in relazione alle attività e responsabilità assegnate all'individuo, ossia alla sua posizione all'interno della struttura organizzativa.

2.2 *Skill* di efficacia personale

Generalmente, fra le skill **di efficacia personale** rientrano: autocontrollo emotivo; resistenza allo stress; fiducia in se stessi; apertura al cambiamento; flessibilità; creatività. Queste skill riflettono alcuni aspetti della maturità di un individuo rispetto a se stesso, agli altri e al suo lavoro. Corrispondono infatti all'abilità dell'individuo di regolare efficacemente la propria condotta in relazione al contesto e agli altri, alla capacità di gestire emozioni, di autovalutazione di sé e alla capacità di far fronte a situazioni nuove.

2.2.1 Autocontrollo emotivo

È la capacità di gestire efficacemente emozioni positive e negative in diverse situazioni, ovvero la capacità di padroneggiare gli impulsi e reagire in modo equilibrato anche in situazioni stressanti.

Livello di competenza	Indicatori comportamentali
Basso	Appare impulsivo e poco tollerante verso gli altri. Spesso si lascia sopraffare dai propri stati d'animo e dalle emozioni.
Medio	Si dimostra abbastanza tollerante verso gli altri e possiede discrete capacità di gestione delle proprie emozioni. A volte è in grado di autoregolarsi nell'espressione delle proprie emozioni.
Alto	È riflessivo e paziente, padrone di sé e rispettoso degli altri. Eroga una prestazione di qualità con serenità e calma, anche nei momenti stressanti. Sa gestire le proprie reazioni emotive.

2.2.2 Resistenza allo stress

La resistenza allo stress è la capacità di gestire situazioni, legate al proprio ruolo, caratterizzate da un livello di stress significativo, mettendo in atto risorse che consentono comunque di conseguire una prestazione efficace. Saper gestire lo stress significa affrontare con atteggiamento equilibrato situazioni di lavoro difficili e stressanti (quali elevati carichi di lavoro, mancanza di tempo e scadenze pressanti, incertezza, mancanza di direttive, carenze organizzative, tensioni interpersonali, difficoltà relazionali, ...) e dimostrare dinamismo e passione per il proprio lavoro restando concreti e focalizzati sugli obiettivi.

Livello di competenza	Indicatori comportamentali
Basso	Spesso, ha difficoltà a gestire situazioni stressanti lasciandosi spesso sopraffare dalle stesse. Non è in grado di individuare e scegliere la strategia migliore per gestire la situazione.
Medio	Di norma è in grado di gestire situazioni stressanti o caratterizzate da incertezza e ambiguità. Ha talvolta difficoltà ad individuare le strategie d'azione e/o a metterle in atto nel modo e nei tempi efficaci.
Alto	Possiede un'elevata capacità di gestire situazioni connotate da un livello di stress elevato mettendo in atto azioni di successo in tempi adeguati. È in grado di fronteggiare imprevisti e ha una buona tolleranza in situazioni critiche e/o poco chiare.

2.2.3 Fiducia in se stessi

La fiducia in se stessi è la capacità di portare a termine compiti nuovi o impegnativi e di scegliere autonomamente l'approccio più efficace, nutrendo fiducia nelle proprie abilità e mostrando sicurezza nelle proprie decisioni o opinioni, senza arroganza, alterigia o presunzione. Implica equilibrio psicologico e capacità di controllare le proprie emozioni e di mantenere un livello di energia elevato in condizioni di stress. La fiducia in se stessi permette di essere autoconsapevoli quindi di riconoscere le proprie capacità, limiti ed emozioni e i loro effetti sul proprio comportamento, sulla propria prestazione e sulla capacità di prendere decisioni.

Livello di competenza	Indicatori comportamentali
Basso	Ha scarsa autostima e si percepisce come poco capace di risolvere le criticità che incontra nello svolgimento della propria attività. Ha una bassa automotivazione e ha la tendenza ad arrendersi facilmente alle prime difficoltà.
Medio	Abbastanza sicuro di sé. Possiede una discreta automotivazione e autostima in relazione allo svolgimento delle proprie attività. È abbastanza fiducioso delle proprie capacità, di saper far fronte alle situazioni e di risolvere le criticità.
Alto	Sicuro di sé, delle proprie azioni e delle proprie capacità, ha un'alta autostima, un'automotivazione orientata all'eccellenza che gli consente di svolgere efficacemente la propria attività, anche in presenza di incertezze e pressioni. È capace di far fronte alle diverse situazioni e non si arrende di fronte alle difficoltà. Non generalizza sconfitte e vittorie, attribuendole alle giuste cause.

2.2.4 Apertura al cambiamento

È la capacità di innescare, gestire e rispondere al cambiamento, essere aperti a recepire nuove informazioni, rinunciando ai vecchi assunti, e modificando il proprio modo di lavorare di fronte a situazioni nuove.

Livello di competenza	Indicatori comportamentali
Basso	È avverso ai cambiamenti, preferisce operare in ambienti protetti su cui può facilmente avere il controllo. Fa molta fatica ad affrontare con serenità nuovi contesti e ad accettare prontamente i cambiamenti.
Medio	È in grado di affrontare il cambiamento in modo sereno; tuttavia, può non sempre riconoscere i benefici derivanti dai cambiamenti stessi, nei confronti dei quali si attiva con un impegno sufficiente.
Alto	Incline all'innovazione, è capace di affrontare con entusiasmo le situazioni nuove e sa riconoscere la necessità di cambiare. Tende a stimolare anche gli altri a cambiare, trasmettendo loro l'importanza che il cambiamento riveste.

2.2.5 Flessibilità

È la versatilità a lavorare in differenti situazioni e con persone diverse. Si tratta della capacità di adattarsi al contesto e alle diverse richieste situazionali: implica il saper affrontare le situazioni, problematiche e non, al fine di raggiungere gli esiti attesi. Ciò implica:

- comprendere e apprezzare differenti o contrastanti prospettive di un problema;
- adattare il proprio approccio alle mutate caratteristiche del contesto in cui si opera;
- promuovere o accettare i cambiamenti nella propria organizzazione o nel proprio ruolo.

Livello di competenza	Indicatori comportamentali
Basso	Poco incline ad adattarsi al contesto e a rispondere in maniera consona alle richieste. Predilige agire in contesti conosciuti e routinari, caratterizzati da procedure ben definite. Agisce sempre secondo la stessa modalità. Non è propenso al cambiamento.
Medio	È abbastanza flessibile nel modificare i propri comportamenti, mettendo in atto azioni diverse da quelle precedentemente pensate, secondo l'evoluzione delle situazioni. A volte ha difficoltà ad adattarsi ma manifesta la volontà di essere flessibile e si impegna per essere sempre più efficace in quest'area.
Alto	Risponde alle richieste del contesto, adattando il proprio comportamento e modificandolo nel tempo. Ha un'apertura mentale che gli consente di comprendere l'ambiente e di agire di conseguenza in modo funzionale. Pertanto è disponibile a rinunciare ai vecchi assunti per approfittare delle opportunità che il contesto offre.

2.2.6 Creatività

È la capacità di analisi e combinazione di informazioni esistenti al fine di generarne di nuove: capacità di immaginare e proporre idee originali e differenti da quelle già in uso, dalle quali ricavare elementi applicativi anche non convenzionali.

Livello di competenza	Indicatori comportamentali
Basso	Ha scarsa capacità di analisi delle informazioni disponibili, quasi mai sa proporre idee alternative e non convenzionali, tendendo a riproporre quelle già in uso e consolidate.
Medio	Ha una discreta capacità di analisi delle informazioni disponibili e talvolta sa proporre in modo abbastanza spontaneo idee non convenzionali, diverse da quelle già in uso e fino a quel momento previste.
Alto	Ha un'ottima capacità di analisi delle informazioni disponibili e sa proporre in modo spontaneo e con entusiasmo novità e idee non convenzionali, diverse da quelle già in uso e fino a quel momento previste.

2.3 *Skill* relazionali

Le skill **relazionali** comprendono, generalmente, le competenze: comunicazione interpersonale e ascolto attivo; orientamento all'altro; *team working*.
Se un individuo presenta queste skill, comprende i bisogni degli altri e mostra le capacità di interagire, cooperare e lavorare in gruppo.

2.3.1 Comunicazione interpersonale e ascolto attivo

È la capacità di:
- utilizzare efficacemente il linguaggio verbale e l'espressione non verbale (gestualità, tono della voce ecc.) rispetto alle diverse finalità della comunicazione e a seconda del contesto;
- informare ed esporre fatti e il proprio punto di vista, raccogliere informazioni, convincere, motivare ed interessare.

Livello di competenza	Indicatori comportamentali
Basso	Se può, tende a evitare le situazioni di scambio comunicativo: nelle discussioni infatti resta in disparte, non partecipa, può apparire impegnato a fare altro, distratto, quindi mostrarsi indifferente alla conversazione (esempi: usa il cellulare mentre l'altro cerca di parlargli, guarda l'orologio, ha lo sguardo altrove mentre l'interlocutore gli parla). Quando interviene, lo fa in maniera confusa e disordinata, con comunicazioni incomplete nei contenuti e poco chiare per il ricevente. Spesso tende a manifestare una comunicazione non verbale incongruente con ciò che dice. Non è in grado di rispondere in modo pertinente all'interlocutore, né sul piano contenutistico né su quello emotivo.
Medio	Esprime una comunicazione non sempre efficace sul piano dei contenuti, con argomentazioni pertinenti ed espresse in modo abbastanza chiaro, con il giusto equilibrio di analisi e sintesi. Ha discreta capacità di esprimere la propria opinione, accompagnandola talvolta con modalità non verbali coerenti con ciò che dice. Si limita alla semplice ricezione delle informazioni, senza evidente partecipazione. Fornisce feedback all'interlocutore inerenti, solo parzialmente, il contenuto della conversazione. Si mostra incalzante nell'offrire la propria risposta e opinione personale. Esprime giudizi in base alle proprie esperienze personali senza tenere conto di ciò che sta comunicando l'altro.
Alto	Ha uno stile comunicativo fluido e articolato anche con utenti nuovi e che vertono in situazione di estrema sofferenza. Comprende le posizioni dell'altro e gestisce con facilità il contraddittorio. Ascolta attivamente, quindi con attenzione e concentrazione, l'altro, intervenendo in modo adeguato e pertinente solo quando effettivamente richiesto. Lascia parlare l'altro finché termina il discorso, senza interromperlo. Fa domande di approfondimento, riformula opportunamente il messaggio dell'altro con parole diverse per verificarne la comprensione e gestisce con padronanza aspetti sia verbali sia non verbali del messaggio. Manifesta interesse senza esporre il proprio giudizio. Modifica il proprio pensiero basandosi sui feedback ricevuti.

Alcuni errori tipici nella comunicazione

- *Chiusura difensiva*. È uno di quei segnali che si manifesta ogni volta che l'individuo invia all'altro dei segnali negativi circa l'intenzione di iniziare oppure di continuare una conversazione. Un messaggio di chiusura anticipata del rapporto per ritirarsi in una posizione di difesa comunica il fatto che si ha paura, lasciando quindi all'altro la facoltà di attacco. Si tratta di una strategia fallimentare, poiché l'unico scopo che ottiene consiste nel mettere chi la compie in una posizione di inferiorità.
- *Egocentrismo*. Consiste nell'eccessivo indulgere verso se stessi e i propri problemi: non c'è niente di meglio, per allontanare il proprio interlocutore, che interessarsi solo al proprio punto di vista, trascurando completamente i bisogni dell'altro e i suoi stati d'animo.
- *Incoerenza nei discorsi*. Se l'interlocutore percepisce uno scarto anche minimo tra quanto da voi detto e le azioni compiute, difficilmente potrà avere fiducia in voi nel futuro.

2.3.2 Orientamento all'altro

Si tratta della capacità di mantenere rapporti positivi con gli utenti (che possono essere: il cliente di un'azienda privata o il cittadino beneficiario di un servizio pubblico, ma anche un collega), attivando comportamenti volti a rilevare e soddisfare bisogni in coerenza con gli obiettivi dell'ente o azienda per cui si lavora.

Livello di competenza	Indicatori comportamentali
Basso	Pone scarso impegno nel recepire e comprendere i bisogni dell'altro. Si mostra poco comunicativo e disponibile, privilegiando i propri interessi. Mostra scarsa propensione a verificare con regolarità il grado di soddisfazione dell'altro.
Medio	Sa ascoltare gli altri ed è abbastanza disponibile ad accettare ciò che gli altri sentono e manifestano. Tende ad agire nei confronti degli altri con una certa attenzione e disponibilità, gestendo le relazioni in modo equilibrato; non è sempre disponibile a sacrificare le proprie esigenze per andare incontro a quelle dell'altro.
Alto	Tende ad instaurare buoni rapporti con gli altri basati sul rispetto reciproco e la cordialità; sa ascoltare le persone, percependone sentimenti e stati d'animo. Fa sentire facilmente a proprio agio le persone e sa andare incontro alle esigenze degli altri, anche sacrificando le proprie quando necessario.

2.3.3 Team working

È la capacità di:

> collaborare e cooperare per il raggiungimento di obiettivi comuni, anche in situazioni di conflitto

> adattarsi in modo costruttivo e funzionale alle esigenze del gruppo, proponendo soluzioni condivise e compromessi positivi, partecipando attivamente e sintonizzandosi con il gruppo

> cooperare per un clima di gruppo positivo e di condivisione, stabilendo relazioni positive.

Livello di competenza	Indicatori comportamentali
Basso	Manifesta difficoltà nel lavorare in gruppo, partecipando con distacco alle attività. Non favorisce un'atmosfera positiva ostacolando il dialogo. Non sempre percepisce il senso d'appartenenza al gruppo e si riconosce in esso.
Medio	È sufficientemente in grado di cooperare con gli altri per raggiungere gli scopi comuni del gruppo. È intenzionato ad attivare uno spirito di squadra collaborativo fra i membri del gruppo ma non sempre riesce nel suo intento.
Alto	È il punto di riferimento del gruppo, con cui collabora, condividendo informazioni e risorse, e promuovendo un clima armonioso e cooperativo. È capace di coinvolgere attivamente tutti i componenti del gruppo per raggiungere gli obiettivi comuni.

2.4 *Skill* relative a impatto e influenza

Le skill **relative a impatto e influenza** comprendono, generalmente, le seguenti competenze: persuasività; consapevolezza organizzativa; leadership.
Queste skill riguardano l'impatto e l'influenza che i comportamenti messi in atto possono avere sulle persone.

2.4.1 Persuasività

È la capacità di influenzare e convincere gli altri, in modo da ottenerne sostegno e collaborazione. L'abbinamento di persuasività e leadership è uno dei requisiti fondamentali per ricoprire posizioni di vertice.

Livello di competenza	Indicatori comportamentali
Basso	Ha poca abilità e pazienza nel confronto dialettico ed è incapace di adottare le strategie migliori per riuscire ad avere l'effetto desiderato sul comportamento degli altri. Non dimostra sufficiente rapidità ed acutezza di riflessi nel cogliere i punti deboli dell'argomentazione dell'interlocutore, sprecando così l'opportunità di affermare con successo il proprio punto di vista.
Medio	Dimostra una discreta abilità nella scelta e nella modulazione dello stile comunicativo e delle argomentazioni al fine di influenzare gli altri, non riuscendo talvolta nel suo intento. Non sempre adotta la strategia più efficace e/o si sa muovere per creare alleanze/coalizioni.
Alto	Mostra pazienza, tenacia e determinazione nelle trattative e sa calibrare bene le proprie iniziative in funzione degli interlocutori e delle situazioni. Per ottenere l'effetto voluto, applica molteplici strategie di influenzamento, formando talvolta coalizioni ed alleanze con altre persone ed esperti per promuovere azioni di sostegno a largo raggio alle proprie idee. Lascia filtrare o intercetta informazioni e notizie per ottenere effetti specifici, riuscendo quindi a strutturare le situazioni per incoraggiare i comportamenti desiderati.

2.4.2 Consapevolezza organizzativa

È la capacità di:

- percepire in modo realistico i meccanismi impliciti che regolano l'organizzazione, riconoscendo facilmente le reti sociali essenziali e le sottostanti dinamiche sociali e i centri di potere non ufficiali
- comprendere e utilizzare le diverse culture aziendali oltre la propria e la cultura di ogni altra organizzazione con cui si entra in contatto e, ai livelli più elevati, è la capacità di comprendere e utilizzare la propria posizione in un quadro che va oltre l'azienda
- rispondere tempestivamente ed efficacemente alle diposizioni e alle richieste del proprio superiore gerarchico.

Livello di competenza	Indicatori comportamentali
Basso	Ha scarsa capacità d'interpretazione delle dinamiche organizzative, formali ed informali, essendo poco consapevole dei meccanismi e delle reti sociali essenziali su cui si fonda l'organizzazione.
Medio	Generalmente è in grado di interpretare in modo appropriato i procedimenti informali dell'organizzazione e i fondamenti che regolano i rapporti di potere, anche quelli di natura più implicita.
Alto	Sa interpretare correttamente i rapporti di potere fondamentali dell'organizzazione, individuando in maniera realistica le reti sociali essenziali e le sottostanti dinamiche sociali e i centri di potere non ufficiali. Ha un'acuta percezione della struttura informale dell'organizzazione, che gli permette di interpretare accuratamente le situazioni e comprendere a fondo i problemi organizzativi.

2.4.3 Leadership

La leadership è la capacità di guidare un gruppo in una direzione condivisa, stimolando la motivazione del team e sostenendone la crescita professionale; è la capacità di assegnare obiettivi, gestire le attività e il tempo propri e altrui, oltre che le dinamiche di gruppo, anche conflittuali.

Livello di competenza	Indicatori comportamentali
Basso	È scarsamente efficace e poco energico nel guidare le persone o i gruppi, dai quali ha difficoltà ad essere riconosciuto. Tende a valorizzare poco le persone che ha intorno a sé e si dimostra poco capace di ispirarle e motivarle.
Medio	È abbastanza capace di guidare e motivare individui e gruppi. Infonde un certo entusiasmo ed energia, che in alcune situazioni può spingere il singolo o il gruppo a raggiungere buone performance. Non sempre ha la capacità di indirizzare le persone nella direzione desiderata. È una persona abbastanza orientata allo sviluppo degli altri ma talvolta non è del tutto efficace nel fornire supporto.
Alto	È molto efficace nel guidare e motivare individui e gruppi. Infonde entusiasmo ed energia, riuscendo a spingere i singoli o un intero gruppo in una determinata direzione, valorizzando la loro crescita. Si pone come esempio per gli altri, sa dare supporto e gestisce le dinamiche relative alle gerarchie formali e informali in modo costruttivo.

In questo contesto, è fondamentale un approfondimento sullo **stile di *leadership***, o **stile direzionale**, che rappresenta il modello di comportamento dei responsabili (*leaders*) ai diversi livelli della scala gerarchica nei confronti dei propri subordinati (*followers*).
Il *leader* opera su due livelli:

> **all'interno dell'azienda**, considerando l'influenza che l'esercizio dell'autorità connessa al suo ruolo ha sui soggetti da guidare;
> **all'esterno dell'azienda**, facendosi carico degli impegni, connessi al suo ruolo, che l'azienda assume nei confronti degli stakeholder esterni.

Lo stile di direzione dipende da molteplici fattori concernenti la persona che dirige: il carattere e la personalità, il modo con cui instaura i rapporti personali con i propri collaboratori, il modo di porsi nella struttura organizzativa e il modo di impartire ordini.
Variabile da leader a leader e da azienda ad azienda, lo stile di leadership si può manifestare in una varietà enorme di possibili caratterizzazioni dei rapporti tra leader e subordinati. È, tuttavia, possibile definire due modalità tipiche secondo cui può esprimersi tale leadership:

> **leadership direttiva**, che si distingue a sua volta in leadership autoritaria e in leadership burocratica;
> **leadership partecipativa**, che si distingue a sua volta in leadership partecipativa orientata al compito e in leadership partecipativa orientata alle relazioni.

Leadership direttiva

La leadership direttiva è lo stile del leader che guida e dirige i collaboratori nelle attività da svolgere: ne definisce i compiti e gli standard, ne gestisce il percorso definendo distinte politiche, procedure e regole. Il leader direttivo accentra tutte le decisioni e non consente ai collaboratori alcuna influenza sul processo decisionale. Il contesto organizzativo in cui lo stile direttivo funziona è quello in cui i compiti sono complicati e ambigui e l'autorità formale del leader è elevata.
Può esprimersi secondo due modalità di azione: leadership autoritaria e leadership burocratica. La ***leadership autoritaria*** è il tipico stile fortemente accentratore del leader che utilizza la sua collocazione all'interno della struttura gerarchica dell'organizzazione e la titolarità delle responsabilità a essa delegate quali elementi a sostegno della propria autorità. Il leader autoritario guida i collaboratori assumendo decisioni, senza consultarli, ma limitandosi a comunicare tali decisioni e a farle eseguire. In sostanza, identifica personalmente e autonomamente degli obiettivi e definisce adeguate forme di ricompensa (incentivi monetari, promozioni, altre forme di riconoscimento non monetario delle performance). Si espone, tuttavia, in prima persona, assumendosi responsabilità dirette e assumendo decisioni che comportano l'esercizio della discrezionalità. Il leader che adotta questo stile tende ad assumere il controllo completo su tutti gli aspetti del comportamento dei collaboratori, avvalendosi di processi premianti-punitivi. Lo stile di leadership autoritaria può ostacolare il perseguimento degli obiettivi aziendali producendo tensioni nel gruppo dei collaboratori, ma offre elevate garanzie quando si tratta di passare rapidamente dalle decisioni ai fatti.
La ***leadership burocratica*** è, invece, uno stile che richiama il concetto weberiano di potere legale e la nozione di funzionario, ossia di quella figura professionale che esercita la propria autorità in forza della legalità, cioè in forza dell'obbedienza fondata sull'a-

dempimento dei doveri stabiliti da norme. Le relazioni del leader burocratico con i collaboratori sono, generalmente, formali, basate sulla correttezza e sul rispetto dei ruoli. Lo stile burocratico è caratterizzato da compiti molto specializzati, le cui modalità di esecuzione sono stabilite dal leader, per cui è uno stile poco adatto a valorizzare le capacità personali. È poco elastico e, quindi, non adatto in situazioni in cui occorra fronteggiare imprevisti. Il contesto organizzativo in cui lo stile funziona è quello relativo ad ambienti caratterizzati da un elevato grado di strutturazione normativa e organizzativa, contraddistinti da attività di routine e compiti ripetitivi.

Leadership partecipativa

La leadership partecipativa è lo stile del leader che instaura processi tendenti a coinvolgere i collaboratori nella definizione di valori e visioni da condividere a livello aziendale, ricerca i suggerimenti dei collaboratori e, quando adeguati alla soluzione dei problemi, li prende in considerazione prima di assumere decisioni.
Tale stile è particolarmente appropriato nei processi di cambiamento aziendale, in cui tanta importanza rivestono i collaboratori, in quanto parte determinante della complessa cultura aziendale. In tali processi, il leader assume la figura di designer o steward.
La leadership partecipativa può esprimersi secondo due modalità di azione: leadership partecipativa orientata al compito e leadership partecipativa orientata alle relazioni.
La ***leadership partecipativa orientata al compito*** è il tipico stile indirizzato all'efficienza del lavoro; permette di massimizzare l'efficacia dei collaboratori in termini di produttività e soddisfazione legata all'ottenimento dei risultati. Il leader si pone come riferimento metodologico e organizzativo, senza tener conto, tuttavia, dei bisogni emotivi e relazionali dei suoi collaboratori.
La ***leadership partecipativa orientata alle relazioni***, invece, è il tipico stile indirizzato alla facilitazione dei rapporti umani all'interno dell'organizzazione. Il leader che adotta questo stile promuove il senso di appartenenza all'organizzazione mediante la risoluzione di eventuali situazioni conflittuali

2.5 *Skill* orientate alla realizzazione

Le skill **orientate alla realizzazione** si riferiscono a quelle modalità comportamentali che caratterizzano la predisposizione ad agire della persona nella realtà organizzativa, al fine di organizzare, eseguire e portare a termine efficacemente le proprie attività.
Tali skill comprendono, generalmente, le competenze: orientamento al risultato; accuratezza; proattività; *problem solving*; pianificazione; autonomia.
L'individuo che presenta tali skill ha propensione all'azione, una propensione diretta più alla realizzazione di attività che all'impatto su altre persone.

2.5.1 Orientamento al risultato

È la capacità di prefiggersi obiettivi non facilmente realizzabili e di impegnarsi a fondo per raggiungerli, avendo chiare le priorità ed essendo capaci di prendere decisioni concrete ed efficaci al momento opportuno.

Livello di competenza	Indicatori comportamentali
Basso	Poco accurato e organizzato, dà scarsa importanza all'ordine e alla precisione, tende a fornire risultati di scarsa qualità. Incontra inoltre difficoltà nell'individuare prontamente soluzioni ai problemi e nel prendere decisioni.
Medio	Abbastanza accurato e organizzato, ha un buon impulso a soddisfare i propri obiettivi e standard. Tende a portare a termine i compiti assegnati, definendo le priorità e prendendo tendenzialmente decisioni al momento opportuno.
Alto	Ha un elevato impulso a soddisfare obiettivi e standard lavorativi elevati. Pragmatico, nello svolgere il proprio lavoro, è accurato e organizzato: procede con ordine e metodo, definendo le priorità e prendendo decisioni efficaci al momento opportuno. È orientato a migliorare sempre le proprie prestazioni.

2.5.2 Accuratezza

Questa soft skill corrisponde alla capacità di porre attenzione all'ordine e alla qualità, è il bisogno di ridurre l'incertezza nella realtà lavorativa circostante, effettuando regolarmente verifiche sul lavoro per prevenire errori e per garantire il rispetto di un buon livello dei risultati finali.

Livello di competenza	Indicatori comportamentali
Basso	Lavora in modo approssimativo: è in grado solo a volte di applicare correttamente le procedure previste e di utilizzare gli strumenti a disposizione. Raramente verifica la qualità del suo operato e lo stato di avanzamento dei progetti rispetto a criticità o scadenze.
Medio	In generale, svolge un lavoro di qualità intermedia, che può richiedere l'intervento da parte degli altri. Verifica abbastanza regolarmente lo stato di avanzamento dell'operato e dei progetti rispetto a criticità o scadenze.
Alto	Svolge un lavoro di elevata qualità applicando le procedure in modo rigoroso e utilizzando correttamente gli strumenti a disposizione. Opera costantemente un controllo sulle attività proprie e tiene monitorato lo stato di avanzamento dei progetti rispetto a criticità e scadenze.

2.5.3 Proattività

La proattività è la capacità di cercare opportunità, prendere l'iniziativa nel migliorare le circostanze attuali o nel crearne delle nuove e perseverare nel tentativo di determinare un cambiamento significativo. È la capacità di agire di propria ispirazione, svolgere i compiti prima che siano richiesti, inventare nuovi modi di fare le cose e concludere in modo diverso compiti o processi. La proattività è anche la capacità di anticipare i problemi relativi al proprio lavoro per riuscire, poi, ad organizzarlo al meglio. Infatti, questo tipo di abilità è strettamente connessa al contesto professionale, perché sviluppando questa competenza, si riescono a trovare modi incisivi e tempestivi per affrontare ogni situazione. La capacità di porre questioni in anticipo permette di essere "pronti" per affrontarle al meglio.

La tempestività, però, non deve portare ad un atteggiamento sbrigativo e superficiale, volto a incrementare esclusivamente la velocità di una risposta ma non la sua efficacia. La reattività è importante nello svolgimento dell'attività lavorativa, perché porta a sviluppare anche l'istinto e il ragionamento.

Livello di competenza	Indicatori comportamentali
Basso	Tende a non esporsi, non proponendo le proprie idee, osservazioni, interpretazioni, soluzioni o domande per comprendere la realtà organizzativa e gli avvenimenti. Tende a sottrarsi nell'affrontare le situazioni e nello sfruttare le occasioni; non cerca attivamente stimoli che permettano il miglioramento del proprio lavoro e dell'organizzazione.
Medio	Talvolta espone le proprie idee, osservazioni, interpretazioni, soluzioni o domande per comprendere la realtà organizzativa e gli avvenimenti. Si attiva in prima persona assumendosi a volte anche incarichi extra.
Alto	Cerca stimoli, occasioni di miglioramento e perfezionamento del proprio lavoro e dell'organizzazione; spesso propone spontaneamente idee, osservazioni, interpretazioni e soluzioni, anche innovative. Agisce coinvolgendo sé stesso e gli altri in sforzi extra.

2.5.4 *Problem solving*

Il *problem solving*, letteralmente *risoluzione di problemi*, è la capacità di individuare e comprendere gli aspetti essenziali dei problemi per riuscire a definirne le priorità, valutare i fatti significativi, sviluppare possibili soluzioni ricorrendo sia all'esperienza sia alla creatività, in modo da arrivare in tempi congrui ad una soluzione efficace.
Talvolta si può avere la sensazione di non riuscire a far fronte alle molte difficoltà, di sentirsi mancare il terreno sotto i piedi. In quel caso la strada da seguire è quella di continuare ad agire, senza eccessive raffinatezze d'approccio, per non rischiare di perdere tempo prezioso.
Nel *problem solving* è importante prima di tutto **riconoscere il problema**. Un problema non conosciuto continua a causare danni e non può essere affrontato né risolto. Diventano quindi importanti gli strumenti per esserne consapevoli, che non possono ridursi alla sola segnalazione dall'alto, indice di un'estensione del danno che impone interventi veloci, sotto pressione e che può anche peggiorare la reputazione del sistema all'esterno.
Occorre innanzitutto disporre di dati, forniti da forme di monitoraggio (es. degli incidenti) per essere a conoscenza del problema prima che causi gli effetti negativi o comunque di essere tra i primi destinatari di comunicazioni e segnalazioni in tal senso. Dove possibile, è opportuno che vi sia la capacità di agire proattivamente, non solo grazie ad analisi di dati provenienti dal monitoraggio, ma imparando con l'esperienza a riconoscere i sintomi ed avvertire intuitivamente quando un problema esiste o sta per sorgere. Una volta consapevoli del problema, bisogna evitare di appartarsi a lottare da soli, ma occorre sempre coinvolgere il più possibile quelle risorse (colleghi, fornitori, dirigenti) che possono fornire un contributo.

Livello di competenza	Indicatori comportamentali
Basso	Spesso ha difficoltà a indentificare con precisione il nucleo del problema, fallendo nell'analisi degli aspetti che lo caratterizzano e proponendo soluzioni in tempi dilatati. Non trova di conseguenza una soluzione efficace e funzionale.
Medio	Rispettando le scadenze, è in grado di cogliere la natura problematica del contesto e di analizzarne gli elementi caratterizzanti, ma le soluzioni identificate sono talvolta poco strutturate e non sempre adatte.
Alto	In tempi rapidi, individua il problema e lo colloca all'interno di una specifica cornice di riferimento; è inoltre in grado di individuare la soluzione più efficace, definendo correttamente le priorità d'azione e strutturando le azioni da intraprendere.

Alcuni errori tipici nel problem solving

- *Devo fare qualcosa, il problema è troppo urgente*: si può essere spinti ad agire impulsivamente per la gravità del problema ma anche per non dare l'impressione di essere poco reattivi ed efficienti. Anche in casi di urgenza, prima di agire ci si domandi se si sia riflettuto ed analizzato il problema quel minimo per poter prendere decisioni. Le soluzioni immediate hanno spesso vita breve e talvolta, temporeggiando, possono ottenersi informazioni utili o mutare le condizioni in modo da rendere più agevole la soluzione.
- *Ci sono già passato*: si può peccare di sufficienza, sottovalutando un problema che presenti analogie con un altro già affrontato in precedenza. Non è detto che soluzioni valide in passato si possano applicare senza aver valutato eventuali differenze.
- *Non ho abbastanza dati, quindi non posso decidere*: spesso (ma non sempre) le richieste di informazioni e report possono far perdere tempo prezioso. Bisogna essere consapevoli di quanto tali informazioni siano determinanti per scegliere una soluzione rispetto ad altre e quando no. A volte è comunque preferibile decidere: dall'azione seguiranno altre informazioni.
- *Sono l'unico a poter trovare una soluzione*: peccare di presunzione può far perdere un importante apporto da parte di altre menti. Anche dove vi siano dei collaboratori, vanno incoraggiati a trovare soluzioni ed eventualmente imparare dai propri errori.

2.5.5 Pianificazione (*Time Management*)

Il *time management* è la capacità di utilizzare il tempo in modo efficace, di stabilire le priorità in termini di importanza e urgenza, di articolare tempi di lavoro e azioni coerentemente con gli obiettivi da raggiungere.
La gestione e pianificazione del tempo richiede un approccio metodico e disciplinato, per ottimizzare le attività aziendali con il fine di aumentare l'efficacia, l'efficienza e la produttività e può essere migliorato attraverso l'uso di competenze, strumenti e tecniche.
Il primo step del *time management* consiste nello scoprire come viene impiegato il tempo, analizzando e raggiungendo la consapevolezza di come effettivamente vengono svolte le varie attività nel corso di una giornata lavorativa. Per fare ciò può risultare utile il ricorso ad un programma di tracciamento del tempo, che consenta di suddividere le attività per tipologia e di dettagliare il più possibile la mansione svolta in quel preciso arco temporale.

Per la gestione delle attività e per la loro pianificazione, può essere utile classificare le diverse attività da svolgere in:
> importanti e urgenti;
> importanti, ma non urgenti;
> né importanti, né urgenti.

Livello di competenza	Indicatori comportamentali
Basso	Spesso non pianifica efficacemente il proprio lavoro, opera esclusivamente sull'urgenza o su fattori non prioritari rispetto ai compiti. Ha evidenti difficoltà nella gestione dei tempi di lavoro proprio e dei propri collaboratori (se richiesto dal ruolo). Procede in maniera disordinata e disorganizzata, stabilendo le priorità in maniera scorretta, concentrandosi esclusivamente sulle emergenze.
Medio	Pianifica discretamente il proprio lavoro, stabilisce obiettivi ma non è sempre in grado di equilibrare carichi di lavoro e tempistiche. Non sempre riesce a gestire efficacemente priorità, urgenze e azioni stabilite precedentemente e quindi fatica a rispettare le scadenze.
Alto	Assegna a se stesso e ai propri collaboratori (se richiesto dal ruolo) in maniera efficace ed efficiente i tempi di lavoro sulla base di priorità e obiettivi da raggiungere. Sa riconoscere le priorità e anticipare e gestire gli imprevisti, ripianificando le attività se necessario; sa elaborare un piano d'azione a lungo termine, rispettando scadenze.

Consigli pratici per il *time management*
- Imparare a respingere richieste che non ci competono e a chiedere chiarimenti in merito.
- Imparare a delegare.
- Stabilire scadenze impegnative ma realistiche per ogni compito.
- Articolare gli impegni lasciando degli spazi per pianificazione, analisi, decisioni.
- Concentrare i compiti più impegnativi nell'arco della giornata di massima resa.
- Elencare i punti che si vogliono trattare negli incontri.
- Far presente di avere una montagna di lavoro da smaltire a chi vuol fare conversazione in un momento non opportuno.

2.5.6 Autonomia

L'autonomia è una soft skill che corrisponde alle modalità comportamentali che caratterizzano la predisposizione ad agire, al fine di organizzare, eseguire e portare a termine efficacemente il proprio servizio in modo autonomo.
È la capacità di organizzare e condurre il proprio lavoro in maniera indipendente e svincolata, di sapersi auto-attivare senza la necessità di stimoli o controlli esterni.

Livello di competenza	Indicatori comportamentali
Basso	Spesso non è in grado di darsi tempi e modalità per svolgere le attività che gli vengono assegnate. Svolge il proprio lavoro cercando costantemente input e/o rassicurazioni esterne.
Medio	Non sempre identifica da solo tempi e metodi con cui gestire un'attività. Svolge il proprio lavoro cercando il supporto di altri, dopo input e/o rassicurazioni esterne.
Alto	Identifica da solo tempi e metodi con cui gestire efficacemente la propria attività lavorativa. Svolge il proprio lavoro in maniera indipendente e autosufficiente organizzando le proprie attività autoregolandosi.

Capitolo 3
Gli strumenti e le tecniche di valutazione delle competenze trasversali

3.1 Introduzione

3.1.1 Il concetto di valutazione delle risorse umane

Il processo di **valutazione delle risorse umane** è un processo volto a riconoscere, valorizzare ed evidenziare le differenze tra gli individui, rispetto a determinati criteri o standard di riferimento, in merito alle competenze, ai comportamenti organizzativi, alle caratteristiche personali e implica una chiara e netta assunzione di responsabilità da parte del soggetto valutante. Quest'ultimo aspetto risulta particolarmente significativo, poiché mette in luce una problematicità insita nel concetto di valutazione, vale a dire l'impossibilità di eliminare del tutto la componente soggettiva.
Valutare dunque significa prendere una posizione rispetto al valore differenziale da attribuire alle competenze, alle condotte lavorative o ai risultati dei collaboratori sulla base di criteri definiti. Per quanto ci si possa affidare a sistemi altamente standardizzati, automatizzati o computerizzati non è possibile scaricare la responsabilità della valutazione esclusivamente sullo *strumento*, sia perché la scelta stessa del sistema di valutazione costituisce di per sé un'opzione soggettiva sia perché l'analisi dei risultati è sempre influenzata dalle proprie convinzioni e dal proprio sistema di valori. Per questi motivi valutare è un'attività molto delicata e difficile. È molto importante tener presente che nel processo di valutazione sia il valutato che il valutatore sono messi in discussione. Infatti, quando si opera una valutazione ci si espone al giudizio sia del valutato sia degli altri attori coinvolti nel processo di valutazione.
I criteri e i parametri di riferimento per effettuare le valutazioni devono essere il più possibile chiari, ben delineati e condivisi. Non è possibile, infatti, effettuare valutazioni oggettive ma è possibile farlo in maniera obiettiva, ovvero garantendo il più possibile l'imparzialità attraverso l'utilizzo di **procedure standardizzate** e l'ancoraggio a metodologie di tipo scientifico.

3.1.2 La *job description*

Particolare importanza nelle **procedure di selezione del personale**, ha la descrizione e valutazione delle posizioni.
Detta anche ***job description***, la **descrizione delle posizioni** è uno strumento utilizzato dalle organizzazioni per descrivere, appunto, le responsabilità e i compiti associati a una data posizione nella struttura organizzativa. In termini pratici una job *description* è un documento scritto, comprendente le principali aree di contenuto che la costituiscono:
> **Nome della posizione e area di appartenenza**: ogni posizione ha un nome specifico, che la identifica e la differenzia dalle altre, ed è collocata in un'area specifica.

- **Finalità della posizione**: ogni posizione ha degli scopi e dei risultati generali da perseguire.
- **Livello gerarchico nella struttura organizzativa**: per ciascuna posizione viene specificata la posizione occupata all'interno dell'organigramma, con l'indicazione di quella da cui dipende e, eventualmente, le altre posizioni che coordina e gestisce.
- **Compiti e responsabilità principali**: per ciascuna posizione è possibile fare un elenco dei principali compiti previsti, corredati da descrizioni dettagliate e da relative aree di responsabilità.
- **Requisiti professionali richiesti**: ogni posizione prevede delle qualifiche e un certo livello di esperienza e/o titoli formativi, per svolgere al meglio i compiti previsti.
- **Obiettivi della posizione**: per ciascuna posizione sono indicati dettagliatamente i singoli obiettivi da raggiungere.
- **Contatti e rapporti**: per ciascuna posizione sono indicate le altre (interne o esterne all'organizzazione) con le quali entra in contatto, nonché finalità e frequenza dei contatti stessi.

Una posizione esiste indipendentemente dal fatto che sia occupata o meno da un lavoratore. Pertanto, l'**insieme delle *job description*** di un'azienda corrisponde al **complesso dei fabbisogni professionali** dell'azienda stessa.
Gli **scopi** della *job description* sono principalmente i seguenti:

1. **Selezione del personale**: le *job description* sono la base di partenza di qualunque processo di selezione del personale, in quanto in esse sono contenute le informazioni generali circa le caratteristiche richieste al lavoratore per svolgere i compiti e le attività connesse alla posizione.
2. **Valutazione del personale**: le *job description* indicano gli elementi sui quali il collaboratore deve essere valutato, ovvero i compiti, gli obiettivi, i risultati e i requisiti: un maggiore livello di aderenza tra persona e posizione determinerà un migliore esito della valutazione; viceversa, un basso livello di aderenza sarà motivo di una valutazione peggiore.
3. **Formazione e sviluppo**: quando non vi sia una perfetta aderenza tra persona e posizione, o il lavoratore non abbia mai svolto un determinato compito previsto dalla posizione, è necessario attuare dei piani di formazione e sviluppo professionale e, in tal caso, le *job description* sono molto utili per individuare le aree di miglioramento del lavoratore.

3.1.3 Le tecniche di valutazione delle competenze

Le tecniche di valutazione delle competenze sono molteplici; la scelta relativa al loro utilizzo esclusivo o combinato rappresenta una scelta di natura tecnica e organizzativa che deve tener conto delle esigenze di efficacia ed efficienza. Deve cioè considerare sia i risultati che si vogliono raggiungere sia le risorse, economiche e temporali, che si hanno a disposizione.
Di seguito, esponiamo le principali tecniche di valutazione delle competenze utilizzate nelle procedure di selezione del personale, pubbliche e private.

3.2 I test

I test sono strumenti standardizzati e validati che permettono di valutare diversi aspetti del profilo di competenze dei candidati.
I vantaggi nell'utilizzo dei test sono numerosi:
> la **standardizzazione**, in quanto garantiscono un certo livello di attendibilità e validità della valutazione. I test sono, infatti, uno strumento di misura oggettiva e replicabile ed eliminano i problemi di una conoscenza intuitiva da parte del selezionatore
> sono strumenti **poco dispendiosi** dal punto di vista della somministrazione e dell'interpretazione dei risultati: presentano un ottimo rapporto tra i risultati e i costi sostenuti
> rappresentano una "**situazione stimolo**" uguale per tutti i soggetti: è una situazione infatti standardizzata sia nella somministrazione (materiale, istruzioni, condizioni ambientali) sia nella correzione che avviene sempre secondo gli stessi criteri.

Se da un lato la standardizzazione rappresenta un punto di forza dei test, dall'altro lato è un punto di debolezza dal momento che i test permettono di raccogliere informazioni che sono necessariamente parziali rispetto all'intero profilo di competenze del candidato.
Numerose sono le tipologie di test somministrate ai candidati nelle selezioni, pubbliche e private. Tra questi, sono presenti le **prove di conoscenza sotto forma di test** che mirano a valutare la conoscenza rispetto a specifici argomenti tecnici e la capacità di individuare nessi logici e causali tra essi, i **test di intelligenza**, che misurano il livello intellettivo generale del soggetto e danno pertanto un unico punteggio, definito quoziente intellettivo (QI).
Di seguito, riportiamo tre tipologie di test frequentemente somministrate nelle selezioni delle risorse umane: i test situazionali; i test logico-attitudinali; i test di personalità.

3.2.1 I test situazionali

I **test situazionali** sono strumenti che indagano come il candidato si comporterebbe in specifiche **situazioni lavorative**. Vengono, infatti, proposti dei brevi **scenari lavorativi** sfidanti con delle possibili opzioni di risposta, che rappresentano le diverse **strategie comportamentali** che è possibile mettere in atto, tra le quali la persona è chiamata a scegliere, individuando la più appropriata.
Numerose sono le varianti di tali test:
> i quesiti possono essere a 3, 4 o 5 opzioni di risposta
> il punteggio attribuito è differente a seconda che il candidato, nel selezionare la risposta, individui:
  - l'azione *più efficace*: il punteggio attribuito per tali risposte è chiaramente positivo
  - l'azione *neutra*: in questo caso il candidato avrà un punteggio inferiore rispetto al punteggio che avrebbe conseguito selezionando la risposta più efficace
  - l'azione *meno efficace*: generalmente il punteggio attribuito per tali risposte è negativo.

Tali test sono generalmente somministrati nelle fasi preselettive delle selezioni.

3.2.2 I test logico-attitudinali

I **test logico-attitudinali**, o semplicemente **test di logica**, mirano ad accertare la **capacità di ragionamento** del candidato.
Numerose sono le tipologie di tali test. Ogni selezione ha il suo obiettivo; si parla, infatti, di quesiti volti a verificare la **capacità logico-deduttiva** e/o la **capacità critico-verbale** e/o la **capacità di ragionamento numerico** e/o la **capacità di ragionamento astratto**.
Per darne una visione semplificata possiamo suddividerli nelle tipologie seguenti:

- **quesiti di logica verbale**, che valutano l'attitudine verbale del candidato
- **quesiti di ragionamento critico-verbale**, che verificano la capacità di comprensione di un testo argomentativo
- **quesiti di logica numerica e *problem solving***, che valutano le capacità di ragionamento, le abilità di calcolo mentale e l'intuito logico-matematico
- **quesiti di ragionamento astratto e ragionamento spaziale**, che valutano la capacità di ragionare in termini astratti, anche rispetto a una dimensione spaziale; **quesiti di abilità visiva**, che vengono utilizzati anche per valutare attitudini particolari quali l'attenzione, la precisione, l'accuratezza.

Tali test sono tipici delle fasi preselettive delle selezioni.

3.2.3 I test di personalità

I **test di personalità** mirano a svelare le caratteristiche emotive del candidato, ad analizzarne le reali motivazioni e il modo di relazionarsi con le altre persone, per capire come tale soggetto è destinato a muoversi nell'ambiente di lavoro. In test di questo tipo si giunge a risultati che restano tuttavia opinabili, poiché è molto complesso misurare quantitativamente questo genere di proprietà.

3.3 Studio di caso

La prova prevede la presentazione al candidato di **situazioni aziendali *reali*** o ***verosimili*** di cui viene richiesto di individuare i possibili sviluppi. Si tratta di casi aziendali complessi in cui ai candidati è richiesto di analizzare la situazione presentata e predisporre una relazione scritta su criticità, opportunità e previsioni, oltre che, eventualmente, di rispondere ad alcune domande specifiche. La relazione scritta può successivamente essere oggetto di confronto con l'assessor (valutatore) nel corso di un *role play* o di una prova di presentazione.
La prova, in base al contenuto proposto, consente di valutare: capacità di analisi, visione strategica e *problem solving*. Quindi, più che specifiche conoscenze tecnico- professionali, ha la peculiarità di rilevare l'organizzazione delle conoscenze e le strategie cognitive utilizzate per la risoluzione dei problemi presentati.
In generale, una prova relativa allo studio e alla soluzione di un caso ha le seguenti caratteristiche:

- **Presenta una situazione specifica e definita.** Di solito si tratta di un'azienda o, più in generale, di un contesto che ha delle peculiarità e delle problematiche specifiche. Le problematiche devono essere identificate correttamente, analizzate e risolte.

> **I problemi e le caratteristiche presentate sono verosimili**. Per tale motivo, la risoluzione deve mettere in evidenza le modalità e deve contemplare strategie concrete, plausibili ed efficaci.
> **Il contesto presentato nello studio di caso ha delle variabili**. Non tutti i fattori che definiscono il contesto sono perfettamente controllabili e hanno effetti prevedibili. Per tale motivo, non esiste un'unica soluzione del caso, anzi, spesso, non esiste una soluzione migliore delle altre. Ciascuna soluzione ha dei punti di forza e delle criticità, che il candidato deve vagliare accuratamente. Se i problemi che emergono dallo studio di caso sono molteplici, occorre elaborare una soluzione per ciascuno di essi. Non è sempre detto che tali soluzioni siano conciliabili tra loro. Per tale motivo, lo studio di caso, oltre a mettere in evidenza la preparazione teorica di un individuo, rivela anche le sue attitudini, i suoi stili comportamentali, il suo modo di essere e affrontare le problematiche.

Per studiare e risolvere un caso, sono stati formulati diversi approcci. In generale, questi approcci presentano sempre una *fase preliminare* di **definizione del problema**, una *fase successiva* di **formulazione di una soluzione** e una *fase finale* di **attuazione della soluzione e di verifica finale degli esiti**.

Di seguito, presentiamo uno schema che ricalca questi approcci e che presenta proprie specificità. Esso si suddivide in quattro punti principali. Ciascuno di questi punti prevede l'elaborazione di alcune azioni.

1) Analisi del contesto
- 1.1) Analizzare le informazioni, i dati, gli aspetti rilevanti
- 1.2) Mettere in relazione le informazioni
- 1.3) Focalizzare il problema

2) Diagnosi
- 2.1) Formulare ipotesi sulla causa del problema
- 2.2) Analizzare i punti di forza e le criticità

3) Soluzioni del problema e strategie di direzione
- 3.1) Definire il comportamento che si deve osservare
- 3.2) Raccogliere informazioni non esplicitate, ma necessarie
- 3.3) Progettare soluzioni alternative
- 3.4) Stilare un piano di attuazione delle soluzioni

4) Selezione della soluzione
- 4.1) Prevedere gli effetti delle varie soluzioni
- 4.2) Selezionare la soluzione mediante dei criteri
- 4.3) Attuare la soluzione selezionata e valutare i risultati ottenuti

3.4 Il colloquio

Il **colloquio** è una delle prove più utilizzate per la selezione dei candidati.

In prima approssimazione, possiamo distinguere due particolari forme di colloquio: il **colloquio/intervista** e il **colloquio di gruppo**. Il primo è utile soprattutto per approfondire le informazioni che sono state raccolte in una fase precedente (ad esempio

nell'analisi del curriculum vitae) e per spiegare nel dettaglio al candidato la figura che viene cercata e ciò in cui davvero consisterebbe il lavoro. Il secondo, invece, ha l'obiettivo di osservare alcune dimensioni di personalità dei candidati relative, in particolare, alle modalità di comunicazione e di interazione personale.
Il colloquio sarà oggetto di specifica trattazione nella parte finale di questo volume.

3.5 L'Assessment Center

Gli **Assessment Center** (AC), letteralmente *centri di valutazione*, costituiscono una delle più diffuse metodologie utilizzate, in ambito privato, e più recentemente anche in ambito pubblico, per la selezione, la mappatura delle competenze, la valutazione del potenziale, l'analisi delle esigenze formative e lo sviluppo delle risorse umane.
Si tratta del metodo più diffuso di valutazione di gruppo che permette di indagare le **competenze trasversali** con un *focus* particolare su quelle relazionali. L'AC è una procedura di valutazione sofisticata che, attraverso l'utilizzo di una molteplicità di strumenti standardizzati, ha l'obiettivo di analizzare e valutare il possesso (e il relativo livello) di un set predefinito di **competenze comportamentali** (trasversali) ritenute necessarie per ricoprire con successo un ruolo specifico o un insieme di ruoli in una organizzazione.
Nel processo di valutazione tramite AC (elaborazione da Consiglio e Tinelli, 2019) si cerca di ridurre al massimo la possibilità di errore, insita in ogni valutazione, attraverso il ricorso a più osservatori e a tecniche di osservazione differenti. L'AC si propone, infatti, di **massimizzare l'obiettività del processo di valutazione** e di **minimizzare l'arbitrarietà, i preconcetti e gli errori dei valutatori**.
Nell'AC vengono impiegati tutti gli strumenti tradizionali (test, colloqui, interviste) ai quali si aggiunge l'utilizzo di situazioni standardizzate e simulazioni di contesti e problematiche lavorative, con le quali ogni soggetto è chiamato a misurarsi concretamente. Esso prevede la presenza di un congruo numero di osservatori (assessors), che consente a ogni soggetto di ricevere più valutazioni, dal cui confronto nasce quella finale. Nell'AC, l'assessor è un professionista con una formazione specifica che gli consente di utilizzare i principali strumenti dell'AC, condurre sessioni di valutazione, osservare e registrare i comportamenti, redigere profili di valutazione e comunicare efficacemente con i valutati.
Volendo riassumere le caratteristiche dell'AC, si possono distinguere **quattro elementi essenziali**:

- molteplicità di tecniche di valutazione e osservazione;
- utilizzo di simulazioni di problemi e situazioni lavorative;
- presenza di più osservatori per migliorare l'obiettività e ridurre gli errori;
- confronto e integrazione delle valutazioni.

La metodologia dell'AC è sovente utilizzata, nei **contesti privati**, per la valutazione del potenziale manageriale e per prendere decisioni sull'avanzamento di carriera in ruoli direttivi. Nel **contesto pubblico** la metodologia si sta progressivamente diffondendo nelle amministrazioni dei Paesi OCSE e anche in alcune amministrazioni italiane: studi e ricerche dimostrano, infatti, che la metodologia dell'AC ha una validità predittiva superiore a quella data dall'impiego di altri tradizionali strumenti di valutazione o di singole prove situazionali (Arthur et al., 2003; Argentero 2001; Augugliaro, 2012).

3.5.1 Le linee guida internazionali in materia di Assessment Center

La comunità scientifica internazionale ha progressivamente definito, nel corso degli anni, i requisiti minimi che deve possedere l'AC. Tali indicazioni sono riportate in apposite **Linee guida**, pubblicate per la prima volta nel 1975 e successivamente aggiornate, per tenere conto sia dei cambiamenti verificatisi nel mondo del lavoro sia dei risultati delle ricerche scientifiche (International Task Force on Assessment Center Guidelines, 2015). Le Linee guida internazionali rappresentano un importante standard di riferimento per tutti coloro che utilizzano l'AC e forniscono suggerimenti e indicazioni, condivisi dai maggiori esperti del settore, relativi ai vari elementi da tenere in considerazione per progettare e implementare nel modo migliore possibile un AC.

Definizione

Le Linee guida internazionali definiscono l'AC come "una valutazione standardizzata del comportamento basata su molteplici input" (International Task Force on Assessment Center Guidelines, 2015, p. 1248), rappresentati sia dalla molteplicità di prove sia dalla presenza di più assessor.

Elementi essenziali AC

Le Linee guida identificano alcuni principi/elementi essenziali di un AC, relativi alla scelta delle dimensioni da analizzare, alle caratteristiche delle prove, agli assessor e all'elaborazione del giudizio complessivo (elaborazione da Consiglio e Tinelli, 2019).

1. **Analisi preliminare**
   - Nella fase preliminare dell'AC, è indispensabile un'**analisi sistematica e rigorosa della posizione di lavoro e/o del contesto organizzativo**, per arrivare alla definizione delle dimensioni oggetto di valutazione.
   - Tale analisi può essere svolta tramite **job analysis tradizionale** o (preferibilmente) attraverso la definizione di un **modello di competenze**.
   - Il **target di riferimento** di tale analisi (singola posizione, famiglia professionale, inquadramento, organizzazione nel suo insieme) dipenderà dagli obiettivi dell'AC.
   - Il **livello di approfondimento** della fase di analisi preliminare sarà proporzionato alla complessità del ruolo e delle informazioni già a disposizione su di esso.
   - Un prerequisito fondamentale dell'AC è che le **dimensioni individuate**, che saranno oggetto di valutazione, devono essere **definite e descritte** attraverso **indicatori comportamentali** in modo da essere specifiche, osservabili e misurabili.
   - In questa fase si suggerisce anche una **disamina dei fattori motivazionali** più in linea con il profilo ricercato. In questo modo, durante il colloquio motivazionale, si può valutare il "match" del candidato non solo con le competenze ma anche con il contesto culturale-organizzativo.

2. **Tecniche di valutazione**
   - Per la valutazione delle competenze possono essere utilizzate più prove: **test**, **interviste**, **questionari** e **simulazioni** (cd. **prove situazionali**).
   - Le **prove situazionali** costituiscono l'elemento peculiare e irrinunciabile dell'AC e devono essere costruite in modo tale da contenere stimoli analoghi a quelli dell'ambiente di lavoro di riferimento, ma possibilmente distanti in termini di sce-

nario. Ciò consente una rilevazione più oggettiva del comportamento, non condizionato dal "saper fare" e/o dalle conoscenze professionali. Ciò può essere ancor più rilevante nella Pubblica Amministrazione, dove i comportamenti possono essere spesso condizionati da un contesto fortemente normato e da culture organizzative spesso molto radicate.

> Il **numero delle simulazioni** dipende dalla complessità del lavoro, dal numero di dimensioni da valutare e dal tipo di prove utilizzate. Preliminarmente è opportuno effettuare un pre-test delle prove per verificare la loro appropriatezza.

3. **Matrice competenze-prove**

> Il legame tra le singole competenze da valutare e le prove deve essere sistematizzato in una matrice prove-competenze che permetta di rendere esplicite le competenze che ciascuna prova intende valutare e come ciascuna di esse sia rilevata nelle singole prove.

4. **Assessor**

> I **valutatori** devono ricevere una formazione adeguata allo svolgimento delle attività di osservazione, registrazione e classificazione dei comportamenti e di elaborazione delle valutazioni, in quanto da tale attività dipende gran parte dell'accuratezza e dell'efficacia del metodo.

> Per tale motivo le Linee guida internazionali raccomandano una **formazione specifica** per gli assessor che, a vario titolo, partecipano all'AC.

> Nel caso dell'**AC per la selezione della dirigenza pubblica** è opportuno prevedere la presenza di psicologi con esperienza nell'ambito del lavoro, regolarmente iscritti all'Ordine degli Psicologi.

5. **Procedura di selezione**

> Ai fini della realizzazione delle attività dell'AC deve essere definita una **procedura sistematica di osservazione, classificazione e valutazione dei comportamenti osservati** nelle diverse prove, che preveda una strumentazione specifica (griglie di osservazione, check list, scale ad ancoraggio comportamentale ecc.).

> È necessario identificare preliminarmente in che modo le osservazioni dei vari assessor si andranno a integrare tra loro e come si perverrà a una valutazione complessiva. L'**integrazione delle valutazioni** può avvenire attraverso una discussione tra diversi assessor (nella quale si deve giungere a un accordo) oppure attraverso una procedura statistica (solitamente il calcolo della media o della media ponderata).

6. **Standardizzazione**

> È fondamentale garantire la **standardizzazione del processo di AC**, che consente a tutti i partecipanti di trovarsi nelle stesse condizioni e, quindi, di avere le stesse opportunità di mettere in evidenza le caratteristiche di interesse. Questo aspetto è particolarmente rilevante in caso di AC con finalità di selezione.

> La standardizzazione può essere garantita fornendo a tutti i candidati il medesimo setting di lavoro, le stesse istruzioni, uniformando i tempi assegnati per le diverse prove (fanno eccezione, ovviamente, eventuali adattamenti in caso di disabilità o problemi specifici), bilanciando la composizione dei gruppi e somministrando a tutti gli stessi stimoli.

3.5.2 Individuazione delle competenze da valutare

Come evidenziato anche nelle Linee guida internazionali, il tipo e il contenuto delle competenze da valutare variano in funzione dell'obiettivo dell'AC. Più in particolare, la scelta delle dimensioni dovrebbe sempre derivare da un'analisi puntuale della posizione di lavoro target e del contesto organizzativo di riferimento (Consiglio e Tinelli, 2019).
L'individuazione delle dimensioni di analisi delle competenze da valutare rappresenta una fase preliminare indispensabile poiché il set di competenze da osservare costituisce il fulcro dell'AC attorno al quale ruota tutto il processo, dalla scelta delle prove da somministrare alla costruzione delle griglie di osservazione, fino alla valutazione dei candidati.
L'identificazione delle dimensioni da valutare non serve solo a chiarire i parametri a cui ancorare la valutazione, ma anche a fornire, per ciascuna competenza, gli **indicatori comportamentali** che saranno presi a riferimento, nelle diverse prove, per l'osservazione e per la successiva valutazione.
Dal punto di vista metodologico, indipendentemente dalle modalità con cui sono state individuate, per l'operazionalizzazione delle competenze selezionate è importante che vengano rispettati i seguenti criteri (Consiglio e Tinelli, 2019):
> ciascuna competenza si articola e viene operazionalizzata, ossia resa misurabile, attraverso un numero variabile di indicatori comportamentali direttamente osservabili, eventualmente graduati rispetto al livello della competenza espresso;
> le competenze dovrebbero essere ben distinte tra loro e presentare indicatori omogenei e non sovrapposti con quelli di altre competenze, in modo da minimizzare il rischio di errori nella codifica del comportamento osservato nella dimensione di appartenenza e ridurre l'effetto "alone", ossia il rischio di generalizzare una valutazione da una competenza alle altre;
> in un AC dovrebbero idealmente essere misurate complessivamente non più di 9 competenze comportamentali, per consentire la corretta distinzione tra di esse.

L'individuazione delle competenze da valutare può avvenire a partire:
> dall'analisi del lavoro (approccio bottom-up);
> dall'organizzazione (approccio top-down);
> da tassonomie generali già note (dizionari delle competenze, modelli di competenze già in essere), che andranno poi adattate allo specifico contesto e agli obiettivi da conseguire.

3.5.3 Gli strumenti per la valutazione delle competenze nell'Assessment Center

Gli strumenti per la valutazione delle competenze devono simulare la realtà – quindi richiamare contenuti aziendali – e avere un obiettivo esplicito. È importante che chi guida l'AC non pre-assegni la leadership (cioè non decida a priori e quindi non comunichi al gruppo): una cosa che deve emergere dal gruppo e di cui poi il valutatore deve tenere nota.
Per la valutazione delle competenze possono essere utilizzati diversi strumenti.

Di seguito sono elencate le prove più frequentemente utilizzate nel corso di questo tipo di valutazione:
- Prove situazionali
- Test
- Colloqui motivazionali

Prove situazionali

Le prove situazionali rappresentano il principale strumento di valutazione delle competenze utilizzato nell'AC. Sono caratterizzate da simulazioni o stimoli proposti ai partecipanti, individualmente o in gruppo, contenenti una serie di situazioni, assimilabili a quelle lavorative, al fine di osservarne e valutarne i comportamenti messi in atto per farvi fronte.
Esse possono essere distinte in due macro-tipologie: *prove situazionali individuali* e *prove situazionali di gruppo*.

Tabella 1 Elaborazione Scuola Nazionale dell'Amministrazione (SNA), 2022

Prove situazionali: tipologie	
Prove situazionali individuali	In-basket
	Studio di caso
	Casi gestionali
	Presentazione
	Interview simulation
	Intervista comportamentale
Prove situazionali di gruppo	Discussione di gruppo a ruoli liberi
	Discussione di gruppo a ruoli assegnati

Tutte le prove devono avere una griglia di osservazione/valutazione ancorata al modello di competenze individuato.
Inoltre, le prove situazionali di gruppo sono utili in particolare per la valutazione di **competenze relazionali, di leadership e negoziazione**. Possono consentire di osservare anche tutta una serie di altri aspetti inerenti alla gestione del lavoro, come, ad esempio, l'**orientamento al risultato**, il contributo fornito alla presa di decisione nonché la gestione dei problemi.

***In-basket* (o *in-tray*).** La tecnica dell'*in-basket* (termine che fa riferimento al cestino di posta in arrivo) è una tecnica individuale in cui il candidato, chiamato ad assumere un ruolo manageriale in un contesto organizzativo, deve gestire un certo numero di documenti (email, telefonate, report, appunti ecc.), identificando i problemi, stabilendo le priorità, organizzando le attività, motivando le decisioni prese. Tramite un briefing iniziale, il soggetto valutato viene informato su tutto ciò che deve sapere in relazione ai compiti da svolgere e viene messo in condizione di avere tutti gli elementi necessari per prendere decisioni. Tutte le incombenze devono essere elaborate in un tempo predefinito utilizzando le funzioni e le risorse organizzative messe a disposizione. Il soggetto

dovrà dunque rispondere alla corrispondenza e alle email, dovrà decidere quali compiti svolgere in prima persona, quali delegare e a quali collaboratori, dovrà stanziare risorse e mettere a disposizione mezzi e uomini per svolgere i compiti, dovrà definire le priorità, prendere decisioni, pianificare e organizzare dettagliatamente tutto il da farsi.
Sotto il profilo psicologico, le **competenze valutate** attraverso l'*In Basket* sono quelle tipiche dei profili manageriali, che fanno solitamente riferimento ad aspetti connessi alla gestione dei problemi e dei processi, alla visione sistemica e strategica, all'orientamento al risultato e alla presa di decisione.

Studio di caso. Di questa prova ci siamo già occupati nel paragrafo dedicato a questo argomento, cui rinviamo.

Casi gestionali. La prova prevede una serie di situazioni di lavoro di carattere gestionale, relazionale o operativo circa eventi imprevisti (positivi o negativi) dei quali viene fornita una breve descrizione. Il candidato è chiamato a descrivere la strategia di azione che ritiene adeguata.
La prova, in base al caso specifico proposto, consente di valutare un'ampia gamma di **competenze cognitive, relazionali e manageriali**.

Presentazione. In questa prova al candidato è richiesto di predisporre e realizzare una breve presentazione orale relativamente a un caso organizzativo (che può essere eventualmente legato ad altre prove già svolte nella stessa sessione di valutazione o riferito a un caso nuovo, costruito ad hoc).
La presentazione viene svolta davanti a uno o più valutatori che solitamente rivestono il ruolo di uditori o che possono eventualmente intervenire con obiezioni per aumentare il livello di complessità della prova.
Le **competenze** rilevate in questa prova, in base al contenuto proposto, sono riconducibili alla **gestione delle relazioni** e alla **visione sistemica e strategica**.

Interview simulation. In questa prova il soggetto è impegnato in una simulazione di un contesto lavorativo caratterizzato da una forte carica emotiva. Solitamente la simulazione riguarda una relazione comunicativa a due del tipo capo/collaboratore, valutatore/valutato e così via. Le situazioni che vengono generalmente simulate sono il colloquio di selezione, di valutazione e di orientamento in cui il soggetto assume il ruolo del capo e un assessor il ruolo del collaboratore. La situazione riguarda solitamente un'interazione problematica che implica la gestione di un conflitto o di divergenze. In ogni caso, ogni situazione si caratterizza per determinati aspetti di carattere emotivo abbastanza complessi: il soggetto ad esempio può trovarsi ad affrontare un colloquio con un collaboratore particolarmente aggressivo (o incompetente, o eccessivamente timido, o presuntuoso e così via).
La prova è estremamente flessibile e consente di osservare direttamente competenze di negoziazione, gestione delle relazioni, orientamento al risultato, autosviluppo, tenuta emotiva, ma anche aspetti connessi alla gestione delle persone.

Intervista comportamentale. Si tratta di un'intervista semi-strutturata svolta dall'assessor che consente di rilevare le competenze comportamentali. Può essere di due tipi: *Behavioural Description Interview* (BDI); *Situational Interview* (SI).
La BDI prevede la descrizione dettagliata di situazioni passate e dei relativi comportamenti messi in atto dal candidato per affrontarle.

La SI prevede che al candidato siano brevemente descritte delle situazioni, indagando le sue intenzioni comportamentali, ossia come le affronterebbe.
Entrambe le tipologie possono essere utilizzate per rilevare qualsiasi **competenza comportamentale**.

Discussione di gruppo a ruoli liberi. La prova consiste in una discussione di gruppo tra i candidati, caratterizzata dall'assenza di un leader formalizzato: ai partecipanti viene, infatti, assegnato lo stesso ruolo e possiedono le medesime informazioni di partenza rispetto al contesto e al contenuto esercitativo.
I candidati, divisi in gruppi di 6-8 persone, lavorano, discutono e si confrontano attorno a un tema, a un problema o a un caso organizzativo.
La prova può prevedere un primo momento di lavoro individuale e una successiva discussione di gruppo.

Discussione di gruppo a ruoli assegnati. La prova consiste in una discussione di gruppo, simile alla precedente, nella quale però i candidati devono discutere un caso o un problema organizzativo in cui ciascuno di loro riveste un ruolo differente e ha obiettivi specifici da perseguire, oltre a quelli comuni al gruppo.
La caratteristica di questa prova è che si può definire "a carattere competitivo", quindi orientata a far emergere maggiormente competenze di negoziazione e tenuta emotiva.

Test

Particolarmente utili per la rilevazione delle competenze, delle capacità e delle attitudini personali e delle conoscenze, i test sono facilmente integrabili nell'ambito di un Assessment.
I test rilevanti, ad esempio ai fini della selezione della dirigenza, possono essere distinti in: test cognitivi; test autodescrittivi; test situazionali.
Nell'Assessment Center, chiaramente, è importante non utilizzare i test clinici, bensì solo test sviluppati e validati per il contesto lavorativo e adatti alla popolazione di riferimento.

Colloquio motivazionale

La valutazione delle competenze trasversali necessita di essere sostenuta e integrata con la rilevazione della motivazione del candidato a ricoprire la posizione in oggetto.
Il colloquio motivazionale indaga le inclinazioni motivazionali, i valori, le aspettative e gli obiettivi professionali del candidato per prevedere il futuro fit (integrazione) dello stesso con il ruolo e con il contesto organizzativo.

3.6 I sistemi di valutazione nella Pubblica amministrazione

3.6.1 Il Sistema di misurazione e di valutazione

L'amministrazione pubblica italiana ha conosciuto, nel corso degli anni, numerosi interventi legislativi di riforma, a partire dalla privatizzazione dei rapporti di lavoro dei dipendenti pubblici, dalla predisposizione di un nuovo sistema di controlli e dalla introduzione di una nuova regolazione dei procedimenti amministrativi, fino ad arrivare alla costruzione di un sistema di misurazione e valutazione della performance delle strutture amministrative e delle prestazioni di lavoro.

Il Sistema di misurazione e valutazione della performance (art. 7 co. 1 D.Lgs. 150/2009 – **decreto Brunetta**) descrive le "regole del gioco" che l'amministrazione ha definito ai fini dell'implementazione del ciclo della *performance* in coerenza con gli indirizzi emanati dal Dipartimento della Funzione Pubblica (contenuti nelle Linee guida n. 2/2017, documento dove si dettagliano le fasi, i tempi, le modalità, i soggetti e le responsabilità del processo di misurazione e valutazione della *performance* organizzativa e individuale).

Nel *management* pubblico, il concetto di *performance* è assimilato a quello di *risultato*, anche se la *performance* include non solo l'esito finale dell'azione (il *risultato*, per l'appunto), ma anche le condizioni e le modalità con le quali si è realizzato tale esito (e, dunque, ponendo attenzione all'*efficacia* e all'*efficienza*).

La tematica della *performance* e degli strumenti attraverso i quali misurarla, gestirla e valutarla ha assunto una posizione di centralità nell'ambito dei processi culturali di riforma della Pubblica Amministrazione già a partire dagli anni Novanta dello scorso secolo ma, sul piano positivo, l'introduzione di una disciplina dedicata è avvenuta solamente con il D.Lgs. 150/2009, un provvedimento che avvicina cultura giuridica e cultura economico-aziendale al fine di ottimizzare la produttività del lavoro pubblico (svolto da tutti i dipendenti, personale dirigenziale e non).

Nel decreto citato sono previste le seguenti *strategie di base*:

- il perseguimento dell'**interesse del destinatario dei servizi e degli interventi**;
- la **qualità dell'organizzazione**, che deve sviluppare metodi e strumenti idonei a misurare, valutare e premiare la *performance* individuale e quella organizzativa, secondo criteri strettamente connessi al soddisfacimento di detto interesse;
- il **miglioramento continuo**, secondo il ciclo della gestione della *performance*.

In maniera innovativa, il tema della gestione della *performance* è trattato in **ottica di sistema**, implementando l'integrazione in un quadro unico e consolidato delle funzioni di pianificazione, misurazione, controllo e valutazione.

Il Sistema di misurazione, introdotto dal D.Lgs. 150/2009 (e rivisitato dal D.Lgs. 74/2017), è concepito, dunque, quale sistema di valutazione della prestazione, indirizzato al miglioramento della qualità dei servizi offerti dalle Pubbliche Amministrazioni, da raggiungere attraverso la crescita delle competenze professionali, la valorizzazione del merito e l'erogazione dei premi per i risultati perseguiti dai singoli e dalle unità organizzative (il tutto nella massima trasparenza delle informazioni). Proprio a tal fine le Amministrazioni, ogni anno, devono adottare e aggiornare, previo parere vincolante dell'Organismo indipendente di valutazione (OIV), il *Sistema di misurazione e valutazione della performance* (art. 7 D.Lgs. 150/2009).

Il Sistema ha il compito di **individuare le fasi, i tempi, le modalità, i soggetti e le responsabilità del processo di misurazione e valutazione**, e costituisce la base per le procedure di conciliazione, le modalità di raccordo e di integrazione con i sistemi di controllo esistenti e i documenti di programmazione finanziaria e di bilancio.

Il rispetto delle disposizioni relative alla misurazione, valutazione e trasparenza della *performance* costituiscono condizione necessaria (ai sensi dell'art. 3, co. 5, D.Lgs. 150/2009) ai fini dell'erogazione di premi e componenti del trattamento retributivo legati alla *performance* e rileva ai fini del riconoscimento delle progressioni economiche, dell'attribuzione di incarichi di responsabilità al personale, nonché del conferimento degli incarichi dirigenziali.

La valutazione negativa rileva ai fini dell'accertamento della responsabilità dirigenziale e per l'irrogazione del licenziamento disciplinare ai sensi dell'art. 55-*quater* D.Lgs. 165/2001.

3.6.2 La gestione delle risorse umane e l'adozione del PIAO (Piano integrato di attività e di organizzazione)

Ai fini della gestione delle risorse umane nella pubblica amministrazione nel corso degli anni è stato introdotto l'obbligo di redigere e presentare diversi documenti programmatici e di pianificazione (Piano della *performance*, Piano del fabbisogno del personale, Piano del lavoro agile, Piano anticorruzione ecc.) che, seppur nati con finalità diverse, sono risultati talvolta per molti punti sovrapposti e sovente non coordinati tra loro.

Con l'art. 6 D.L. 80/2021 (convertito dalla L. 113/2021) il legislatore ha tentato un riordino complessivo della materia imponendo alle *amministrazioni con più di 50 dipendenti* (escluse le scuole di ogni ordine e grado e le istituzioni educative), l'obbligo di adottare il Piano integrato di attività e organizzazione (PIAO). Si tratta di un **documento unitario finalizzato ad assorbire molti degli atti di pianificazione cui sono tenute le amministrazioni, razionalizzandone la disciplina in un'ottica di massima semplificazione**.

Per le pubbliche amministrazioni con meno di 50 dipendenti è prevista la definizione di modalità semplificate di adozione del Piano.

Il **PIAO è predisposto esclusivamente in formato digitale**, deve essere approvato dalle Amministrazioni interessate entro il 31 gennaio di ogni anno, pubblicato sul sito istituzionale dell'Amministrazione e inviato al Dipartimento della Funzione Pubblica della Presidenza del Consiglio dei ministri per la pubblicazione sul relativo portale.

Alla **mancata definizione del PIAO** consegue l'applicazione delle **sanzioni** di cui all'art. 10, co. 5, D.Lgs. 150/2009: subentrano cioè il *divieto di erogazione della retribuzione di risultato* ai dirigenti che risulteranno avere concorso alla mancata adozione del Piano oltre che il *divieto di assumere e affidare incarichi di consulenza o di collaborazione* comunque denominati. Si applica, inoltre, la *sanzione amministrativa da 1.000 a 10.000 euro* prevista dall'art. 19, co. 5, lett. *b*), D.L. 90/2014, riferita alla mancata approvazione della programmazione anticorruzione.

Il PIAO, in particolare, deve definire i seguenti profili:

> gli **obiettivi programmatici e strategici della *performance***, stabilendo il collegamento fra la *performance* individuale e i risultati delle *performance* organizzative. Ne deriva il relativo assorbimento del *Piano dettagliato degli obiettivi (PDO)* e del *Piano della performance*, quest'ultimo, unitamente alla Relazione sulla performance, previsto dall'art. 10 D.Lgs. 150/2009.
  Il *Piano della performance* è un documento programmatico triennale definito dall'organo di indirizzo politico-amministrativo in collaborazione con i vertici dell'amministrazione e secondo gli indirizzi del DFP. Individua gli indirizzi e gli obiettivi e definisce gli indicatori per la misurazione e valutazione della performance dell'amministrazione, nonché gli obiettivi assegnati ai dirigenti e i relativi indicatori.
  La *Relazione sulla performance* è, invece, un documento riassuntivo finale, da adottare entro il 30 giugno con riferimento all'anno precedente, con la quale si evidenziano

i risultati organizzativi e individuali raggiunti rispetto ai singoli obiettivi programmati e alle risorse, con rilevazione degli eventuali scostamenti, e il bilancio di genere realizzato;

- **la strategia di gestione del capitale umano e di sviluppo organizzativo e gli obiettivi formativi annuali e pluriennali**. In tema di *gestione e organizzazione delle risorse umane* deve tenersi conto delle disposizioni emergenziali, adottate in occasione della pandemia da Sars-CoV-2, che hanno portato alla codificazione del lavoro agile e dell'art. 263 D.L. 34/2020 che ha istituito una sezione del Piano della performance dedicata al *Piano organizzativo del lavoro agile (POLA)*, altro documento che confluisce nel PIAO. Con il POLA le amministrazioni devono preoccuparsi di individuare le modalità attuative del lavoro agile, anche sulla base delle disposizioni riportate nelle Linee Guida adottate nel mese di dicembre 2021. Quanto agli *obiettivi formativi* essi devono mirare alla completa alfabetizzazione digitale, allo sviluppo di competenze tecniche trasversali e manageriali, all'accrescimento dei titoli culturali e di studio correlati all'ambito d'impiego;
- **gli strumenti e gli obiettivi del reclutamento di nuove risorse e della valorizzazione delle risorse interne**. Nel PIAO confluisce anche il *Piano triennale dei fabbisogni di personale (PTFP)*, previsto dall'art. 6 D.Lgs. 165/2001, con cui vengono definiti l'organizzazione degli uffici e la composizione dei relativi organici, sempre nell'ambito del limite finanziario stabilito;
- gli **strumenti e le fasi per giungere alla piena trasparenza dell'attività e dell'organizzazione amministrativa**, nonché per raggiungere gli obiettivi in materia di anticorruzione. Tale previsione considera l'inglobamento del *Piano triennale di prevenzione della corruzione (PTPC);*
- **l'elenco delle procedure da semplificare e reingegnerizzare ogni anno**, anche mediante il ricorso alla tecnologia e sulla base della consultazione degli utenti, nonché la pianificazione delle attività;
- **le modalità e le azioni finalizzate a realizzare la piena accessibilità alle amministrazioni**, fisica e digitale, da parte dei cittadini svantaggiati (in particolare ultrasessantacinquenni e soggetti con disabilità);
- **le modalità e le azioni finalizzate al pieno rispetto della parità di genere**, anche con riguardo alla composizione delle commissioni esaminatrici dei concorsi.

Il quadro normativo relativo al PIAO si è completato con il **D.P.R. 81/2022** e il **D.M. 30 giugno 2022**: il primo decreto, oltre ad alcune disposizioni di coordinamento, individua gli adempimenti relativi ai piani assorbiti dal PIAO e, di conseguenza, soppressi per le amministrazioni tenute alla redazione dello stesso, mentre il D.M. 30 giugno 2022 ne definisce la composizione, il contenuto e ne fornisce lo schema di Piano-tipo (come strumento di supporto) per le Amministrazioni pubbliche.

3.6.3 Il ciclo e gli obiettivi della *performance*

Secondo l'art. 4 D.Lgs. 150/2009 le Pubbliche Amministrazioni devono sviluppare, in maniera coerente con i contenuti e con il ciclo della programmazione finanziaria e del bilancio, un **ciclo di gestione della *performance*** articolato nelle seguenti fasi:

- definizione e assegnazione degli **obiettivi** che si intendono raggiungere, dei valori attesi di risultato e dei rispettivi indicatori, tenendo conto anche dei risultati conseguiti nell'anno precedente;

> collegamento tra gli obiettivi e l'**allocazione delle risorse**;
> **monitoraggio** in corso di esercizio e attivazione di eventuali interventi correttivi;
> **misurazione e valutazione** della *performance*, organizzativa e individuale;
> utilizzo dei **sistemi premianti**, secondo criteri di valorizzazione del merito;
> **rendicontazione** dei risultati agli organi di indirizzo politico-amministrativo, ai vertici delle Amministrazioni, nonché ai competenti organi di controllo interni ed esterni, ai cittadini, ai soggetti interessati, agli utenti e ai destinatari dei servizi.

Gli **obiettivi di *performance*** sono individuati dal legislatore in due categorie (art. 5, co. 1, D.Lgs. 150/2009):

> **obiettivi generali**, che identificano le priorità strategiche delle Pubbliche Amministrazioni. Sono determinati con apposite linee guida, adottate su base triennale con decreto del Presidente del Consiglio dei Ministri. La previsione di tale categoria intende rafforzare l'attività di indirizzo a livello nazionale nella definizione degli obiettivi strategici e operativi delle Amministrazioni, che saranno tenute, dunque, a formulare parte dei loro obiettivi specifici in armonia con quelli generali;
> **obiettivi specifici** di ogni Amministrazione, individuati nel Piano della *performance*, in coerenza con la direttiva annuale adottata ai sensi dell'art. 8 D.Lgs. 286/1999.

Gli obiettivi individuati dovranno essere:

> rilevanti e pertinenti rispetto ai bisogni della collettività, alla missione istituzionale, alle priorità politiche ed alle strategie dell'Amministrazione;
> specifici e misurabili in termini concreti e chiari;
> tali da determinare un significativo miglioramento della qualità dei servizi erogati e degli interventi;
> riferibili ad un arco temporale determinato, di norma corrispondente ad un anno;
> commisurati ai valori di riferimento derivanti da standard definiti a livello nazionale e internazionale, nonché da comparazioni con Amministrazioni omologhe;
> confrontabili con le tendenze della produttività dell'Amministrazione con riferimento, ove possibile, almeno al triennio precedente;
> correlati alla quantità e alla qualità delle risorse disponibili.

3.6.4 Ambiti di misurazione e valutazione della *performance* organizzativa: gli indicatori

Le principali dimensioni di **indicatori** da utilizzare per la misurazione della *performance* organizzativa, che coprono tutti gli ambiti riportati dall'art. 8, co. 1, D.Lgs. 150/2009, sono:

> lo ***stato delle risorse***, come presupposto della *performance* organizzativa: come si può migliorare l'efficienza e l'efficacia di una struttura se non si conosce, non si tiene conto e non si migliora lo stato delle risorse dell'amministrazione a livello quantitativo ed a livello qualitativo?
> l'***efficienza*** e l'***efficacia***, che costituiscono il nucleo centrale della *performance* organizzativa in quanto misurano i risultati dell'azione organizzativa e individuale;
> l'***impatto***, quale orizzonte e traguardo ultimo della *performance* organizzativa.

Efficienza, efficacia e impatto si riferiscono alle attività dell'amministrazione e ai suoi risultati nel breve e nel lungo periodo, mentre lo stato delle risorse è riferito ad una fotografia delle risorse a disposizione dell'amministrazione.

Più in particolare, gli indicatori sullo **stato delle risorse** misurano la quantità e qualità (livello di salute) delle risorse dell'amministrazione e le tre principali aree sono:
> stato delle risorse ***umane***: quantità (numero dipendenti ecc.) e qualità (competenze, benessere ecc.);
> stato delle risorse ***economico-finanziarie***: quantità (importi ecc.) e qualità (valore del debito ecc.);
> stato delle risorse ***strumentali***: quantità (mq. spazi, numero PC computer ecc.) e qualità (adeguatezza *software*, sicurezza/ergonomia luogo di lavoro ecc.).

Il nucleo centrale della *performance* organizzativa è costituito, invece, dalle dimensioni di **efficienza ed efficacia**. In particolare:
> la dimensione dell'***efficienza*** esprime la capacità di utilizzare le risorse (*input*) in modo sostenibile e tempestivo nel processo di produzione ed erogazione del servizio (*output*) o, in altri termini, la capacità di produrre beni e servizi minimizzando il tempo e/o le risorse impiegati;
> la dimensione dell'***efficacia*** esprime l'adeguatezza dell'*output* erogato rispetto alle aspettative e alle necessità degli utenti (interni ed esterni). Per misurare l'efficacia dell'azione di una amministrazione, è, quindi, fondamentale individuare quali dimensioni siano rilevanti per gli utenti. L'insieme di queste dimensioni dipende dalla tipologia di amministrazione e dai suoi obiettivi, e proprio la loro definizione permette di specificare meglio il risultato atteso nei confronti dell'utenza. Ad esempio, per misurare l'efficacia di un servizio rivolto al pubblico è possibile prendere varie dimensioni: accessibilità; estetica/immagine; disponibilità; pulizia/ordine; comunicazione; cortesia; correttezza dell'*output* erogato; affidabilità; tempestività di risposta.

La dimensione dell'***impatto***, infine, esprime l'effetto generato da una politica o da un servizio sui destinatari diretti o indiretti, nel medio-lungo termine, nell'ottica della creazione di valore pubblico, ovvero del miglioramento del livello di benessere rispetto alle condizioni di partenza. Gli indicatori di questo tipo sono tipicamente utilizzati per la misurazione degli obiettivi specifici triennali.

L'amministrazione crea valore pubblico quando persegue (e consegue) un miglioramento congiunto ed equilibrato degli impatti esterni ed interni delle diverse categorie di utenti e *stakeholder*: per generare valore pubblico sui cittadini e sugli utenti, favorendo la possibilità di generarlo anche a favore di quelli futuri, l'amministrazione deve essere efficace ed efficiente tenuto conto della quantità e della qualità delle risorse disponibili.

Ciascun **indicatore** utilizzato, inoltre, deve possedere i seguenti **requisiti**:
> *precisione*, intesa come la capacità di un indicatore di misurare realmente ed esattamente il grado di raggiungimento di un obiettivo: fra i tanti indicatori possibili occorre, quindi, selezionare quelli che consentono di rappresentare meglio i risultati che si vogliono raggiungere. L'impatto e l'efficacia sull'utente interno e esterno sono un elemento guida per la precisione;
> *completezza*, ossia la capacità del sistema di indicatori di rappresentare le variabili principali che determinano i risultati dell'amministrazione. Anche in questo caso l'impatto e l'efficacia sull'utente sono un elemento guida, da associare all'efficienza e efficacia dei processi o progetti che portano a determinare una migliore o peggiore performance sugli utenti;
> *tempestività*, intesa come la capacità di fornire le informazioni necessarie in tempi utili ai decisori; vi possono essere indicatori estremamente interessanti ma i cui valo-

ri sono resi disponibili solo con un certo ritardo rispetto al periodo al quale si riferiscono e questo li rende spesso inutilizzabili perché il processo di misurazione e valutazione deve completarsi con una tempistica predefinita;

> *misurabilità*: capacità dell'indicatore di essere quantificabile secondo una procedura oggettiva, basata su fonti affidabili (è sconsigliato, ad esempio, l'utilizzo di indicatori basati su giudizi qualitativi espressi del personale stesso).

Rilevano, poi, alcuni **requisiti minimi** da formalizzare e utilizzare nel **Sistema di misurazione e valutazione delle *performance*,** delineati nelle Linee Guida redatte dal Dipartimento della Funzione pubblica:

> **associazione tra comportamenti e mappa dei ruoli organizzativi**: è importante chiarire quali comportamenti sono utilizzabili per ciascun cluster di posizione. Ad esempio se l'amministrazione ha nel proprio catalogo la *leadership* come comportamento, questo sarà tipicamente utilizzabile per il personale di livello dirigenziale generale, mentre potrebbe essere poco utile utilizzarlo per la valutazione del personale delle aree; in alternativa al medesimo comportamento potrebbero essere associati descrittori diversi in corrispondenza dei diversi cluster, per tener conto delle specificità di ciascuno di essi;

> **descrittori dei comportamenti**: per ciascun comportamento (ad esempio: capacità di gestire le risorse umane) si descrivono una serie di azioni osservabili considerate significative per illustrare il comportamento atteso. Per la capacità di gestire le risorse umane, ad esempio, si possono declinare le azioni quali *"coinvolge il gruppo nel lavoro, spiega cosa fare, come e perché"*; *"conduce le riunioni interne promuovendo la comunicazione e la partecipazione"*; *"distribuisce i carichi di lavoro sulla base delle specifiche competenze/capacità dei singoli e alla disponibilità di tempo che i soggetti hanno in quel determinato momento"* ecc.
I descrittori sono utili sia al valutatore che al valutato per chiarire i comportamenti attesi. È utile avere descrittori diversi in corrispondenza delle diverse scale di giudizio: ciò chiarisce a valutatore e valutato i comportamenti in relazione ai diversi gradi di valutazione. Infine si suggerisce di includere anche azioni ritenute inadeguate e non solo positive;

> **scale di valutazione**: per definire il livello di adeguatezza o meno del comportamento realizzato dal singolo, i cataloghi possono utilizzare scale di giudizio o di valutazione che consentano di "quantificare" in che misura (ad esempio, da eccellente a inadeguato o in una scala numerica da 1 a 5) o con quale frequenza (sempre, spesso, solo a volte, mai) un soggetto ha manifestato e dimostrato, nello svolgimento dei suoi compiti lavorativi, di possedere determinate caratteristiche.

3.6.5 Ambiti di misurazione e valutazione della *performance* individuale

Per definire il sistema di misurazione e valutazione della *performance* individuale, si distingue tra:

> *gli elementi di riferimento*, che includono indicazioni su cosa e chi misura e valuta;

> *il processo*, che ripercorre le fasi in cui si articola il ciclo della *performance* individuale dalla programmazione alla valutazione.

Sugli **elementi di riferimento** per la misurazione e valutazione della performance individuale, la performance, ai sensi dell'art. 9 D.Lgs. 150/2009, è l'insieme dei risultati raggiunti e dei comportamenti realizzati dall'individuo che opera nell'organizzazione:

in altre parole, è il contributo fornito dal singolo al conseguimento della performance complessiva dell'organizzazione.

La *performance* individuale si compone di:

> ***risultati***, riferiti agli obiettivi *annuali* inseriti nel Piano della *performance* (oggi assorbito dal PIAO) o negli altri documenti di programmazione, distinguibili in:
  - risultati raggiunti attraverso attività e progetti di competenza dell'unità organizzativa di diretta responsabilità o appartenenza;
  - risultati dell'amministrazione nel suo complesso o dell'unità organizzativa sovraordinata cui il valutato contribuisce;
  - risultati legati ad eventuali obiettivi individuali specificamente assegnati;

> ***comportamenti***, ossia le azioni osservabili che l'individuo mette in atto per raggiungere un risultato, attengono al "come" un'attività viene svolta da ciascuno, all'interno dell'amministrazione; nell'ambito della valutazione dei comportamenti dei dirigenti/responsabili di unità organizzative, una specifica rilevanza viene attribuita alla capacità di valutazione dei propri collaboratori.

Cataloghi: dizionari o *framework*

Per garantire un'adeguata omogeneità metodologica devono essere adottati **cataloghi** (o dizionari o *framework*) **di riferimento.** I cataloghi sono documenti in cui si individuano i comportamenti attesi per ciascun cluster di ruolo organizzativo. I cataloghi descrivono elementi utili a rendere esplicito, sia al valutato che al valutatore, quali comportamenti sono ritenuti determinanti per lo svolgimento dei compiti legati allo specifico ruolo ricoperto. La costruzione del catalogo presuppone un'analisi delle caratteristiche dei diversi ruoli all'interno dell'organizzazione che consenta di individuare i comportamenti chiave, pervenendo ad una conseguente personalizzazione.

Il **peso** attribuito alle dimensioni della *performance* individuale varia in relazione alle attività e responsabilità assegnate all'individuo, ossia con la sua posizione all'interno della struttura organizzativa.

Per la costruzione e il funzionamento del sistema di misurazione e valutazione della *performance* individuale, la **mappatura dei diversi ruoli organizzativi** all'interno dell'amministrazione è, quindi, **un elemento fondamentale**. In particolare essa consente di individuare *cluster* omogenei di ruoli organizzativi, posizionandoli rispetto al sistema gerarchico e operativo.

Nel Sistema di Misurazione e Valutazione della Performance, inoltre, devono essere specificate le modalità con le quali l'intero processo viene formalizzato, per esempio prevedendo la compilazione, in più fasi successive, di apposite schede di valutazione individuali (eventualmente personalizzabili per ciascun livello gerarchico/*cluster*) nelle quali annotare: gli obiettivi assegnati e corrispondenti *set* di indicatori con relativi *target*, i comportamenti che saranno oggetto di valutazione e, successivamente, gli esiti della misurazione e della valutazione. Deve essere evidenziato che, nella fase di impostazione del sistema di valutazione della *performance* individuale, è fondamentale la **determinazione dei pesi** attribuiti alle diverse dimensioni della *performance* individuale. Ciò richiede una riflessione sui seguenti aspetti:

> la scelta dei pesi è guidata dalla mappatura dei ruoli organizzativi presenti nell'amministrazione, tenendo conto della struttura organizzativa, della linea gerarchica e della tipologia di attività svolta;

> la scelta dei pesi orienta l'azione delle persone e dei gruppi in quanto momento di "comunicazione" delle aspettative.

In relazione a questo secondo aspetto si sottolinea che l'attribuzione dei pesi deve essere quanto più possibile contestualizzata e rispondente ai criteri di specificità e coerenza con la strategia dell'amministrazione.

Ma chi valuta la *performance* individuale?

La valutazione della *performance* individuale è di responsabilità del superiore gerarchico, che può effettuarla con diverse modalità:

> *valutazione del solo superiore gerarchico*: è la modalità più classica di valutazione, la cui logica risiede nel fatto che il superiore, oltre a essere responsabile di tutte le attività dei collaboratori, dovrebbe essere la persona che ha tutte le competenze e informazioni per valutare;
> *valutazione del superiore gerarchico preceduta da autovalutazione*: è la modalità che prevede una fase iniziale di autovalutazione. Gli esiti dell'autovalutazione potranno essere utilizzati, durante i colloqui di valutazione, come ulteriore elemento di confronto e apprendimento tra valutato e valutatore;
> *valutazione del superiore gerarchico e altre parti*: in alcune situazioni il superiore gerarchico può non avere la possibilità di monitorare con continuità le prestazioni dei singoli individui; lo stesso avviene nel caso di collaboratori che svolgono attività molto specialistiche o che richiedano conoscenze e strumenti molto specifici (come quelle svolte nei centri di ricerca, oppure valutazione di collaboratori che utilizzino conoscenze e strumenti molto specifici). In queste situazioni può essere utile che il superiore gerarchico amplii le informazioni in suo possesso per la valutazione coinvolgendo anche figure intermedie a condizione che abbiano diretta visibilità sulla prestazione del valutato.

3.6.6 La valutazione dei comportamenti organizzativi nella Pubblica amministrazione (Fonte: Formez PA)

L'art. 9 del D.Lgs. 150/2009 include tra gli ambiti di misurazione della performance individuale "i **comportamenti professionali e organizzativi**" del personale dipendente. Successivamente, il D.L. 6 luglio 2012, n. 95 (cd. *Spending Review*), all'art. 5, comma 11, ha stabilito che nelle more dei rinnovi contrattuali previsti dall'articolo 6 del D.L. 1° agosto 2011, n. 141, e in attesa dell'applicazione di quanto disposto dall'art. 19 del D.Lgs. 150/2009, le amministrazioni [...] valutano la performance del personale dirigenziale in relazione: a) [...]; b) ai ***comportamenti organizzativi*** posti in essere e alla capacità di valutazione differenziata dei propri collaboratori [...]. Al comma 11*bis*, invece, ha stabilito che "la misurazione e valutazione della performance individuale del personale è effettuata dal dirigente in relazione: a) [...]; b) [...] ai ***comportamenti organizzativi*** dimostrati.

Il principio che sta alla base dell'applicazione di questo criterio di valutazione è che la *performance* individuale si esprime anche attraverso un complesso di comportamenti che producono effetti non immediatamente misurabili in termini di risultati (si pensi a fattori quali la disponibilità al cambiamento o alla collaborazione tra colleghi). Essi costituiscono un elemento fondamentale del contributo individuale alla performance dell'Ente anche (ma non solo) relativamente agli aspetti cosiddetti "soft", quali la cultura e il clima organizzativo.

Vi sono poi comportamenti che non possono essere formalizzati attraverso obiettivi. Solo per fare un esempio si pensi alla puntualità: assegnare come obiettivo a un lavoratore di essere puntuale sarebbe sminuente, ciò non impedisce di inserire la puntualità fra i criteri di valutazione, in qualità di comportamento organizzativo, qualora in una specifica organizzazione vi sia un problema generalizzato di ritardi nell'ingresso al lavoro.

Inoltre, andando oltre l'aspirazione spesso velleitaria all'oggettività nella valutazione, prendere in considerazione i comportamenti introduce un importante elemento di riflessività e confronto nei processi di valutazione.

I processi di valutazione contengono infatti sempre un elemento di soggettività, che costituisce non un limite, bensì un fattore di ricchezza: "valutare" la prestazione significa infatti "attribuire valore" all'oggetto di valutazione. Nel colloquio, valutatore e il valutato costruiscono insieme il valore da attribuire al comportamento di quest'ultimo, dando spazio:

- al rapporto tra ciò che egli pensa di essere e ciò che produce attraverso il suo comportamento;
- al rapporto tra ciò che egli produce e quello che viene percepito dagli altri.

È indubbio che valutare il comportamento è tendenzialmente più complesso che valutare altri ambiti per loro natura più "oggettivi" (si pensi al raggiungimento di obiettivi quantitativi), in quanto costringe gli attori del processo ad uscire dalle proprie "zone di comfort" costituendo una sfida:

- per *chi viene valutato*, a cui viene chiesto di accettare di ricevere dei feedback e di usarli come occasione di sviluppo, anche qualora fossero negativi;
- per *chi valuta*, a cui viene chiesto di attuare una gestione strutturata, intenzionale e strategica, che possa dare senso alla valutazione (ad esempio, perché un capo possa acquisire elementi utili per una valutazione dei comportamenti, serve che egli dedichi attenzione a cosa il valutato fa nello svolgimento del proprio lavoro e a come lo fa).

Proprio da queste difficoltà deriva il beneficio di utilizzare questo ambito di valutazione come leva per lo sviluppo professionale del valutato.

Il colloquio di valutazione rappresenta, infatti, un'occasione per condividere un esame di realtà e per condurre una riflessione sul significato del rapporto del valutato con il proprio lavoro, con l'ente, con il proprio futuro, con il capo, con i colleghi, (...), finalizzato alla costruzione di senso e alla ricerca di dimensioni motivazionali concrete e realistiche (*sense-making*).

Fattori di valutazione

L'analisi dei fattori in uso nelle Amministrazioni Pubbliche italiane mette in evidenza una grande variabilità nella scelta degli stessi. Questa è tuttavia riconducibile a un numero limitato di macro-cluster:

Dipendenti

- Orientamento al cittadino e al cliente interno
- Puntualità e precisione della prestazione
- *Problem solving*
- Cambiamento

Dirigenti

- *Problem solving*
- Gestione e sviluppo delle risorse umane
- Organizzazione
- Apertura e gestione dei rapporti con l'esterno
- Innovazione e cambiamento
- Gestione del ruolo

3.7 Gli strumenti per la valutazione delle competenze nei concorsi per l'Unione europea

Nel 2010, l'**EPSO** ha introdotto una procedura di selezione del personale permanente delle istituzioni europee, che mira a **valutare le competenze piuttosto che le conoscenze**, oltre alle capacità e conoscenze professionali specifiche.
In ogni concorso generale o procedura di selezione pubblicati sul sito web dell'EPSO, i candidati devono sostenere una serie di prove di valutazione delle competenze generali e specifiche. La procedura di valutazione si svolge in più **fasi**.
Il numero e il tipo di prove da sostenere variano a seconda del tipo e del livello del concorso.

I candidati idonei nelle procedure EPSO

I candidati che superano con successo la procedura di selezione sono iscritti in un **elenco di riserva** – una banca dati contenente informazioni sul profilo, le competenze e la disponibilità di tutti i candidati idonei per ogni specifica procedura di selezione – dal quale tutte le istituzioni dell'UE possono attingere direttamente. Ciascun elenco di riserva è di norma valido per un anno (tre anni nel caso dei concorsi per specialisti), ma la validità può essere prorogata dall'EPSO, tramite una decisione adottata in vista della scadenza dell'elenco, in funzione delle necessità delle istituzioni. La validità iniziale dell'elenco inizia a decorrere dal momento in cui i candidati selezionati sono informati in merito al loro inserimento nell'elenco di riserva ed è pubblicata sulla pagina degli elenchi di riserva.
A ogni istituzione viene attribuito un determinato contingente di candidati idonei, che riflette le esigenze di assunzione espresse in un determinato periodo, che può assumere attingendo all'elenco di riserva. Il contingente è di norma revocato dopo tre o sei mesi (nel caso di alcuni concorsi per specialisti) dopo la pubblicazione dell'elenco di riserva, oppure può essere prorogato, previa approvazione dell'istituzione in questione che, nel momento in cui si presenta un'opportunità di lavoro, verifica i profili dei candidati idonei iscritti nell'ambito dell'elenco per individuare quelli che meglio rispondono alle esigenze espresse (ad esempio per livello d'istruzione, esperienza professionale o competenze linguistiche).
Di norma, il candidato viene convocato per un colloquio di valutazione e per l'eventuale inserimento nell'istituzione interessata; si tratta di una fase fondamentale che – a livello europeo – risulta facilitata da un'organizzazione del lavoro strutturata per processi ben codificati in manuali che il neo-reclutato è chiamato a interiorizzare per poter maturare il set di capacità necessarie a operare nell'istituzione di riferimento.

Di seguito, forniamo esempi di strumenti utilizzati dall'EPSO per la valutazione delle competenze.

3.7.1 I test di ragionamento

I **test di ragionamento** EPSO sono distinti in:

> ***test di ragionamento verbale***: valutano l'*abilità* del candidato di pensare in modo logico e di *comprendere informazioni di natura verbale e numerica*
> ***test di ragionamento numerico***: valutano l'*abilità* del candidato di pensare in modo logico e di *comprendere informazioni di natura numerica*
> ***test di ragionamento astratto***: valutano l'*abilità* del candidato di pensare in modo logico e di *comprendere le relazioni tra concetti che non comportano elementi linguistici, spaziali o numerici.*

I test di ragionamento EPSO saranno oggetto di specifica trattazione nella terza parte di questo volume.

3.7.2 I test situazionali

I **test situazionali** EPSO, cui sono ispirati i test situazionali introdotti nelle selezioni pubbliche nel nostro Paese in tempi relativamente recenti, sono somministrati nella lingua, scelta dal candidato, tra inglese, francese, tedesco.
La prova valuta il **comportamento tipico** del candidato in un **contesto lavorativo**.
I test situazionali EPSO saranno oggetto di specifica trattazione nella seconda parte di questo volume.

3.7.3 Studio di un caso

Lo studio di un caso viene eseguito nella lingua, scelta dal candidato, tra inglese, francese, tedesco. Generalmente si tratta di un test su computer basato su uno scenario pertinente, nel quale ai candidati sono presentati vari problemi da risolvere o cui far fronte affidandosi esclusivamente al materiale fornito.

3.7.4 L'Assessment center

Nell'Assessment Center i candidati devono sostenere differenti prove in base al profilo ricercato.
Ad esempio, per il profilo Amministratori sono richiesti: uno studio di caso, una presentazione orale, un'intervista strutturata e un esercizio di gruppo.

Lo studio di caso

Nello **studio di caso** i candidati devono preparare un documento scritto. La prova mira principalmente a testare le competenze dei candidati in materia di analisi e risoluzione dei problemi, comunicazione, definizione delle priorità e organizzazione.

La presentazione orale

Nella prova ai candidati è presentato uno scenario lavorativo che richiede l'analisi di uno o più testi e la preparazione di una **presentazione orale**. Anche in questo caso, le competenze chiave testate sono l'analisi e la risoluzione dei problemi, la comunicazione, la definizione delle priorità e l'organizzazione.

L'intervista strutturata

L'**intervista strutturata** è una prova in cui ai candidati viene posta una serie di domande su competenze specifiche (e abilità specifiche, nel caso di concorsi specialistici). In ogni caso, i candidati devono essere pronti a fornire esempi concreti di come hanno dimostrato tali competenze in passato.

L'esercizio di gruppo

Nell'**esercizio di gruppo** i candidati sono raggruppati in squadre di cinque o sei persone, a cui viene presentato un tipico scenario lavorativo dell'UE e a cui viene affidato il compito di discutere le conclusioni e raggiungere una decisione collettiva. Le competenze chiave valutate in questo caso includono il lavoro di gruppo, la definizione delle priorità e l'organizzazione, l'analisi e la risoluzione dei problemi, la comunicazione e il potenziale di leadership.

3.7.5 I giochi di ruolo

Durante la prova del **gioco di ruolo**, il candidato riveste un ruolo in un'interazione individuale con un "personaggio". Il gioco di ruolo, che permette di testare varie competenze generali, consiste in un incontro con il personaggio riguardo alla situazione descritta. Il personaggio, appositamente formato, fornisce ulteriori informazioni nel corso dell'incontro, sulla base di un copione semi-strutturato.

3.7.6 Il colloquio situazionale basato sulle competenze

Il **colloquio situazionale basato sulle competenze** è un colloquio inteso a valutare le competenze generali chiedendo al candidato come reagirebbe in una situazione specifica. Il colloquio situazionale sarà oggetto di specifica trattazione nella parte finale di questo volume.

3.8 La valutazione delle competenze nelle linee guida per l'accesso alla dirigenza

Il 28 settembre 2022, è stata acquisita l'intesa in Conferenza Unificata sulle nuove **linee guida per l'accesso alla dirigenza pubblica**.

Nei concorsi per dirigenti non si valuterà più solo il "sapere" ma anche il "saper fare" e il "saper essere", da accertare non solo tramite le classiche prove scritte, ma anche attraverso prove situazionali e colloqui motivazionali. L'obiettivo, in linea con l'impianto riformatore del PNRR e con i provvedimenti attuati in materia dal ministro Renato Brunetta, è valorizzare le competenze e le *soft skill*.

Le linee guida, elaborate dalla Scuola Nazionale dell'Amministrazione (**SNA**), introducono nuovi criteri di selezione ispirati a quelli utilizzati nel settore privato. L'art. 3 del D.L. 80/2021 ha infatti riscritto l'art. 28 del D.Lgs. 165/2001 (Testo Unico sul pubblico impiego), prevedendo che i bandi per l'accesso alla dirigenza pubblica dovranno valutare non solo le nozioni teoriche ma anche "**le capacità, attitudini e motivazioni individuali, anche attraverso prove, scritte e orali, finalizzate alla loro osserva-**

zione e valutazione comparativa, definite secondo metodologie e standard riconosciuti".
La stessa norma ha previsto, al comma 6, l'emanazione delle linee guida da parte del Ministro della Pubblica amministrazione, previo parere della Conferenza Unificata.

3.8.1 Obiettivi delle linee guida

Le linee guida sono tese a declinare in indicazioni operative i principi fondamentali dettati in materia dalla nuova normativa sul reclutamento, al fine di assicurare l'omogeneità di operato delle amministrazioni in questo ambito.
Il documento raccoglie, dunque, indicazioni in materia di procedure e soluzioni metodologiche per lo svolgimento di efficaci selezioni per l'accesso alla qualifica dirigenziale, con il duplice obiettivo di:
1. offrire alle amministrazioni alcune indicazioni e buone pratiche potenzialmente utili per l'individuazione di soluzioni e metodologie omogenee ed efficaci per la selezione della dirigenza;
2. presentare i principi metodologici dell'Assessment Center, quale strumento di comprovato successo nei processi di selezione di figure manageriali, finalizzati alla valutazione delle competenze che caratterizzano la posizione da ricoprire.

3.8.2 I nuovi principi in materia di accesso alla dirigenza

Come anticipato sopra, le linee guida sono adottate in attuazione dell'art. 3, comma 6, del D.L. 80/2021, secondo cui: "Le disposizioni dei commi 3 e 4 costituiscono principi fondamentali ai sensi dell'articolo 117, terzo comma, della Costituzione. Ai fini dell'attuazione delle medesime disposizioni, il Ministro per la Pubblica amministrazione, acquisite le proposte della Scuola Nazionale dell'Amministrazione, entro il 31 ottobre 2022, con proprio decreto, previa intesa in sede di Conferenza unificata di cui all'articolo 8 del decreto legislativo 28 agosto 1997, n. 281, adotta specifiche Linee guida".
Le disposizioni contenute nell'art. 3, commi 3 e 4, del decreto sono dunque identificate dal legislatore, al di là degli aspetti di dettaglio che esse recano, quale nuovo paradigma di riferimento, per orientare le **metodologie**, le **tecniche** e le **procedure** che governano l'accesso alle qualifiche dirigenziali del complesso delle pubbliche amministrazioni italiane.
Le Linee guida hanno l'obiettivo di fornire alle amministrazioni **indicazioni e suggerimenti metodologici** ai fini dell'adeguamento a tale nuovo paradigma, il cui fondamento normativo si rinviene nell'art. 28, comma 1-bis, del D.lgs. 165/2001, come modificato dal D.L. 80/2021: "Nelle procedure concorsuali per l'accesso alla dirigenza in aggiunta all'accertamento delle conoscenze delle materie disciplinate dal decreto del Presidente della Repubblica 9 maggio 1994, n. 487, i bandi definiscono gli ambiti di competenza da valutare e prevedono la valutazione delle capacità, attitudini e motivazioni individuali, anche attraverso prove, scritte e orali, finalizzate alla loro osservazione e valutazione comparativa, definite secondo metodologie e standard riconosciuti".
La disposizione sancisce il **passaggio** per l'accesso alle qualifiche dirigenziali **da un sistema di reclutamento incentrato sull'accertamento delle conoscenze a un sistema che**, senza rinnegarne l'utilità, **alla verifica sul "sapere" aggiunge una nuova importante dimensione, rappresentata dall'osservazione e dalla valutazione delle**

competenze, che vengono tradotte in capacità e attitudini, oltre che della motivazione dei candidati.

Il disegno e l'applicazione di un siffatto sistema pone le amministrazioni dinanzi a scelte. Per un verso, occorre definire specifiche prove idonee a misurare set di competenze dei candidati in precedenza trascurati. Per altro verso, è necessario immaginare un equilibrato dosaggio tra tali prove e quelle tese alla tradizionale valutazione delle conoscenze che, a loro volta, possono essere svolte secondo metodologie aggiornate e più efficaci di quelle fin qui privilegiate.

Tali scelte, naturalmente, devono poi essere calate nel contesto normativo e organizzativo che connota ciascuna amministrazione e adattate alle diverse tipologie di procedure di accesso alla dirigenza, di cui si dà conto di seguito distintamente, per amministrazioni centrali e non.

Il passaggio da una valutazione delle sole conoscenze a una valutazione anche delle competenze risponde non solo a un'intuitiva esigenza di inserimento nelle amministrazioni di dirigenti effettivamente capaci di esercitare il loro ruolo, ma anche di allineamento della disciplina del reclutamento con quella dettata per la gestione del rapporto di lavoro. Per tutto il personale, dirigenziale e non, assume un ruolo centrale la valutazione delle competenze espresse in relazione agli obiettivi assegnati e ai risultati ottenuti. Per la dirigenza, poi, la valutazione delle competenze è centrale anche ai fini del conferimento degli incarichi che sono assegnati sulla base di criteri che tengono in massimo conto ciò che il dirigente ha dimostrato di "saper fare".

3.8.3 Modalità di realizzazione dell'Assessment Center nella selezione della dirigenza

Come già sottolineato, le nuove procedure concorsuali per l'accesso alla dirigenza prevedono esplicitamente la valutazione, oltre che delle conoscenze, di "capacità, attitudini e motivazioni individuali", anche attraverso prove, scritte e orali, finalizzate alla loro osservazione e valutazione comparativa, definite secondo metodologie e standard riconosciuti.

Tra queste prove, importanza fondamentale riveste il processo di Assessment Center. Tale processo può essere articolato con modalità differenti, in funzione di una serie di variabili interne ed esterne all'amministrazione. Come sottolineato nelle linee guida, a titolo esemplificativo, ma non esaustivo, tra queste variabili rientrano la complessità e strategicità del ruolo ricercato, le competenze presenti nel profilo, le dimensioni dell'amministrazione, le risorse (di tempo ed economiche) a disposizione, il numero dei candidati ecc.

È pertanto opportuno definire la quantità e la tipologia delle prove in una logica modulare, customizzata e flessibile, capace di adattare il metodo dell'Assessment Center alle esigenze specifiche delle procedure concorsuali.

È possibile, altresì, utilizzare una e più prove di carattere comportamentale all'interno delle varie fasi del processo selettivo, senza sviluppare un AC vero e proprio. Ad esempio, è possibile, in una logica del processo di selezione "a imbuto", utilizzare una prova come l'analisi dei casi gestionali o un questionario situazionale insieme a test di conoscenze per la preselezione dei candidati.

Alcune delle prove di valutazione possono essere somministrate su piattaforme online appositamente progettate o preesistenti. L'utilizzo di tali piattaforme può avvenire sia in presenza, dotando i candidati di appositi pc/tablet, sia a distanza, controllando le condizioni di somministrazione.
In entrambi i casi è importante porre attenzione ai seguenti aspetti:
> il rispetto dell'anonimato dei candidati;
> la garanzia dei livelli di sicurezza e privacy della piattaforma;
> l'accessibilità e l'usabilità delle piattaforme.

In caso di somministrazioni di prove informatiche e online in presenza, le linee guida suggeriscono di prediligere l'uso di una rete in locale e senza il wi-fi, al fine di garantire la qualità della connessione.

3.8.4 Il modello di competenze dei dirigenti della PA italiana

L'art. 28, comma 1-bis, del D.lgs. 165/2001 stabilisce che "i bandi definiscono le ***aree di competenza*** osservate e prevedono la valutazione delle capacità, attitudini e motivazioni individuali".
Ai fini della individuazione delle aree di competenza deve essere fatto riferimento al "**Modello di competenze dei dirigenti della PA italiana**" elaborato dalla SNA.
La valutazione delle competenze presuppone la preliminare individuazione del set di competenze, come previsto anche dalle Linee guida internazionali in materia di Assessment Center.
La predisposizione di un modello di competenze richiede un lavoro di analisi del contesto organizzativo e di analisi del ruolo, individuando attività, responsabilità e requisiti richiesti dalla posizione per pervenire alla definizione delle competenze comportamentali rilevanti per il dirigente.
Nella pratica, per specificare in modo adeguato le competenze da selezionare, il modello di competenze dovrà identificare le competenze proprie per coprire adeguatamente le posizioni in una prospettiva che coniughi specificità e trasversalità al fine di evitare che un'eccessiva rigidità si ripercuota negativamente sulla flessibilità gestionale anche nell'ottica di evitare un possibile contenzioso.
Le linee guida suggeriscono alle amministrazioni di utilizzare il "Modello di competenze dei dirigenti della PA italiana", sviluppato dalla SNA nell'ambito dell'Advisory Board per la predisposizione delle presenti Linee guida, che potrà essere adattato alle specifiche esigenze delle figure dirigenziali da individuare.
Il modello individua **15 competenze** articolate in cinque aree:
> Area cognitiva
> Area manageriale
> Area realizzativa
> Area relazionale
> Area del self management.

Nell'ambito del modello sono individuate 6 competenze considerate più rilevanti (cd. ***competenze core***), che le linee guida raccomandano di includere sempre nel set di competenze da osservare inserito nei bandi per la selezione della dirigenza.
Tali competenze sono relative a:
> Soluzione dei problemi
> Gestione dei processi

> Sviluppo dei collaboratori
> Decisione responsabile
> Gestione delle relazioni interne ed esterne
> Tenuta emotiva.

Area cognitiva	Area manageriale	Area realizzativa	Area relazionale	Area del self-management
Soluzione dei problemi	**Gestione dei processi**	**Decisione responsabile**	**Gestione delle relazioni interne ed esterne**	**Tenuta emotiva**
Visione strategica	Sviluppo dei collaboratori	Orientamento al risultato	Negoziazione	Self development
Pensiero sistemico	Guida del gruppo		Orientamento alla qualità del servizio	Consapevolezza organizzativa
	Promozione del cambiamento			

In grassetto le competenze considerate più rilevanti (cd. competenze core), Elaborazione SNA, 2022

Di seguito, sono descritte le 15 competenze previste nel modello, tra cui individuare – in coerenza con gli obiettivi da conseguire - quelle che, in aggiunta alle *competenze core*, meglio descrivono il profilo atteso. Si suggerisce che ciascun profilo sia descritto da un massimo di 9 competenze che saranno oggetto di valutazione.

Area cognitiva

1. Soluzione dei problemi

Individuare tempestivamente i problemi, anche complessi, analizzando in modo critico e ampio dati e informazioni, per focalizzare le questioni più rilevanti, così da identificare e proporre soluzioni efficaci, rispondenti alle esigenze della situazione e coerenti con il contesto di riferimento.

2. Visione strategica

Leggere le situazioni e i contesti immaginando i possibili scenari prospettici e ipotizzando i loro impatti nel medio e lungo termine, così da delineare obiettivi e strategie da perseguire che siano realizzabili e in grado di anticipare le evoluzioni future della propria area/organizzazione.

3. Pensiero sistemico

Integrare i diversi elementi, fattori, piani che influenzano un contesto, una situazione o un problema individuando correlazioni e relazioni, così da creare una visione d'insieme che consenta di inquadrarli in uno scenario più ampio.

Area manageriale

4. Gestione dei processi

Strutturare efficacemente le attività proprie e altrui, programmando, organizzando, gestendo e monitorando efficacemente le risorse assegnate (economico-finanziarie, umane, strumentali, temporali), tenendo conto dei vincoli e in coerenza con le strategie delineate e gli obiettivi da perseguire.

5. Sviluppo dei collaboratori

Riconoscere i bisogni e valorizzare le differenti caratteristiche, risorse e contributi dei collaboratori, favorendone la crescita, l'apprendimento e la motivazione attraverso la valutazione, il feedback, il riconoscimento e la delega, nel rispetto dei principi di trasparenza ed equità organizzativa.

6. Guida del gruppo

Coordinare il gruppo per il raggiungimento degli obiettivi, trasferendo valori e strategie organizzative, assegnando le attività, promuovendo l'inclusione, facilitando lo scambio di informazioni ed il lavoro di squadra anche a distanza.

7. Promozione del cambiamento

Accogliere positivamente i cambiamenti, favorendo e stimolando l'introduzione di modalità nuove di gestione di processi, attività e servizi in una logica di miglioramento continuo e incoraggiando gli altri a vivere il cambiamento come un'opportunità.

Area realizzativa

8. Decisione responsabile

Riconoscere gli elementi controversi di una decisione e gli aspetti potenzialmente critici anche per l'amministrazione e l'interesse pubblico; scegliere tra le differenti opzioni con consapevolezza e tempestività, anche in condizioni di incertezza, complessità e carenza di informazioni, valutando pro e contro e combinando il rispetto dei vincoli con la finalizzazione della decisione. Assumersi la responsabilità delle decisioni e delle azioni proprie e dei collaboratori (*accountability*).

9. Orientamento al risultato

Definire, tenendo conto del mandato organizzativo, obiettivi sfidanti e risultati attesi, per sé e per la propria struttura, orientati alla creazione di valore pubblico; agire proattivamente e con determinazione per assicurare il risultato finale nei tempi previsti e per migliorare costantemente gli standard qualitativi dell'azione pubblica.

Area relazionale

10. Gestione delle relazioni interne ed esterne

Gestire reti di relazioni, anche complesse, comunicando efficacemente con i diversi interlocutori interni – anche in una logica di interfunzionalità – o esterni all'organizzazione – inclusi quelli istituzionali – cogliendone le esigenze e costruendo relazioni positive, orientate alla fiducia e collaborazione.

11. Negoziazione
Ricercare, nel confronto tra posizioni o interessi divergenti, spazi di mediazione per raggiungere un accordo o una soluzione condivisa che possa soddisfare tutte le parti coinvolte. Promuovere, in modo credibile, la risoluzione costruttiva dei conflitti, ricomponendo le divergenze e i disaccordi tra gli interlocutori.

12. Orientamento alla qualità del servizio
Riconoscere le esigenze degli stakeholder interni ed esterni e adoperarsi per rispondervi al meglio adottando azioni mirate all'ascolto e all'individuazione dei bisogni, al monitoraggio della qualità percepita e identificando le priorità di intervento per il miglioramento dei servizi pubblici.

Area del self management

13. Tenuta emotiva
Rispondere alle situazioni lavorative di pressione, difficoltà, conflitto, crisi o incertezza con spirito costruttivo, calma e lucidità, mantenendo inalterata la qualità della prestazione. Riconoscere l'impatto sulla vita lavorativa delle emozioni, proprie e degli altri, e attivare le risorse interne necessarie per far fronte alle criticità.

14. Self development
Ricercare il miglioramento continuo attraverso la riflessione sulle esperienze vissute, la messa in discussione, la richiesta di feedback costanti e l'aggiornamento, in una logica di apprendimento, sviluppo e crescita, professionale e personale.

15. Consapevolezza organizzativa
Agire mettendo al centro gli interessi dell'amministrazione, promuovendo gli obiettivi e i valori dell'organizzazione, incoraggiando i principi di correttezza, trasparenza e imparzialità nel lavoro e tutelando l'interesse pubblico.

Indicatori di comportamento

Ciascuna competenza da rilevare dovrà essere operazionalizzata, attraverso la costruzione di almeno 4 **indicatori di comportamento** specifici e osservabili. Tali indicatori dovrebbero essere omogenei all'interno della competenza e ben distinti dagli indicatori presenti nelle altre competenze.
Di seguito, alcuni indicatori di comportamento.

Competenza	Indicatori di comportamento
Soluzione dei problemi	• Anticipa le criticità cogliendo tempestivamente gli aspetti su cui intervenire • Distingue gli elementi centrali del problema da quelli secondari • ...
Sviluppo dei collaboratori	• Riconosce le specificità dei collaboratori sia in termini di competenze professionali che di caratteristiche personali • Fornisce *feedback* sistematici e costruttivi sia positivi sia negativi • ...
Guida del gruppo	• Condivide con il gruppo gli obiettivi generali e le strategie dell'amministrazione • Promuove la coesione e lo spirito di squadra • ...
Promozione del cambiamento	• Coglie il cambiamento come elemento positivo del lavoro • Supporta l'adozione di nuove procedure e strumenti di lavoro (anche tecnologici) • ...
Orientamento al risultato	• Mantiene l'impegno anche davanti a ostacoli o criticità • Si fa carico in prima persona dei problemi anche al di là di quanto esplicitamente previsto • ...

Parte Seconda

I test situazionali

SOMMARIO

Capitolo 1
Guida alla risoluzione dei test situazionali

1.1 Introduzione

Il mondo del lavoro, in una fase di profondo e radicale mutamento, esige di focalizzare l'attenzione su nuovi strumenti per valutare se i candidati a una posizione lavorativa abbiano le giuste competenze.
Una parte rilevante del processo di reclutamento e della conseguente selezione di personale, volta a valutare date capacità del candidato, consiste nell'esprimere un giudizio sulle scelte e sulle relative conseguenze. Nelle prove selettive dei concorsi pubblici ma anche nelle selezioni aziendali, sempre più di frequente sono somministrati i cosiddetti **test situazionali** o **test di giudizio situazionale** (in inglese **Situational Judgement Test** – **SJT**). Molto utilizzati nel mondo anglosassone e nelle procedure di selezione dei concorsi per l'Unione europea, si sono diffusi anche in Italia. Sono test di non immediata risoluzione perché è una tipologia di prova a cui non siamo ancora abituati.
I test situazionali, volti a verificare il comportamento tipico di un candidato nel suo contesto lavorativo, possono essere utilizzati in tutti i tipi di settori e profili lavorativi. Diverse aziende, dei più disparati settori economici, li usano per diversi profili: si pensi alle compagnie di assicurazione per reclutare agenti o alle compagnie aeree per il personale di bordo.
Idealmente, i Situational Judgement Test sono utilizzati per i profili lavorativi in cui si ha un numero elevato di lavoratori non altamente qualificati; si rivelano utili, infatti, per i cosiddetti organi di line (organi con funzioni operative). Le posizioni di più elevato livello gerarchico, quelle più complesse da valutare, nel rispetto della comprensibilità del test, richiedono variabili aggiuntive. Nella letteratura specializzata, vi sono prove evidenti che i Situational Judgement Test sono efficaci indicatori della futura performance lavorativa dei candidati per ruoli che richiedono autonomia, in cui si devono prendere decisioni importanti e dare valutazioni significative.
Per fornire informazioni utili, difficoltà e struttura di tali test, ovviamente, devono essere in relazione con il profilo lavorativo da valutare, in breve devono essere strutturati "su misura" per ogni profilo.

1.2 Struttura dei test

I concetti essenziali che influenzano il processo decisionale sono la scelta e la conseguenza: le azioni intraprese in un contesto aziendale hanno un impatto diretto sul modo in cui le attività saranno eseguite. Eppure, persone diverse, di fronte alla stessa situazione, intraprendono scelte diverse. Cosa rende alcune persone in grado di affrontare le situazioni? La risposta ha a che fare con le motivazioni, i valori e le attitudini personali, valutabili con i test di personalità. Tuttavia, i test di personalità non sono in grado di aiutare a capire come una persona può reagire in una specifica situazione lavorativa.

Un modo per capire come le persone reagiscono in situazioni specifiche lavorative, cioè di metterle effettivamente in quella situazione, è quello di descrivere dettagliatamente la particolare situazione e offrire una gamma di possibili azioni o comportamenti tra cui scegliere.
Con i test situazionali, al candidato è presentato uno **scenario** con una **situazione problematica ambientata in un contesto lavorativo** e gli si chiede una soluzione ragionata tra le diverse prospettategli. La situazione descritta dal test riflette circostanze tratte dalla vita reale con le quali, una volta assunta la posizione lavorativa, il soggetto presumibilmente dovrà confrontarsi. In genere, lo schema di situazione aziendale è rappresentato da una problematica lavorativa che spazia da una difficoltà con i clienti o con i fornitori a un conflitto con uno o più colleghi o superiori/subordinati. Subito dopo il testo si presenta la fatidica domanda: **Cosa faresti per affrontare questa situazione?**
Quindi si forniscono al candidato una serie di risposte comportamentali, ossia potenziali azioni da intraprendere. Il candidato deve quindi decidere l'azione più appropriata per raggiungere il risultato desiderato.
Per ogni situazione presentata, sono fornite, di solito, 3-5 azioni-risposte, perché con un numero inferiore di opzioni, si rischia che il candidato azzardi la risposta con un'alta probabilità di "indovinare" quella giusta.
Al candidato si chiede di selezionare l'azione/le azioni più e/o meno efficace/i (adeguata/e) oppure si chiede di attribuire punteggi per valutare quanto siano appropriate le risposte.
Spesso i distrattori appaiono come una scelta plausibile o possibile, cioè, non sono corretti o errati al 100%, ma realistici: tutte le situazioni e le possibili reazioni sono pertinenti, appropriate ed estrapolate dalla vita aziendale, quindi spesso è molto difficile capire quale sia quella giusta.
A differenza dei test di logica o della personalità generalmente somministrati nelle prove selettive, i test situazionali valutano, quindi, se il candidato è in grado di intraprendere le azioni giuste nella specifica situazione lavorativa. La valutazione numerica fornisce informazioni preziose, perché un candidato che è a conoscenza dell'azione più appropriata in un determinato scenario sarà in grado di comportarsi di conseguenza una volta assunto a ricoprire il ruolo richiesto.

1.3 Esempio tratto dal bando per 150 Dirigenti Agenzia Entrate 2018

Di seguito, forniamo un esempio tratto dal bando per 150 + 10 Dirigenti Agenzia Entrate 2018, in cui nella prova preselettiva è richiesta la risoluzione, tra l'altro, di quesiti a risposta multipla relativi a **problematiche organizzative e gestionali ricadenti nell'ambito degli studi sul comportamento organizzativo** e in cui si spiega che i quesiti descrivono situazioni concrete di lavoro, rispetto alle quali s'intende valutare la capacità di giudizio dei candidati, chiedendo loro di decidere, tra quattro alternative predefinite di possibili corsi d'azione, quale ritengano ***più adeguata*** e quale, invece, ***meno adeguata***.
Obiettivo del quesito è valutare skill relative a impatto e influenza, in particolare la competenza *Leadership*.

Situazione
Il Direttore di vertice da cui dipendi ti ha affidato il coordinamento di un gruppo di lavoro con il compito di formulare una proposta di riorganizzazione di alcuni servizi della direzione. Nel corso di una riunione, uno dei componenti del gruppo di lavoro, cui è peraltro riconosciuta indubbia competenza nella materia trattata, evidenzia errori e lacune nella bozza di proposta che hai presentato al gruppo, contestando in particolare la metodologia da te suggerita, perché ritiene che non sia funzionale allo scopo del gruppo. Le critiche sono argomentate, ma vi si potrebbero anche intravedere intenzioni polemiche nei tuoi confronti, dietro le quali sospetti l'impulso di risentimenti personali.
Che fai?

Azioni alternative	La più adeguata	La meno adeguata
1. È naturale che le parole polemiche del collega ti infastidiscano fino anche a ferirti, perché vi intravedi soprattutto intenti malevoli, abilmente celati dietro critiche seppure bene argomentate. Ritieni allora doveroso ribattere colpo su colpo a quelle critiche astiose e rintuzzarle puntualmente una per una, perché temi che la tua autorevolezza come leader del gruppo venga altrimenti posta in discussione e che tu perda così il controllo del team, fallendo l'obiettivo che ti è stato assegnato.	A	B
2. Ascolti con attenzione le opinioni espresse dal collega e ti riservi di approfondirle, ringraziandolo comunque per il contributo di idee fornito al gruppo.	C	D
3. Dopo aver acquisito i punti di vista dei componenti del gruppo sugli argomenti formulati dal collega, esponi in merito le tue idee e alla fine trai pubblicamente le conclusioni della riunione, ringraziando il collega.	E	F
4. Ringrazi il collega, discuti gli argomenti che ha prospettato e ne evidenzi approfonditamente gli aspetti positivi.	G	H

Soluzione
Risposta più adeguata: **E**
Risposta meno adeguata: **B**

Motivazione
L'incarico di direzione descritto nell'esempio richiede, affinché venga svolto al meglio, doti di autorevolezza nella guida del gruppo di lavoro. Ciò implica che nell'operato del coordinatore del gruppo devono essere chiaramente leggibili queste direttrici di azione: disponibilità all'ascolto di tutti i componenti del gruppo e capacità di valorizzarne, con imparzialità ed equilibrio di giudizio, le idee e le proposte, tanto più in ragione della particolare competenza riconosciuta ai singoli partecipanti al gruppo nelle tematiche trattate.

Ne discende che, a fronte della situazione prospettata nell'esempio, la linea di condotta più adeguata è quella descritta nella terza risposta. Il coordinatore, invece di cedere all'istinto e mettersi a polemizzare con chi gli ha rivolto critiche, magari anche astiose, dimostra di avere ben chiare due cose. La prima è che non è importante quali siano gli eventuali motivi personali soggiacenti a quelle critiche: l'importante è vagliare, il più oggettivamente possibile (*sine ira et studio*, come diceva una famosa espressione latina), la loro fondatezza, specie tenuto conto che chi le ha mosse non è uno sprovveduto, ma è considerato persona seria e competente. La seconda cosa, ancor più rilevante, è l'esatta comprensione che il coordinatore dimostra di avere del suo ruolo: non deve imporre le sue opinioni e reprimere eventuali dissensi, ma dare ascolto, sollecitandone se necessario l'espressione, alla voce di tutti i componenti del gruppo e valorizzare così il contributo di ognuno in vista del risultato finale.
Il senso della risposta più adeguata si coglie ancora meglio, se viene letta in contrapposizione alla risposta meno adeguata, che è la prima, da cui traspare nettamente una carenza di capacità di *leadership* da parte del coordinatore del gruppo di lavoro. Ne è prova il fatto che l'interessato, fortemente contrariato dalle argomentazioni di uno dei componenti del gruppo, invece di curarsi di acquisire le valutazioni di tutti gli altri componenti del gruppo sul merito delle considerazioni che gli sono state sottoposte, altro non fa che ingaggiare – mosso, se non addirittura dominato, da risentimenti personali, per quanto psicologicamente comprensibili – un'animosa polemica con l'interlocutore da cui si sente attaccato, che è comunque una persona accreditata di indubbia competenza nelle questioni su cui il responsabile del gruppo ha il compito di riferire al proprio superiore. È plausibile che i componenti del gruppo ne traggano questa convinzione: esporre critiche motivate non conviene, perché rischia di attirarsi avversioni di carattere personale da parte del capo del gruppo. Viene però così favorito il fenomeno del "pensiero gregario" (groupthink, nella definizione propria degli studi sul comportamento organizzativo), che preclude i vantaggi di un ragionevole bilanciamento e di una obiettiva discussione di opinioni e soluzioni diverse all'interno del gruppo, a detrimento della qualità del processo decisionale e delle sue conclusioni.
Di conseguenza, la giustificazione che il coordinatore ritiene di poter dare della linea di azione seguita – raggiungere l'obiettivo che gli è stato assegnato con l'affidamento della direzione del gruppo di lavoro – è ben poco convincente e l'immagine complessiva che la sua condotta trasmette all'esterno non è quella di una guida autorevole, bensì quella di una persona che rivela – nella paura di perdere il controllo del gruppo – profonda insicurezza nelle proprie doti di *leadership*.

1.4 Test situazionali utilizzati nella selezione RIPAM 2020/2021

Per i concorsi gestiti attraverso procedure RIPAM/Formez, i test situazionali sono test relativi a problematiche organizzative e gestionali ricadenti nell'ambito degli studi sul comportamento organizzativo. I quesiti descriveranno situazioni concrete di lavoro, rispetto alle quali si intende valutare la capacità di giudizio dei candidati, chiedendo loro di decidere, tra alternative predefinite di possibili corsi d'azione, quale ritengano più adeguata. La struttura dei test, si deduce dalle indicazioni fornite dal Formez su tali test:

> fanno riferimento a simulazioni lavorative tipizzate;

- sono elaborati con l'obiettivo di misurare, tra le varie dimensioni: le capacità di analisi e giudizio; la definizione delle priorità; la pianificazione, la capacità di delega, la gestione delle relazioni, l'iniziativa e decisione, la risoluzione dei problemi;
- prevedono un testo proponente uno scenario di riferimento che rispecchia gli specifici fattori critici di valutazione relativi all'ambito e all'attività lavorativa per i quali si effettua la selezione;
- ogni quesito ha tre alternative di risposta predefinite, di cui una sola esatta.

Generalmente, a ciascuna risposta, è attribuito in funzione del livello di efficacia il punteggio:

- risposta più efficace: +0,75 punti;
- risposta neutra: +0,375 punti;
- risposta meno efficace: 0 punti.

Vediamo di seguito alcuni esempi.

Diversi collaboratori sostengono che in azienda non si considera adeguatamente il potenziale delle persone e temono che molte professionalità potrebbero non essere valorizzate.

A. Invito i collaboratori a riflettere sulle loro potenzialità e ad impegnarsi individualmente per svilupparle ulteriormente in maniera produttiva
B. Organizzo un incontro con i collaboratori chiedendo di evidenziare quali capacità ed abilità, a loro avviso, non vengono valorizzate. Cerco, pertanto, una strategia per farle emergere gradualmente con la partecipazione degli altri colleghi
C. Fin quando l'azienda raggiunge i risultati preventivati, non è necessario porre attenzione a queste segnalazioni.

La risposta più efficace è la B: è importante instaurare un dialogo continuo con i propri collaboratori, in modo da garantire la loro soddisfazione e il loro benessere – e di conseguenza la loro produttività. **La risposta A è neutra** in quanto interlocutoria, **la risposta C è la meno efficace** perché non si dà importanza alle esigenze dei collaboratori.

Stai coordinando una riunione di lavoro a cui partecipano dieci persone. Solo due intervengono con molta frequenza, mentre il resto dei partecipanti non prende parte alla discussione.

A. Rimoduli il tuo stile di comunicazione e fai domande per sollecitare interventi di altri partecipanti ricordando gli obblighi aziendali in tema di lavoro e proponendo delle soluzione operative
B. Prendi tempo perché non riesci a trovare una soluzione
C. Chiedi ad uno dei partecipanti meno coinvolti di esprimere una sua opinione.

La risposta più efficace è la A: è importante mettere in discussione le proprie capacità di influenza sugli altri. In questo caso, dato che non si riesce a mantenere alta l'attenzione dei colleghi durante la riunione, è giusto mettere in discussione la modalità di comunicazione. **La risposta B è neutra** poiché non prevede nessun'azione, **la risposta C è la meno efficace**.

Devo collaborare con un collega dell'ufficio su un progetto innovativo. Dopo aver ascoltato le sue opinioni mi accorgo di avere un'idea della soluzione completamente diversa da lui.

A. Metto in evidenza punti di forza e di debolezza della sua proposta, poi presento la mia come una soluzione che risolva le criticità. Cerco di promuovere una mediazione
B. Evito il confronto
C. È importante esser chiari. Pertanto, esprimo subito il mio disaccordo.

La risposta più efficace è la A perché è importante dialogare con i propri colleghi ed è altrettanto importante far valere le proprie idee. **La risposta C è neutra** poiché è giusto esprimere il proprio disaccordo, ma non è abbastanza, bisogna sempre instaurare un dialogo fra colleghi. **La risposta B è la meno efficace**: evitare il confronto è un atteggiamento sempre sbagliato e controproducente.

Nel corso di un colloquio con una mia collaboratrice, dopo averle segnalato delle criticità in alcune sue attività, la stessa ha una forte emozione e non riesce a contenere le lacrime.
A. Le lascio il tempo di calmarsi e la rassicuro che ho voluto incontrarla per aiutarla a superare questo momento di difficoltà e che la consapevolezza di certi atteggiamenti negativi certamente sarà un contributo alla sua crescita professionale
B. La situazione mi disorienta e non intervengo
C. Se la situazione me lo consente, provo a fare una semplice battuta al solo scopo di sdrammatizzare, cercando di farla sentire meno a disagio per l'accaduto. Decido, tuttavia, di proseguire il colloquio.

La risposta più efficace è la A: l'empatia per mette di migliorare le relazioni tra colleghi e anche con i superiori. Più empatia sul luogo di lavoro genera una collaborazione migliore e di conseguenza maggiore produttività. **La risposta B è neutra** poiché si preferisce non intervenire. **La risposta C è la meno efficace** poiché non si presta attenzione alla sensibilità della collega in difficoltà.

Ti viene offerto un nuovo incarico dove aumentano le responsabilità e la quantità di lavoro ma non sono previsti avanzamenti in carriera.
A. Stabilisco cosa fare solo sulla base delle conoscenze che ho a disposizione senza chiedere altre informazioni
B. Chiedo di esaminare con il Responsabile le attività del lavoro e rappresento all'Azienda la necessità di valutare delle migliori condizioni economiche. Rifletto sulle mie capacità valutando se sono in grado di avere successo in questa nuova attività
C. Prendo tempo prima di decidere e consulto solo le persone a me più vicine.

La risposta più efficace è la B: è importante far valere i propri diritti sul luogo di lavoro, anche in termini di retribuzione e avanzamenti di carriera. **La risposta C** può essere considerata **neutra** perché non risolutiva e **la risposta A è la meno efficace**: non è mai consigliabile prendere una scelta importante senza avere le giuste informazioni.

1.5 Test situazionali utilizzati nella preselezione SNA 2020/2021

I test situazionali sono stati inseriti anche nella prova preselettiva del Concorso Dirigenti SNA del 2020. La Scuola Nazionale dell'Amministrazione (SNA) è l'istituzione che si occupa di selezionare, reclutare e formare i funzionari e i dirigenti pubblici. In tal modo, occupa un ruolo centrale nel miglioramento dell'efficienza e della qualità della Pubblica Amministrazione italiana.

La prova preselettiva consisteva in un test con sessanta quesiti a risposta multipla, di cui sei quiz situazionali, valutati secondo questi criteri:
- risposta esatta: 1 punto;
- risposta neutra: 0,80 punti;
- risposta errata o non data: 0 punti.

Vediamo di seguito alcuni esempi.

ADATTAMENTO AL CAMBIAMENTO: Il tuo responsabile ha inviato una comunicazione a tutto il team per presentare un nuovo sistema per completare il foglio ore. Il nuovo sistema entrerà a regime dal mese successivo e si prevede che migliorerà gli standard con cui il team esegue questa attività. Tu e i tuoi colleghi siete alquanto sorpresi dall'annuncio, in quanto ritenete che il sistema attuale funzioni bene. Ci vorranno un paio di settimane per imparare il nuovo sistema ed acquisire dimestichezza con esso, il che potrebbe allungare i tuoi tempi di completamento del foglio ore. Il tuo responsabile ha programmato per oggi pomeriggio una riunione con tutto il team per discutere ulteriormente tali cambiamenti.

A. Usi le prossime due settimane per prendere dimestichezza con il nuovo sistema, in modo da essere in grado di iniziare a usarlo non appena verrà ufficialmente introdotto
B. Prima della riunione parli con qualche collega con maggior esperienza per avere dei suggerimenti su come approcciare la questione
C. Alla riunione comunichi che il cambiamento potrebbe prolungare i tuoi tempi di lavoro e suggerisci di continuare a usare il sistema attuale.

La risposta più efficace è la A poiché la capacità di adattamento è una delle skill più importanti: gli strumenti di lavoro sono in continua evoluzione ed è fondamentale sapersi adattare ai cambiamenti, senza farsi scoraggiare dalle novità. **La risposta B** può essere considerata **neutra** perché non risolutiva; **la risposta C** descrive un atteggiamento non propenso al cambiamento ed è quindi la **meno efficace**.

ADATTAMENTO AL CAMBIAMENTO: Hai seguito diversi progetti di innovazione nell'ambito della formazione on line in qualità di addetto ai processi di digitalizzazione, e hai ricevuto dei buoni riscontri dai tuoi clienti interni. Tuttavia, ritieni utile acquisire maggiori conoscenze nell'area tecnologica della formazione. Nel contempo ricevi una proposta dal direttore dell'ufficio Information Technology, tuo supervisore, che ti propone di occuparti di un altro progetto di digitalizzazione che coinvolge più funzioni. Questo ti darebbe l'opportunità di crescere sul piano delle competenze, ma non ti consentirebbe di consolidare la tua esperienza nell'area della formazione on line.

A. Accetti volentieri la nuova opportunità, in modo da acquisire un'esperienza più ampia
B. Proponi al direttore di seguire alcuni aspetti del nuovo progetto, mentre continui a lavorare nell'area della formazione on line
C. Comunichi al direttore che apprezzi la proposta e gli chiedi di tenerti in considerazione per la prossima opportunità, in modo che per adesso tu possa continuare ad acquisire ulteriori conoscenze sulla formazione on line.

La risposta più efficace è la A poiché dimostra il giusto approccio al cambiamento: è importante saper uscire dalla propria confort zone per arricchire e ampliare le competenze sul lavoro. **La risposta B è la meno efficace** poiché si svolgono in maniera approssimativa entrambi i compiti; **la risposta C** invece descrive un **atteggiamento neutro**, per cui si preferisce non uscire dalla propria zona di confort.

LAVORO DI SQUADRA: Ricevi una richiesta di aiuto da un collega di un altro ufficio, che sa che sei molto esperto/a su tematiche relative ai processi di monitoraggio e correlazione tra indicatori ambientali e salute; lui si sta occupando di questo ma non sa come portare a termine la definizione di un nuovo processo. Sai che potrebbe portar via diverso tempo entrare nel dettaglio del processo e hai di fronte una giornata molto impegnativa. Non comprendi questa richiesta, perché tutti hanno preso parte a un training specifico e sono stati messi a disposizione anche dei manuali operativi su questi temi.

A. Ricordi al collega della formazione ricevuta su questo tipo di contenuti e gli indichi dove poter consultare i manuali operativi
B. Sulla base della tua conoscenza su questa tipologia di processi, fornisci al collega alcune indicazioni generali
C. Provi a capire dal collega dove ha maggiore difficoltà e lo aiuti su quello, per vedere se ciò gli permette di procedere poi in autonomia.

Una delle soft skills più importanti è la capacità di lavorare in squadra. Saper lavorare in team infatti è fondamentale: aumenta la soddisfazione e diminuisce la fatica. Quindi, **la risposta più efficace è la C** poiché si instaura un dialogo con il collega in difficoltà così da poterlo aiutare nel modo più adeguato. **La risposta B è neutra** perché si prova ad essere collaborativi, ma in maniera approssimativa; **la risposta C è la meno efficace**: ci si limita ad ammonire il collega senza essergli realmente di aiuto.

LAVORO DI SQUADRA: Il capo dell'ufficio del Personale ti convoca e ti chiede di dare un supporto sul piano professionale a una persona di un team esterno rispetto al tuo. Ti distingui infatti per delle ottime doti persuasive, cosa che la persona non ha, e potresti aiutarla a sviluppare questa area di miglioramento. Dai la tua disponibilità sebbene tu abbia il dubbio che questa persona possa non darti ascolto, in quanto la conosci e sai che non è in grado di mettersi in discussione.

A. Organizzi un meeting con la persona dicendole cosa pensi ed esprimendole la tua preoccupazione rispetto al suo atteggiamento
B. La tua reputazione non può essere intaccata per cui, se vedrai che la persona non si mostrerà partecipativa, fornirai immediatamente un feedback al capo dell'ufficio del Personale
C. Intraprendi la strada del dialogo e ti confronti con la persona per capire come mai rimanda agli altri questa immagine.

Il confronto diretto e la collaborazione sono alla base di un buon lavoro di squadra, infatti **la risposta più efficace è la C**. **La risposta A** può essere considerata **neutra** poiché ci si limita ad esprimere la propria preoccupazione; **la risposta B è la meno efficace** perché descrive un atteggiamento poco collaborativo.

PRESA DI DECISIONE: Stai lavorando da due settimane alla definizione del target di area insieme al tuo capo. Oggi è l'ultimo giorno in cui poter consegnare le vostre risultanze ma il tuo capo non è presente a lavoro per un'urgenza privata. Ri-

cevi una chiamata da parte dell'ufficio del Personale che chiede un riscontro immediato. Pur rendendosi conto della situazione che stai affrontando, oggi era la scadenza per tutti e non si può rimandare. Sebbene tu abbia supportato il tuo capo in tutte le fasi di definizione del target, non sei del tutto sicuro/a della conclusione da dover presentare.

A. Provi a capire dall'ufficio del Personale come mai ha bisogno del documento proprio adesso, mancando ancora qualche ora alla fine della giornata lavorativa
B. Fai tesoro degli insegnamenti del tuo capo per portare a termine il lavoro e consegnarlo all'ufficio del Personale
C. Avvisi l'ufficio del Personale che potrai fornire tutto il lavoro al massimo entro la mattina successiva. Ti scusi, ma hai bisogno di confrontarti con il tuo capo e al momento questo non è possibile.

La situazione proposta nel quesito è volta a verificare il grado di autonomia sul lavoro. **La risposta più efficace è la B**, in cui si dimostra di essere in grado di agire in maniera autonoma e responsabile; le altre due opzioni di risposta non sono efficaci perché non sono risolutive. **La risposta A è neutra** in quanto interlocutoria, invece, **la risposta C è la meno efficace** perché si dimostra di non saper agire in autonomia.

PRESA DI DECISIONE: Prendendo in considerazione il fatto che hai sempre mostrato curiosità, apertura e conoscenze approfondite in tema di formazione, oggi il tuo capo ti ha chiesto di lavorare a un programma innovativo di formazione tecnica di livello internazionale. Ti comunica che i tempi sono sfidanti, le attività da portare avanti sono molte e coinvolgono più uffici dell'amministrazione. Anche se alcuni aspetti di questo programma ti sono familiari, ti rendi conto che è molto più complesso rispetto alla prima idea che ti eri fatto/a.

A. Esprimi la tua determinazione a portare a termine tutto il programma, iniziando dagli aspetti a te familiari e tieni il capo informato sull'andamento delle attività
B. Inizi dall'identificare il compito che ti potrebbe mettere più in difficoltà, così puoi capire se e quando chiedere al capo di indirizzarti verso qualcuno che possa aiutarti
C. Chiedi al capo di prorogare la scadenza, dato che il progetto da portare avanti è molto corposo.

La risposta più efficace è la A poiché descrive un atteggiamento propositivo e costruttivo; **la risposta B è neutra** poiché si preferisce rimandare il momento di prendere una decisione; la **risposta C è la meno efficace** dato che si mette in atto un atteggiamento controproducente.

1.6 Esempi di test situazionali

In questo paragrafo, forniremo ulteriori esempi di test situazionali per dare un'idea del meccanismo di funzionamento di tali test.

Facendo riferimento al testo seguente, individuare la risposta più efficace, quella neutra e quella meno efficace.
Il tuo collega di stanza, da tempo, ha comportamenti ostili nei tuoi riguardi: quando può, evita il dialogo, e spesso ti risponde con toni maleducati. Questa situazione rende poco produttivo il vostro lavoro. Come ti comporti?

A. Chiedi un confronto e con un atteggiamento collaborativo cerchi di analizzare insieme le motivazioni che hanno determinato la vostra incomprensione e ti mostri disponibile per condividere una soluzione
B. Decidi di scrivere al vostro superiore e chiedere un suo intervento
C. Chiedi a un altro collega di fare a cambio di stanza, senza coinvolgere il tuo superiore.

La risposta A è la **più efficace**, infatti sottolinea l'importanza di un clima di collaborazione e condivisione fra colleghi, attraverso la disponibilità al dialogo. **La risposta B è la meno efficace** perché in un gruppo di lavoro, caratterizzato da rispetto e collaborazione fra i membri, si cerca di risolvere la incomprensioni interpersonali senza l'intervento del superiore. **La risposta C è neutra** in quanto interlocutoria, non volta a una risoluzione del dialogo, che in un ambiente collaborativo deve sempre essere aperto.

Facendo riferimento al testo seguente, individuare la risposta più efficace, quella neutra e quella meno efficace.
Un membro del gruppo che coordini, la cui performance da te valutata è risultata inferiore rispetto allo standard dei colleghi, ha inviato una e-mail alla direzione perché ritiene che tu abbia dei pregiudizi nei suoi riguardi. Come reagisci?
A. Invii una e-mail collaboratore per fargli notare che le sue lamentele sono irrispettose del tuo operato
B. Spieghi alla direzione che le accuse del tuo collaboratore sono infondate e chiedi che venga trasferito in un altro gruppo di lavoro
C. Convochi il collaboratore e chiedi spiegazioni rispetto al contenuto dell'e-mail che ha inviato alla direzione. Ti rendi disponibile per un confronto diretto su questioni inerenti i tuoi giudizi rispetto al suo lavoro.

La risposta A è neutra poiché, oltre a evitare il confronto diretto con il collaboratore, non si determina una risoluzione del conflitto, ma neanche un peggioramento della situazione. **La risposta B è la meno efficace** perché in un gruppo di lavoro, caratterizzato da rispetto e collaborazione fra i membri, un coordinatore deve dialogare con i propri collaboratori, anche se hanno avuto atteggiamenti sbagliati. **La risposta C è la più efficace** e sottolinea l'importanza di un clima di collaborazione e di apertura al dialogo: un bravo coordinatore deve sempre ascoltare i propri collaboratori e anche accettare le critiche.

Facendo riferimento al testo seguente, individuare la risposta più efficace, quella neutra e quella meno efficace.
Un nuovo collega ha molte difficoltà a integrarsi nel team di lavoro di cui fate parte entrambi. Gli altri colleghi lo giudicano poco interessante e non lo coinvolgono nelle conversazioni. Al momento, questa situazione non ha ripercussioni sulle prestazioni lavorative, ma il tuo collega sembra essere molto a disagio. Come ti comporti?
A. Denunci il comportamento dei tuoi colleghi al tuo superiore
B. Nonostante tu sia preoccupato, preferisci non agire, poiché non è tuo compito risolvere i problemi interpersonali dei colleghi
C. Cerchi di passare un po' di tempo con il collega in difficoltà, soprattutto durante le pause, così da mostrare il buon esempio anche agli altri colleghi.

Il quesito è volto a verificare le abilità che riguardano il modo di comunicare, di entrare in contatto e quindi relazionarsi con gli altri. **La risposta più efficace è la C**: è importante aiutare i nuovi colleghi a integrarsi nell'ambiente di lavoro poiché un buon rapporto fra collaboratori, aumenta anche la produttività. **La risposta B è neutra** perché non si verifica nessun cambiamento, mentre **la risposta A è la meno efficace**: richiedere l'intervento del superiore, senza aver cercato prima di risolvere direttamente fra colleghi, potrebbe inasprire i rapporti.

Facendo riferimento al testo seguente, individuare la risposta più efficace, quella neutra e quella meno efficace.
Sei il coordinatore di un ufficio e ricevi lamentele da parte di alcuni colleghi più giovani circa le difficoltà di comunicazione con una collega pensionanda. In particolare, ti viene riferito che spesso fornisce informazioni poco chiare riguardo alle procedure lavorative. Come ti comporti?

A. Incontri la collega e cerchi di capire le motivazioni alla base del suo atteggiamento; sottolinei l'importanza della sua esperienza per formare i colleghi più giovani che subentreranno
B. Fai notare alla collega che il fatto che stia per andare in pensione non la giustifica a essere scostante nei confronti dei colleghi più giovani; le dici che se non cambia atteggiamento, prenderai seri provvedimenti
C. Pensi che sia un momento delicato per la collega che sta per andare in pensione; quindi, lasci che gestisca in autonomia il passaggio di consegne.

La base di una buona leadership è la capacità di dialogo. **La risposta A**, infatti, è la più efficace fra le azioni proposte: si cerca un confronto diretto con la collaboratrice al fine di trovare una soluzione soddisfacente. **La risposta C è neutra** poiché si preferisce non intervenire e quindi non si verifica né un miglioramento né un peggioramento della situazione; **la risposta B** invece è la meno efficace: prima di minacciare di prendere provvedimenti, è sempre opportuno dialogare con i propri collaboratori.

Sei il responsabile di progetto e vieni a conoscenza di comportamenti sessisti da parte di un tuo collaboratore nei confronti di un'altra collaboratrice del progetto. Cosa fai?

A. Chiedi un colloquio al collaboratore per conoscere anche il suo punto di vista, gli spieghi che il suo comportamento è irrispettoso e inqualificabile, inoltre si riflette sulla performance lavorativa. Gli dici che è tuo compito tutelare il benessere del singolo e del gruppo e che se non cambierà atteggiamento, prenderai seri provvedimenti
B. Invii una e-mail di richiamo al collega con un link a un corso di formazione sulla gestione delle dinamiche relazionali in contesto lavorativo
C. Decidi di spostare la collaboratrice su un altro progetto, con un altro gruppo di lavoro.

La situazione descritta nel quesito è volta a verificare le capacità di esercitare un impatto o un'influenza sugli altri. Un buon leader, in una situazione di difficoltà, deve essere in grado di prendere in mano la situazione con consapevolezza ed essere un punto di riferimento autorevole. La base della leadership è la capacità di dialogo: si deve sempre dialogare (con i toni adeguati al contesto) con i propri collaboratori prima di agire. Quindi, **la risposta più efficace è la A**. **La risposta B è neutra** perché si cerca di risolvere una situazione difficoltosa senza un intervento diretto, quindi in modo poco incisivo. **La risposta C è la meno efficace** poiché il comportamento irrispettoso del collaboratore resta impunito e a pagarne le conseguenze è la collaboratrice vittima di sessismo.

Un membro del gruppo di lavoro che dirigi ha un atteggiamento che rischia di compromettere la tua leadership: spesso prende decisioni al tuo posto. Come ti comporti?

A. Non vuoi inasprire i rapporti col tuo collaboratore, non intervieni nell'immediato, la tua maggiore esperienza confermerà la tua leadership
B. Fissi un incontro individuale con il collaboratore e gli ricordi l'importanza di rispettare il tuo ruolo all'interno del gruppo, ti rendi comunque disponibile ad ascoltare i suoi consigli
C. Convochi il collaboratore e gli dici, con toni aspri, che se non cambia atteggiamento, chiederai alla direzione di spostarlo in un altro gruppo di lavoro.

La risposta più efficace è la B. Per adottare uno stile di leadership democratico è importante instaurare un dialogo con i propri collaboratori e saperli ascoltare. Inoltre, un buon leader deve anche essere in grado di far rispettare i ruoli al fine di raggiungere gli obiettivi del gruppo. **La risposta A è neutra** perché la decisione di non intervenire e di osservare l'evoluzione degli eventi non è risolutiva. **La risposta meno efficace è la C**, poiché un leader deve dare fiducia ai propri collaboratori, anche se commettono degli errori: anziché minacciare il collega, è quindi opportuno provare ad aprire un dialogo.

Hai terminato di recente un progetto di squadra. Il responsabile del progetto ti ha appena inoltrato un'e-mail con il suo feedback, ma ha dimenticato di rimuovere lo scambio di e-mail sottostante, in cui è contenuto un commento di un tuo collega che esprime un'opinione negativa sul tuo modo di lavorare. Come reagisci?

A. Sei deluso dal commento del tuo collega, ma non agisci, queste cose accadono spesso nei luoghi di lavoro
B. Deluso dal commento, invii una e-mail al responsabile accusando il collega di aver avuto comportamenti scorretti in passato e di non essere una persona affidabile
C. Invii una e-mail al tuo collega per organizzare un incontro e confrontarvi direttamente; la sua critica potrebbe essere uno spunto per migliorare.

Il quesito è volto a verificare l'autocontrollo, la resistenza allo stress, la fiducia in se stessi. **La risposta più efficace è la C** perché, nonostante la delusione dovuta al commento negativo del collega, non si agisce di istinto, ma in maniera ponderata, aprendosi al dialogo. Infatti, in un ambiente di lavoro caratterizzato da collaborazione e stima, si cerca sempre il confronto diretto. **La risposta A** è neutra poiché non comporta nessuno sviluppo della situazione. **La risposta B è la meno efficace** poiché descrive una reazione impulsiva e non volta al dialogo, che potrebbe solo peggiorare i rapporti fra colleghi.

Stai partecipando a una riunione per l'avvio di un nuovo progetto e, sulla base del feedback positivo ricevuto finora, speri che il tuo manager ti assegni il ruolo principale. Al contrario delle tue aspettative, il ruolo principale è assegnato a un altro collega, mentre a te vengono assegnati alcuni compiti di supporto. Cosa fai?

A. È una scelta del manager e non dipende da te, non puoi fare niente
B. Nonostante la delusione, porti a termine con il solito impegno le attività che ti sono state affidate, dopodiché esprimi al manager il tuo interesse a rivestire un ruolo più importante in futuro
C. Organizzi un incontro con il tuo manager per provare a convincerlo a cambiare idea.

Il quesito valuta la capacità di gestire le emozioni e la fiducia in se stessi. **La risposta più efficace è la B**: non raggiungere un obiettivo può essere frustrante, ma bisogna saper reagire, portare avanti il lavoro nel migliore dei modi e non arrendersi nel provare di nuovo a raggiungere il traguardo sperato. **La risposta A è neutra** poiché si reagisce in modo passivo, mentre **la risposta C è la meno efficace**: opporsi alla decisione del manager potrebbe essere controproducente.

Il tuo superiore, considerati gli ottimi risultati da te conseguiti, ti ha inserito in un progetto importante ma ritieni di non possedere le competenze necessarie. Cosa fai?

A. Ringrazi il tuo superiore per la fiducia dimostrata e chiedi di poter effettuare una formazione specifica, al fine di non deludere le aspettative
B. Nascondi la tua preoccupazione e ti concentri sul progetto
C. Chiedi un colloquio alla direzione e manifesti la tua contrarietà per l'assegnazione dell'incarico.

Il quesito valuta la fiducia in se stessi, **la risposta A è la più efficace** poiché si accetta il nuovo incarico, ma mettendosi in discussione e chiedendo di poter effettuare una formazione specifica. **La risposta B è neutra** poiché non si affronta direttamente il problema, mentre **la risposta C è la meno efficace**: rivolgersi alla direzione senza aver prima affrontato la discussione con il diretto interessato non è un atteggiamento corretto.

1.6.1 Ulteriore tipologia di test situazionali

Scenario

Sei un commesso del reparto TV, telefonia ed elettrodomestici della filiale della contea di Holt della catena di grandi magazzini Mcpheron.

Sei stato assunto per svolgere le seguenti mansioni:

- curare il processo di vendita al cliente in tutte le sue fasi
- gestire garanzie ed eventuali reclami sui prodotti
- tenere in ordine e pulire il reparto; rifornire gli scaffali, quando necessario

Facendo riferimento allo Scenario, rispondere ai quesiti relativi alle Situazioni 1-4.

Situazione 1

È un sabato pomeriggio. Un cliente osserva lavatrici da circa 30 minuti. Ti si avvicina e chiede consigli e informazioni su marche e modelli. Poiché ha una famiglia numerosa, ha bisogno di una lavatrice resistente e capiente. Vuole spendere al massimo 400 euro. Gli mostri le due macchine più adatte:

- un modello più economico che costa 380 euro. Il modello ha una durata presunta, secondo l'uso cui si appresta a farne la famiglia, di 3 o 4 anni

- un modello di qualità superiore in offerta a 450 euro, ma l'offerta termina oggi, per cui domani il prezzo del modello sarà 600 euro. Il modello ha una durata presunta, secondo l'uso della famiglia, da 6 a 8 anni.

Il cliente non vorrebbe spendere 50 euro in più rispetto al suo budget e afferma che deve sentire l'opinione della moglie.

Esamina le seguenti risposte e seleziona le azioni che ritieni: molto efficace; efficace; inefficace; controproducente. Non puoi assegnare la valutazione più di una volta.

A. Spieghi al cliente che capisci le sue preoccupazioni e gli suggerisci di chiamare la moglie per discuterne con lei. Ricordagli che la vita utile del modello in offerta è presumibilmente doppia rispetto a quella del modello più economico e che, acquistando il modello economico, potrebbe dover spendere 760 euro per 6 anni di utilizzo (poiché dovrà sostituirlo dopo 3 anni), anziché 450 euro per 6 anni di utilizzo del modello di qualità superiore
B. Spieghi al cliente che se non si decide subito perde l'"occasione" di acquistare il modello in offerta
C. Lasci al cliente il tempo per ponderare la sua decisione
D. Ricordi al cliente i risparmi reali derivanti dall'acquisto del modello più costoso ma di qualità superiore: in 6 anni pagherebbe 450 euro invece di 780 euro per due modelli più economici

Obiettivo del quesito è valutare *skill relative a impatto e influenza.*
La risposta A è molto efficace. Stai fornendo al cliente una consulenza accurata e una soluzione realistica di chiamare sua moglie per coinvolgerla nel processo decisionale.
La risposta B è controproducente. Stai facendo pressioni sul cliente e questo potrebbe indurlo a cambiare negozio.
La risposta C è inefficace. Non stai aiutando o supportando il cliente nel prendere la sua decisione né stai tentando di convincerlo ad acquistare una lavatrice nel tuo punto vendita; rischi, in questo modo, che acquisti altrove.
La risposta D è efficace. I consigli diretti influenzeranno il cliente in modo positivo per il suo acquisto immediato nel tuo negozio.

Situazione 2
Un cliente adirato ti comunica che intende restituire un asciugacapelli che ha acquistato due mesi fa nel negozio in cui lavori. Sostiene che lo ha usato solo due volte e che alla seconda occasione si è spento improvvisamente e non si è più riacceso. Il cliente non ha lo scontrino fiscale come prova dell'acquisto.
Mcpheron consente al cliente, previa esibizione dello scontrino fiscale, di restituire la merce entro 30 giorni dall'acquisto, ricevendo un buono acquisto per merce di pari valore o il rimborso integrale dell'importo pagato. Trascorso questo periodo, il cliente non ha più la possibilità di restituire la merce. Quando lo informi della politica dei resi, il cliente inizia a urlare dicendo che non riesce a credere di essere stato trattato in quel modo e che, chiaramente, gli è stato venduto un asciugacapelli già difettoso.

Esamina le seguenti risposte e seleziona le azioni che ritieni: molto efficace; efficace; inefficace; controproducente. Non puoi assegnare la valutazione più di una volta.

A. Chiedi scusa al cliente e gli suggerisci che un estratto conto della sua carta di credito con l'acquisto dell'asciugacapelli potrebbe essere una prova di acquisto sufficiente e che verificherai con il tuo responsabile
B. Chiedi scusa al cliente e gli dici che non puoi farci niente in quanto non ha lo scontrino fiscale. Gli spieghi che la prova dello scontrino fiscale per i resi è utile per evitare che le persone restituiscano articoli acquistati in altri punti vendita o addirittura rubati
C. Ipotizzi che il cliente possa aver usato l'asciugacapelli in maniera sbagliata o che l'abbia fatto cadere. Gli chiedi se ha letto le istruzioni correttamente prima di usarlo
D. Spieghi al cliente che puoi capire la sua frustrazione, gli chiedi scusa e lo inviti a recarsi con te al reparto reclami in modo da parlare con il responsabile in servizio e che farai di tutto affinché lasci il negozio soddisfatto, con un articolo sostitutivo o con la garanzia che gli riparino il suo asciugacapelli

Obiettivo del quesito è valutare *skill relazionali*.
La risposta A è efficace. Stai trattando educatamente il cliente e gli stai offrendo una soluzione ragionevole.
La risposta B è inefficace. Anche se ti sei scusato, rischi di farlo adirare ulteriormente con le questioni dell'acquisto fuori del punto vendita o del furto.
La risposta C è controproducente. Incolpare il cliente per un prodotto difettoso o rotto è svantaggioso perché, sebbene ci sia una possibilità che ciò possa rispondere alla realtà, è impossibile provare che abbia usato male l'articolo, inoltre lo farai adirare ulteriormente.
La risposta D è molto efficace. Hai riconosciuto la frustrazione del cliente, hai chiesto scusa e gli stai dimostrando che cerchi di risolvere la questione.

Situazione 3
Sono le 8.30 di martedì. Hai un turno di 8 ore che termina alle 16.30. Il negozio è aperto dalle 9 alle 18.
Oggi siete in reparto solo in due, perché l'altro collega è in ferie. Il tuo responsabile di reparto arriverà alle 10, ma stamattina vi ha inviato una mail in cui vi dà indicazioni sul lavoro del giorno:
1. Sistemare gli smartphone che sono stati consegnati lunedì sera, garantendone la corretta disposizione in magazzino.
2. Smontare la vetrina con l'offerta speciale per una TV al plasma, perché l'offerta è scaduta lunedì.
3. Controllare il reparto e occuparsi della corretta disposizione dei prodotti sugli scaffali.
4. Pulire e riordinare il reparto, perché lasciato in disordine dai colleghi il giorno precedente.
5. Uno di voi dovrebbe partecipare alla riunione di tutto il personale del negozio dalle 9 alle 10 di oggi.

Esamina le seguenti risposte e seleziona le azioni che ritieni: molto efficace; efficace; inefficace; controproducente. Non puoi assegnare la valutazione più di una volta.
A. Inizi subito a smontare la vetrina dell'offerta speciale, sei preoccupato per implicazioni legali. Spieghi al tuo collega che parlerai con lui più tardi del resto dei compiti

B. Aspetti il tuo responsabile per chiedere la sua opinione sulla priorità delle attività e se è il caso di partecipare alla riunione in caso di assenza di un collega
C. Parli rapidamente delle attività con il tuo collega. Suggerisci di mettere in ordine gli smartphone prima che il negozio apra e lavorarci entrambi fino alle 9 del mattino. Identifichi l'offerta speciale e cambi la vetrina. Cerchi di capire se si può ottenere un riepilogo della riunione da un collega di un altro reparto, in modo che nessuno di voi due vi partecipi
D. Sistemi prima gli smartphone poiché il negozio è ancora chiuso e potete lavorarci entrambi. Smonti subito la vetrina con l'offerta speciale mentre il tuo collega riordina il reparto. Decidi chi parteciperà alla riunione e chi invece resterà da solo nel reparto

Obiettivo del quesito è valutare *skill orientate alla realizzazione.*
La risposta A è inefficace. Il tuo collega potrebbe chiedersi cosa fare senza un chiaro piano. Inoltre puoi smontare il display quando i clienti sono nel negozio e chiarire a chiunque legga il display che si tratta di un'offerta scaduta.
La risposta B è controproducente. Stai sprecando 1 ora e mezza di tempo tra te e il tuo collega.
La risposta C è molto efficace. Hai stabilito la corretta priorità delle attività. Hai ottimizzato i tempi, compresa l'ora della riunione, cui non avete partecipato, ma assicurati di ottenere il resoconto della stessa dai tuoi colleghi.
La risposta D è efficace. Le attività sono svolte con la corretta priorità, ma potresti guadagnare tempo evitando di andare alla riunione per una volta. Una persona sola nel reparto potrebbe essere in difficoltà se ci dovesse essere un afflusso di clienti.

Situazione 4
Un cliente osserva le macchine per il caffè espresso nel tuo reparto. Ti chiede consiglio su quale macchinetta comprare.
Le macchine da caffè variano in base a una serie di criteri:
1. Il formato di caffè (chicchi di caffè, caffè in polvere, caffè espresso, capsule di caffè).
2. Marchio.
3. Collocazione (posizionate provvisoriamente o stabilmente sul piano di lavoro).
4. Prezzo.

Esamina le seguenti risposte e seleziona le azioni che ritieni: molto efficace; efficace; inefficace; controproducente. Non puoi assegnare la valutazione più di una volta.
A. Verifichi quanto tempo ha a disposizione il cliente. Intrattieni una conversazione dettagliata con lui e gli chiedi con quale frequenza utilizzerà la macchina (per uso quotidiano o occasionale), che tipo di cucina ha, quale stile preferisce, su che prezzo è orientato e che tipo di caffè bevono
B. Gli mostri le due macchine più vendute e anche un esempio di marchio premium
C. Spieghi al cliente che tutti i prodotti trattati da Mcpheron sono garantiti e di alta qualità e che la decisione è soggettiva. Quindi, gli suggerisci di decidere da solo senza interferenze da parte tua
D. Chiedi al cliente quale tipologia di caffè preferisce (espresso, americano...) e lo accompagni allo scaffale di suo interesse

Obiettivo del quesito è valutare *skill relazionali*.
La risposta A è molto efficace. Se il cliente ha del tempo a disposizione, è giusto fargli varie domande per capire quali siano i suoi gusti, le sue esigenze e il suo budget in modo da guidarlo alla giusta scelta del prodotto da acquistare.
La risposta B è inefficace. Non hai fatto nulla per scoprire stile di vita del cliente, le sue esigenze o la sua propensione per un particolare marchio. La conversazione potrebbe essere stata solo una perdita di tempo sia per te che per il cliente.
La risposta C è controproducente. In questo modo non fornisci il servizio al cliente.
La risposta D è efficace. Hai avuto un'informazione importante dal cliente e puoi condurlo allo scaffale di suo interesse, ma dovresti porgli più domande per guidarlo all'acquisto del prodotto più adatto alle sue esigenze.

Facendo riferimento al testo seguente, rispondere ai quesiti.
Sei un commesso del reparto libri per bambini della libreria KUBI della contea di Holt. La libreria è su diversi piani e ogni piano ha le sue casse. Ci sono delle casse anche in prossimità dell'uscita della libreria, cui possono accedere i clienti di tutti i reparti. Anche se spesso ti viene chiesto di svolgere altre mansioni nella stessa libreria, sei stato assunto principalmente per:

- contribuire alla gestione della libreria attraverso attività di gestione dei flussi in entrata e uscita dei prodotti presenti nel tuo reparto (acquisto, catalogazione, immagazzinamento, disposizione dei libri nelle scaffalature)
- gestire le vendite supportando i clienti nella scelta o nella ricerca del prodotto editoriale cercato

È un giovedì pomeriggio. Una collega del reparto cartoleria è in congedo familiare. Sono le 18 e sei in pausa caffè. Passando per il reparto cartoleria, noti che è in disordine.
Esamina le seguenti risposte e seleziona l'azione che ritieni più efficace e quella meno efficace.

A. Non agisci, perché pensi che si preoccuperà il responsabile del reparto cartoleria di mettere in ordine
B. Fai la pausa caffè e poi rientrando riordini rapidamente alcuni oggetti del reparto cartoleria se è ancora in disordine dopo la tua pausa
C. Torni al tuo reparto e chiedi al tuo responsabile se puoi essere esonerato dalle tue mansioni per 5 o 10 minuti per riordinare il reparto cartoleria. Se il tuo responsabile ti accorda il permesso, offri il tuo aiuto al reparto cartoleria per riordinare rapidamente, quindi posticipi la tua pausa caffè alle 18.30
D. Informi il responsabile del punto vendita che il reparto cartoleria è in disordine.

La risposta C è la più efficace poiché si affronta il problema in modo efficiente, mostrando un atteggiamento proattivo e collaborativo. **La risposta A è la meno efficace**, poiché si lascia in disordine il reparto della cartoleria, senza neanche avvisare il responsabile, mostrando un atteggiamento non collaborativo. La risposta B non è particolarmente efficace, perché si agisce in maniera approssimativa. La risposta D è una risposta razionale, ma testimonia scarsità di autonomia e poco spirito collaborativo.

È il 20 agosto. Il responsabile del tuo reparto ti ha assegnato la realizzazione di un obiettivo: incrementare le vendite di libri per le vacanze estive dei bambini del 10% rispetto ai dati dello scorso agosto. Non avrai alcun budget extra per raggiungere questo obiettivo.
Esamina le seguenti risposte e seleziona l'azione che ritieni più efficace e quella meno efficace.

A. Riordini il reparto a cui sei addetto
B. Approcci il maggior numero di clienti con bambini, o che ti sembra abbiano figli o nipoti, e li informi che KUBI ha una vasta gamma di libri per le vacanze per bambini e mostri loro dove sono tali libri
C. Fai una selezione di libri per le vacanze e la disponi all'ingresso del reparto libri per bambini
D. Affiggi una locandina scritta a mano nei pressi della cassa per promuovere la gamma di libri estivi per bambini.

La risposta B è la risposta più efficace, poiché descrive un atteggiamento propositivo. Questo approccio, tuttavia, può risultare invadente ma, del resto, senza budget per la pubblicità, questo è il modo più immediato per incrementare le vendite. **La risposta A è la meno efficace**, in quanto non vi è alcuna garanzia che l'ordine nel reparto induca i clienti all'acquisto. La risposta C e la risposta D sono neutre, perché descrivono azioni che peccano di orientamento al cliente e che risultano poco risolutive.

Sono le ore 17 del 24 dicembre. Ti hanno chiesto di lavorare alle casse collocate in prossimità dell'uscita del punto vendita. C'è una lunga coda di clienti in attesa di pagare. Improvvisamente, il sistema che consente le transazioni con carta di credito smette di funzionare. Uno dei responsabili delle casse ti informa che saranno necessari almeno 20 minuti prima che il provider possa risolvere il problema.
Esamina le seguenti risposte e seleziona l'azione che ritieni più efficace e quella meno efficace.

A. Continui a servire i clienti e chiedi scusa per l'impossibilità di pagare con carta di credito
B. Chiedi cosa fare al responsabile delle casse
C. Ti consulti con il responsabile delle casse e gli suggerisci di far subentrare qualche dipendente della libreria per informare i clienti in coda del disservizio e dei tempi necessari per la risoluzione
D. Anticipi la tua pausa caffè perché i clienti dovranno tornare più tardi quando il sistema di pagamento con carta di credito funzionerà nuovamente

La risposta C è la più efficace in quanto non si può fare alcunché per risolvere il problema del pagamento con carta di credito, ma si possono fornire ai clienti le informazioni necessarie per decidere se continuare a stare in fila e pagare con mezzi alternativi, o se tornare più tardi. **La risposta D è la meno efficace**, poiché ci si sottrae a una situazione di difficoltà, mostrando un atteggiamento non collaborativo e poco orientato al cliente. Le risposte A e B sono neutre perché dimostrano poca autonomia e spirito di iniziativa.

Una cliente della libreria sta girando nel tuo reparto da circa 15 minuti, ma sembra insoddisfatta. Si avvicina e ti chiede se la libreria ha il libro di matematica

divulgativa per bambini "Il mago dei numeri". Fai un controllo nell'archivio informatico della libreria e scopri che il libro è esaurito.
Esamina le seguenti risposte e seleziona l'azione che ritieni più efficace e quella meno efficace.

A. Suggerisci alla cliente di provare nella libreria KUBI più vicina a 20 minuti a piedi dalla tua filiale
B. Fornisci alla cliente il codice ISBN del libro in modo che possa cercarlo altrove, online o in un'altra qualsiasi libreria
C. Chiedi scusa alla cliente perché il libro non è disponibile e fai di tutto per convincerla ad acquistare un titolo simile
D. Ti offri di ordinare il libro per conto della cliente, le fai sapere quanto tempo ci vorrà orientativamente e le invierai un avviso quando sarà disponibile per il ritiro.

La risposta D è la più efficace perché descrive un atteggiamento orientato alla cliente, per cui si cerca di offrirle quello che desidera, nel modo più efficiente. La risposta C è la meno efficace, poiché non si presta ascolto alla richiesta della cliente e si rischia di farle acquistare un prodotto indesiderato. Le risposte A e B sono neutre poiché non si fornisce una soluzione soddisfacente né per la cliente né per la libreria.

Capitolo 2
Esercitazioni

2.1 Quesiti

1) Dopo aver svolto per vari mesi il tuo ruolo in azienda con ottimi risultati, ti è stato assegnato il tuo primo progetto e hai dovuto gestire un gruppo di lavoro Nonostante il progetto abbia avuto successo, il team ha fornito un feedback negativo sulle tue capacità di leadership. Come reagisci?

Opzioni di risposta	più efficace	neutra	meno efficace
Cerchi di ottenere maggiori informazioni sul feedback per comprendere le criticità relative alle tue capacità di leadership. Accetti le critiche e le consideri un'opportunità per migliorare nei progetti futuri			
Non dai troppo peso al feedback negativo poiché il progetto ha avuto successo e proviene solo da alcuni membri del team			
Informi il tuo manager che il feedback negativo è frutto dell'invidia dei membri del team			

2) Stai terminando un report di lavoro che deve essere inviato al tuo manager entro la fine della giornata, inoltre, nell'imminenza, devi partecipare a un evento di lavoro, il che significa che dovrai lasciare l'ufficio in anticipo. Cosa fai?

Opzioni di risposta	più efficace	neutra	meno efficace
Avvisi gli organizzatori dell'evento che potresti arrivare con un po' di ritardo; chiedi aiuto a un tuo collega per revisionare il report, poi lo invii al manager			
Invii il report al manager e gli chiedi di completarlo poiché devi partecipare all'evento			
Quando devi lasciare l'ufficio, invii il report al manager, anche se non è terminato			

3) Durante una mattinata lavorativa, ricevi un'e-mail che ti informa di una sessione di formazione on-line sui nuovi sistemi informatici della pubblica amministrazione, un argomento sul quale vorresti saperne di più. Tuttavia, ti rendi conto che proprio in quei giorni sarai in ferie. Cosa fai?

Opzioni di risposta	più efficace	neutra	meno efficace
Vai in ferie come pianificato, ci saranno altre opportunità per conoscere l'argomento			
Annulli le ferie, senza avere ulteriori informazioni aggiuntive, poiché sei determinato a conoscere l'argomento			
Rispondi all'e-mail e chiedi se la sessione può essere riprogrammata, se può essere registrata o se è possibile seguirla da remoto. A seconda delle risposte ottenute, ti regoli di conseguenza			

4) Lavori da diversi mesi a un progetto. Nel corso del suo svolgimento, hai instaurato un buon rapporto con il team leader. Un collega ti informa che il responsabile ha lasciato inaspettatamente l'attività e il suo ruolo verrà svolto da un altro leader a partire dalla prossima settimana. Cosa fai?

Opzioni di risposta	più efficace	neutra	meno efficace
Interrompi il lavoro fino all'arrivo del nuovo leader			
Continui a lavorare sul progetto e invii una e-mail al nuovo leader informandolo del lavoro in corso di svolgimento			
Ti rifiuti di seguire le direttive di un nuovo leader e abbandoni il progetto			

5) Stai svolgendo un'indagine di mercato e la dovrai riconsegnare al manager la prossima settimana. Hai completato la maggior parte del rapporto, ma stai trovando difficoltà nell'analisi statistica. Cosa fai?

Opzioni di risposta	più efficace	neutra	meno efficace
Concludi il lavoro come meglio riesci, anche se le tue conoscenze in merito sono insufficienti e non hai tempo per apprendere nuove informazioni			
Chiedi a un collega di completare il lavoro al tuo posto senza farlo sapere al manager			
Invii un'e-mail al tuo manager con un aggiornamento sull'andamento dei lavori, segnalando le difficoltà e chiedi di essere aiutato da un collega più esperto nell'analisi statistica			

6) Il tuo manager invia una e-mail per dirti che, tra un'ora, dovrai condurre una riunione con un cliente importante. Hai poche informazioni in merito e il manager non sarà presente a causa di altri impegni. Cosa fai?

Opzioni di risposta	più efficace	neutra	meno efficace
Raccogli tutte le informazioni possibili e guidi la riunione, come ti è stato commissionato. Annoti le criticità da discutere in un secondo momento con il manager			
Invii, di tua spontanea volontà, un'e-mail al cliente spiegando che la riunione è stata annullata, poiché il tuo manager è assente			
Chiedi ad un collega di sostituirti			

7) Lavori come tirocinante laureato in una grande banca. Rispondi a una chiamata di un cliente arrabbiato. Il cliente si aspettava il rimborso di alcune commissioni bancarie che gli sono state addebitate erroneamente, ma non le ha ancora ricevute. Ti spiega, inoltre, che un tuo collega ha promesso che il rimborso sarebbe stato sul suo conto oggi, ma i soldi non sono arrivati. È sempre più arrabbiato e sta alzando la voce. Cosa rispondi?

Opzioni di risposta	più efficace	neutra	meno efficace
"È il mio collega che si è occupato di questa situazione, per cui non posso proprio aiutarla"			
"Farò tutto il possibile per aiutarla a risolvere questo problema. Se mi fornisce i dettagli del suo conto, verifico cosa è successo insieme al mio collega"			
"Visto che si sta comportando così, sono costretto a chiudere la telefonata"			

8) Lavori come ricercatrice in università, a breve parteciperai a una conferenza e dovrai esporre il tuo progetto di ricerca. Il tuo superiore ti chiede di pensare a come presentare i tuoi risultati per avere il maggiore impatto. Hai solo una breve fascia oraria per la tua presentazione. Come ti organizzi?

Opzioni di risposta	più efficace	neutra	meno efficace
Intendi creare una presentazione che rispecchi la ricerca in maniera sintetica e poco dettagliata vista la scarsa quantità di tempo			
Rifiuti l'incarico poiché non è possibile esporre i risultati della tua ricerca in così poco tempo			

segue

Opzioni di risposta	più efficace	neutra	meno efficace
Organizzi la presentazione utilizzando molti elementi grafici e immagini per illustrare i concetti chiave. Chiedi anche consiglio al tuo superiore su quale sia l'approccio migliore da utilizzare secondo la sua esperienza			

9) Hai intrapreso un tirocinio in diversi dipartimenti di una grande azienda. Stai terminando il primo periodo nel team amministrativo e tra una settimana passerai al team economico-finanziario. All'ora di pranzo, un collega del team amministrativo, ti avverte che ci sono un certo numero di persone nel team economico-finanziario con cui ha avuto problemi in passato. Ti informa che sono persone di cui non ci si deve fidare e che faresti meglio ad evitarle. Cosa rispondi?

Opzioni di risposta	più efficace	neutra	meno efficace
"Su cosa basi questa opinione? Comunque, grazie per avermelo segnalato, ma probabilmente è meglio non avere preconcetti sui miei futuri colleghi"			
"Grazie per avermi avvisato, farò di tutto per evitare queste persone"			
"Non mi interessano queste dinamiche relazionali"			

10) Lavori in banca. Il tuo manager ti ha chiesto consigli per aumentare le opportunità di sviluppo del business della filiale. Diverse sono le iniziative messe in atto di recente che offrono soluzioni su misura per le piccole e medie imprese, ma il team di assistenti di filiale ha avuto scarso successo nel promuovere i pacchetti ai clienti. Si è saputo che le altre banche sembrano commercializzare con più successo i loro servizi. Cosa fai per aiutare il manager?

Opzioni di risposta	più efficace	neutra	meno efficace
Suggerisci al tuo manager di organizzare un evento gratuito per illustrare le principali attività di business e di contattare le aziende locali per discutere con loro il pacchetto di offerte			
Rispondi al tuo manager dicendo che dipende tutto dalla mediocrità del team di assistenti di filiale che non sanno vendere i servizi			
Preferisci non esprimerti per non mettere in difficoltà i colleghi			

11) Dirigi un gruppo di lavoro di venti persone. Ultimamente, tra i membri del gruppo ci sono molte tensioni e la cooperazione è diminuita. Ti accorgi che la qualità del lavoro sta peggiorando. Come ti comporti?

Opzioni di risposta	più efficace	neutra	meno efficace
Invii una mail alla direzione per spiegare la situazione e sottolineare che non è una tua responsabilità se il prossimo progetto del gruppo sarà qualitativamente inferiore rispetto ai precedenti			
Organizzi una serie di incontri con tutti i membri del gruppo per riflettere insieme sulle origini di queste difficoltà			
Fai passare almeno due settimane prima di agire, spesso queste situazioni sono passeggere e si risolvono da sole			

12) Lavori in un grande magazzino. Un cliente si avvicina a te per chiedere informazioni su un articolo particolare che non riesce a trovare. Il cliente è fermamente convinto di volere quell'articolo. Cosa fai?

Opzioni di risposta	più efficace	neutra	meno efficace
Controlli sul sistema informatico per verificare se l'articolo è disponibile. In caso contrario, cerchi un articolo alternativo simile a quello desiderato dal cliente			
Consigli al cliente di provare nell'altra sede del grande magazzino			
Per evitare impegni o incombenze, informi direttamente il cliente che l'articolo è esaurito e che non c'è possibilità di averlo			

13) Stai partecipando a una conversazione con il tuo team. Un nuovo collega più giovane interrompe regolarmente gli altri membri del team mentre esprimono i propri problemi quotidiani che riguardano il lavoro. Come ti comporti?

Opzioni di risposta	più efficace	neutra	meno efficace
Intimi al nuovo collega di smettere di interrompere gli altri membri del team, poiché non ha abbastanza esperienza per esprimere un giudizio			

segue

Opzioni di risposta	più efficace	neutra	meno efficace
Suggerisci al tuo nuovo collega che è giusto lasciare che tutti contribuiscano senza essere interrotti			
Lasci che il nuovo collega condivida le sue idee come preferisce			

14) Di recente, hai iniziato un nuovo lavoro: gestisci un help desk di un servizio clienti. Nelle prime settimane ti rendi subito conto che la maggior parte della squadra è introversa e non parla molto. C'è uno scarso spirito di squadra e, quindi, una soddisfazione lavorativa piuttosto bassa. Come agisci?

Opzioni di risposta	più efficace	neutra	meno efficace
Preferisci osservare il gruppo per un altro po' di tempo prima di intervenire			
Stabilisci e imponi, quanto prima, colloqui obbligatori con lo psicologo sulle abilità interpersonali			
Convochi una riunione per evidenziare le problematiche e stabilire i nuovi obiettivi. Se necessario organizzi corsi di formazione			

15) Sei un team leader dell'azienda in cui lavori. Si sta svolgendo un meeting a cui partecipa tutto il personale per valutare i risultati raggiunti dai vari team. Sta parlando un membro del tuo gruppo e ha già superato il tempo assegnato per l'esposizione. Gli altri partecipanti sembrano annoiati; sei d'accordo sul fatto che questa presentazione stia durando troppo. Come agisci?

Opzioni di risposta	più efficace	neutra	meno efficace
Non è tua responsabilità gestire il tempo, quindi lasci continuare il tuo collaboratore			
Decidi di lasciare il meeting			
Cerchi di prendere parola nel momento più opportuno e concludi con discrezione la presentazione			

16) Lavori in un ufficio vendite e hai difficoltà a concentrarti a causa di un collega rumoroso seduto accanto alla tua scrivania. Non sei l'unico a cui dà fastidio, ma nessuno ha detto o fatto niente al riguardo. Cosa fai?

Opzioni di risposta	più efficace	neutra	meno efficace
Fai ancora più rumore del collega per mostrargli quanto è fastidioso			

segue

Opzioni di risposta	più efficace	neutra	meno efficace
Parli con il tuo collega e gli chiedi gentilmente di adottare un comportamento più ragionevole			
Dato che finora nessuno ha detto o fatto niente, preferisci non agire			

17) Gestisci un team di sei persone. I tuoi collaboratori sono competenti e tecnicamente preparati. Tuttavia, hai notato che ultimamente tendono a fare lunghe pause caffè e i tempi di lavoro sembrano più lenti. Sei felice che ci sia una buona atmosfera in ufficio ma non accetti il loro comportamento e il suo effetto sui tempi di lavoro. Come affronti questa situazione?

Opzioni di risposta	più efficace	neutra	meno efficace
Dal momento che il team è competente e professionale, discuti assertivamente la questione e chiedi collaborazione			
Sanzioni il tuo team con un'azione disciplinare, senza cercare mediazioni o modi alternativi per risolvere il problema			
Sorvoli il problema considerando che il team lavora in maniera produttiva			

18) Dopo aver esaminato un rapporto preparato da uno dei tuoi dipendenti, ritieni che siano necessarie alcune modifiche. Quando discuti di questo problema con il dipendente, lui non è d'accordo con la maggior parte dei tuoi commenti, convinto che il suo lavoro sia stato svolto nel migliore dei modi. Cosa fai?

Opzioni di risposta	più efficace	neutra	meno efficace
Enfatizzi la tua autorità professionale, dando per scontato che la tua opinione è la decisione finale. In sintesi, non discuti con il tuo dipendente e adotti un approccio gerarchico			
Ti confronti con il tuo dipendente per ascoltare la sua opinione perché ritieni che uno scambio di riflessioni sia utile. Cerchi di ragionare mantenendo saldo il tuo pensiero e il tuo ruolo; la decisione finale sarà, comunque, una decisione congiunta			
Lasci che faccia come preferisce, imparerà dagli errori			

19) Tu e un tuo collega, esperti del reparto vendite, avete realizzato una presentazione per un grande e importante cliente internazionale che dovrebbe arrivare entro la fine della settimana. Il tuo manager presenterà il lavoro al consiglio di amministrazione. Il tuo collega è responsabile della raccolta dei dati relativi al cliente, mentre tu sei responsabile della trasformazione dei suoi dati in diapositive di presentazione. Accidentalmente, il tuo collega ha raccolto i dati da un documento sbagliato e, di conseguenza, hai creato trenta diapositive imprecise. Il tuo manager vuole che la presentazione corretta sia pronta in tempo per la riunione del fine settimana. Qual è l'atteggiamento più efficace?

Opzioni di risposta	più efficace	neutra	meno efficace
Sebbene il tuo collega abbia avuto un ruolo più importante nel commettere l'errore, cerchi di condividere la responsabilità, dimostrando di preservare il lavoro di squadra. Sei convinto che lavorando insieme, si possa risolvere il problema in modo efficace entro la scadenza per la consegna			
Procedi a una rapida revisione delle diapositive, non dando troppo peso ai dettagli			
Il tuo collega è sicuramente responsabile del problema, lo incolpi e non ti offri di risolvere insieme il problema, non essendo disposto a condividere la responsabilità			

20) È arrivato un nuovo impiegato in ufficio. Poiché hai esperienza nell'uso del sistema informatico, il tuo supervisore ti ha incaricato di aiutare il nuovo collega ad apprendere le basi del sistema. Anche se ritieni che il programma sia molto intuitivo e facile da usare, il collega sembra avere molte difficoltà a seguire le tue istruzioni. Cosa fai?

Opzioni di risposta	più efficace	neutra	meno efficace
Deleghi il compito a un altro collega			
Chiedi al nuovo collega esattamente cosa trova difficile per cercare la fonte del problema. Eventualmente cambi metodo e approccio istruttivo. Ti metti a disposizione del collega per rispondere a qualsiasi domanda e aiutarlo nella comprensione			
Accusi il collega di non capire e di non essere sufficientemente preparato per una tale mansione lavorativa			

21) Lavori come supervisore in un dipartimento che include dieci dipendenti. Noti che uno dei dipendenti arriva regolarmente in ritardo al mattino. Cosa fai?

Opzioni di risposta	più efficace	neutra	meno efficace
Cerchi di capire il problema attraverso un confronto costruttivo con il dipendente coinvolto. Se il ritardo viene ancora reiterato, riferisci la situazione al manager			
Senza coinvolgere il manager, decidi che al prossimo ritardo, al dipendente verrà inviata una lettera di richiamo disciplinare			
Non intervieni. Lasci che sia il manager ad accorgersene e a prendere provvedimenti			

22) Sei il coordinatore di un team di sei dipendenti in una grande azienda. La scorsa settimana, il direttore ha annunciato alcune modifiche sostanziali ai regolamenti interni. Le nuove normative fanno parte di un programma innovativo volto a rendere il lavoro più automatizzato e a semplificare i processi produttivi. Fin da subito, hai colto la natura positiva di questo cambiamento. Tuttavia, i membri del tuo team si lamentano del fatto che le nuove procedure stanno causando molti problemi, con conseguente rallentamento dei ritmi di lavoro. Cosa fai?

Opzioni di risposta	più efficace	neutra	meno efficace
Comunichi ai membri del tuo team che questa è la decisione del manager e va rispettata senza lamentarsi			
Riunisci il team per discutere dei problemi incontrati; sei convinto che l'atteggiamento migliore sia ascoltare i dipendenti e cercare una mediazione prima di coinvolgere il manager			
Poiché questa decisione non dipende da te, suggerisci ai dipendenti di scrivere una lettera da inviare al manager			

23) Il tuo manager ti informa che è appena stata programmata una riunione urgente e che ha bisogno che la tua squadra prepari un report entro domani mattina. Tuttavia, questo è un report che di solito richiede una settimana per essere compilato e purtroppo la collega esperta in materia è già sovraccarica di lavoro e ti ha chiesto di non assegnarle compiti aggiuntivi. Come ti comporti?

Opzioni di risposta	più efficace	neutra	meno efficace
Dato che si tratta di un lavoro urgente chiedi alla collega di sospendere gli altri lavori per dedicarsi al report e le offri il tuo aiuto; se possibile, coinvolgi anche altri colleghi per alleggerire il carico di lavoro e velocizzare i tempi di realizzazione del report			
Riferisci al manager che la tua squadra non può occuparsi della stesura del report in tempi così brevi, hai bisogno di più tempo			
Informi la collega che i compiti sotto pressione fanno parte del lavoro, che si deve impegnare al massimo e che non accetti scuse da parte sua. Non mostri alcuna preoccupazione per le sue necessità			

24) Lavori in un negozio e un cliente ha chiamato per un problema abbastanza complesso. Decidi di raccogliere le informazioni necessarie per verificare il problema e rassicuri il cliente che lo richiamerai prima della pausa pranzo. Tuttavia, mentre ti stai occupando della problematica sollevata dal cliente, un tuo collega ti informa che c'è una lunga fila di clienti alla cassa e ti chiede di aiutarlo. Qual è la risposta migliore in questa situazione?

Opzioni di risposta	più efficace	neutra	meno efficace
Chiedi al tuo manager come comportarti; lui ha una comprensione più ampia del funzionamento generale della squadra			
Cerchi di stabilire e definire le priorità. Contatti il cliente per chiedergli se puoi richiamarlo nel pomeriggio, in modo da aiutare il collega in cassa			
Dici al tuo collega che non puoi aiutarlo, deve smaltire da solo la lunga fila di clienti			

25) Stai partecipando a una riunione in cui il responsabile elenca al gruppo le attività per un nuovo progetto. I compiti vengono suddivisi tra voi collaboratori. Attualmente, sei già impegnato in altri due progetti, con scadenza imminente; quindi, il carico di lavoro è molto elevato. Come ti comporti?

Opzioni di risposta	più efficace	neutra	meno efficace
Rifiuti tassativamente di impegnarti nel nuovo progetto			

segue

Opzioni di risposta	più efficace	neutra	meno efficace
Analizzi la situazione anche tenendo conto delle urgenze; se particolarmente in difficoltà, chiedi al responsabile del progetto un parere rispetto alla tua organizzazione del lavoro			
Scegli il compito meno impegnativo			

26) Ti sono stati assegnati due compiti da terminare per la prossima settimana. Devi revisionare alcune ricerche di mercato, un'attività che ti coinvolge piacevolmente e che hai svolto molte altre volte, e devi analizzare alcuni dati matematici, attività rispetto alla quale sei completamente inesperto. Come ti comporti?

Opzioni di risposta	più efficace	neutra	meno efficace
Scegli di iniziare dall'analisi dei dati matematici in quanto rappresenta un'opportunità di apprendimento e potrebbe richiedere più tempo per essere completata. Se il compito risulta difficile, invii un'e-mail al tuo manager chiedendo suggerimenti			
Visto che non è il tuo punto di forza e sai che ci vorrà molto tempo per la sua elaborazione, scegli di delegare a un collega l'analisi dei dati matematici			
Ti rifiuti di lavorare sui dati matematici visto che non hai esperienza nel campo			

27) Sei il responsabile di un gruppo di lavoro; al momento state lavorando a un progetto che si trova nella sua fase intermedia. Il gruppo è compatto e funziona in maniera eccellente, ma a breve un membro del team andrà in pensione. Tutti sanno che il collega che sta per terminare la sua carriera è molto competente poiché vanta molti anni di esperienza. Tu e la tua equipe siete preoccupati sul futuro andamento del progetto in corso. Come gestisci la situazione?

Opzioni di risposta	più efficace	neutra	meno efficace
Prendi atto della situazione concreta e cerchi di riorganizzare il gruppo, integrando nuove risorse, se necessario			
Chiedi al collega di rendersi reperibile dopo l'avvio del pensionamento, almeno fino al termine del progetto			
Sciogli il gruppo di lavoro, poiché senza il collega più esperto il progetto richiederebbe troppo tempo			

28) Di recente hai lavorato a un progetto di ricerca e hai ricevuto un eccellente feedback dal tuo manager. Ti è stata data la possibilità di partecipare a un convegno con diversi imprenditori per discutere in dettaglio la tua ricerca. Mentre organizzi la tua presentazione, ricevi un'e-mail che annuncia la cancellazione dell'evento. Cosa fai?

Opzioni di risposta	più efficace	neutra	meno efficace
Dato che la decisione non dipende da te, non agisci			
Reagisci male alla notizia visto l'impegno profuso, invii una e-mail al tuo manager in cui esprimi il tuo disappunto			
Contatti il tuo manager e gli chiedi se il convegno sarà riprogrammato, poiché ci terresti molto a presentare la tua ricerca			

29) Stai lavorando per completare un rapporto sui dati di un progetto e stai trovando impegnativa l'analisi statistica. Fortunatamente, uno dei membri del gruppo si è offerto di aiutarti. Cosa fai?

Opzioni di risposta	più efficace	neutra	meno efficace
Fai leva sulle tue risorse per apprendere velocemente, non vuoi approfittare per un lungo tempo dell'aiuto del collega			
Annunci al tuo manager che sei intenzionato ad abbandonare l'incarico			
Deleghi al tuo collega la responsabilità del lavoro sapendo che l'analisi statistica è il suo punto di forza			

30) Nell'azienda in cui lavori, si dovrà tenere una presentazione di un nuovo importante progetto. Il collega che avrebbe dovuto condurre la presentazione si è ammalato e ti è stato chiesto di sostituirlo. Hai abbastanza conoscenze del progetto, ma non ti aspettavi un incarico così importante. Cosa fai?

Opzioni di risposta	più efficace	neutra	meno efficace
Accetti di tenere la presentazione e ti impegni nella sua buona riuscita. Sei hai difficoltà nella preparazione, chiedi l'aiuto dei colleghi			
Chiedi di annullare la presentazione poiché non hai le competenze adatte			
Cerchi di delegare l'incarico a un collega più esperto di te			

31) Una delle più giovani colleghe dell'azienda ti dice in confidenza che si sente molestata da un collega, che le porge fastidiose attenzioni e insiste con inviti a frequentarsi. La collega ti appare alquanto a disagio. Cosa le dici?

Opzioni di risposta	più efficace	neutra	meno efficace
Le consigli di parlare chiaramente con il collega che la molesta e le offri il tuo supporto. In più aggiungi che, se la situazione persiste, è necessario rivolgersi al manager			
Riferisci alla tua collega che non vuoi essere coinvolto in questioni che non ti riguardano			
Minacci il collega accusato di molestie: farai di tutto per farlo licenziare			

32) Lavori presso il servizio clienti di un'azienda. Una cliente insoddisfatta di un prodotto che ha acquistato chiama e inizia a inveire contro di te per il suo acquisto. Come reagisci?

Opzioni di risposta	più efficace	neutra	meno efficace
Ti scusi con la cliente, cerchi di calmarla e ascolti quello che ha da dire; le offri due soluzioni alternative: può effettuare il reso oppure ricevere un buono sconto per gli acquisti successivi			
Riferisci alla cliente che i suoi toni non sono ragionevoli e chiudi immediatamente la telefonata			
Trasferisci la telefonata a un collega più tollerante			

33) Inizi un nuovo lavoro ed entri a far parte di un team ben consolidato. Con il tempo, ti accorgi che inserirsi è difficile e non tutti sono accoglienti. Come ti comporti?

Opzioni di risposta	più efficace	neutra	meno efficace
Non ritieni particolarmente utile sentirsi parte del gruppo. Ti concentri sui tuoi obiettivi e sui tuoi compiti			
Informi immediatamente il manager della situazione di esclusione che stai vivendo, in modo tale che possa richiamare i colleghi			

segue

Opzioni di risposta	più efficace	neutra	meno efficace
Ti rendi disponibile e lavori duramente per dimostrare che sei appassionato e che vuoi impegnarti per raggiungere gli obiettivi prefissati. Cerchi di essere socievole e gentile con tutti, in modo da farti conoscere e apprezzare			

34) È il tuo primo giorno di lavoro. La prima cosa che fai è presentarti al dirigente amministrativo. Durante la conversazione, noti che il dirigente ha un linguaggio forbito e diplomatico, mentre tu, di solito, preferisci essere più informale. Come ti comporti?

Opzioni di risposta	più efficace	neutra	meno efficace
Non ti interessano le questioni di poco conto come il modo di esprimersi, per te la priorità è il raggiungimento degli obiettivi			
Riconosci la necessità di adottare stili comunicativi formali, quantomeno alla presenza del dirigente, dimostrando rispetto e capacità di adeguamento al contesto			
Chiedi al dirigente di essere meno formale e di darti del "tu", poiché ti fa sentire in imbarazzo			

35) Il tuo direttore ti comunica che, in seguito a una riorganizzazione interna dell'azienda, il tuo team dovrà occuparsi di alcuni compiti supplementari. Però, non è previsto un aumento del personale. Come reagisci?

Opzioni di risposta	più efficace	neutra	meno efficace
Deleghi parte del lavoro ad altri gruppi di lavoro dell'azienda sperando che il direttore non venga a saperlo			
Convochi una riunione con il tuo gruppo di lavoro e insieme decidete come riorganizzare la divisione del lavoro in modo da essere il più efficiente possibile			
Chiedi ai membri del tuo team un maggiore impegno			

36) Coordini un buon gruppo di lavoro in termini di funzionamento interno e di produttività, ma noti un rallentamento nel lavoro e temi che non sarà possibile raggiungere gli obiettivi prefissati. Cosa fai?

Opzioni di risposta	più efficace	neutra	meno efficace
Ti lamenti con il manager e chiedi il suo intervento			
Continui a monitorare l'andamento del gruppo e invii una e-mail per sollecitare la produttività in vista dell'avvicinarsi della scadenza del progetto			
Convochi una riunione con il gruppo, esponi la tua preoccupazione e chiedi il loro parere. Ascolti i loro suggerimenti e insieme definite degli obiettivi settimanali per monitorare meglio il lavoro			

37) Un nuovo collega manifesta comportamenti poco professionali nei tuoi confronti e questa situazione ti crea disagio. Cosa fai?

Opzioni di risposta	più efficace	neutra	meno efficace
Ignori il collega e i suoi comportamenti nei tuoi riguardi, sperando siano transitori			
Parli con il collega e gli manifesti il tuo disagio; cerchi di capire le ragioni di tale atteggiamento e lo inviti a modificare i suoi comportamenti			
Chiedi alla direzione di intervenire, altrimenti ti rivolgerai al sindacato			

38) Ti è stato assegnato un nuovo progetto a cui dovrai lavorare con un collega di un altro settore. Il tuo collega si comporta come se fosse l'unico responsabile del progetto: ti dà ordini e prende da solo le decisioni più importanti. Come ti comporti?

Opzioni di risposta	più efficace	neutra	meno efficace
Decidi di affrontare il collega e di parlarci per chiarire al meglio la situazione e definire i ruoli			
Ti rivolgi subito al direttore e chiedi il suo intervento			
Non hai voglia di discutere, quindi assecondi il tuo collega			

39) Uno stagista, inserito nell'ufficio di cui sei responsabile, ti riferisce di non essere in grado di svolgere il compito che gli è stato assegnato. Come reagisci?

Opzioni di risposta	più efficace	neutra	meno efficace
Fissi un breve incontro con lo stagista, in cui gli dai consigli sullo svolgimento del compito			
Gli affidi un lavoro meno impegnativo			
Lo convochi insieme ad una dipendente esperta e che stimi; stabilite insieme le modalità e i tempi per un affiancamento, in modo da rendere lo stagista autonomo in breve tempo			

40) Sei stato nominato responsabile di un progetto e devi presentarti al team che dovrai coordinare. Cosa fai?

Opzioni di risposta	più efficace	neutra	meno efficace
Convochi una riunione e fai un discorso motivazionale in cui sottolinei che ritieni il lavoro un elemento di crescita personale e che intendi stabilire un rapporto basato sulla collaborazione			
Informi con una circolare i tuoi collaboratori che sei il responsabile del progetto			
Convochi una riunione e fai un discorso motivazionale in cui chiarisci che non esiterai ad esigere il sacrificio di qualunque esigenza individuale pur di ottenere successo			

41) Devi coordinare la riunione che si terrà oggi pomeriggio, ma hai necessità di farti sostituire a causa di un'urgenza inderogabile. Come ti organizzi?

Opzioni di risposta	più efficace	neutra	meno efficace
Informi il direttore della tua impossibilità di partecipare alla riunione. Chiedi a un collaboratore di sostituirti alla riunione e invii una e-mail ai partecipanti in cui ti scusi e informi che hai individuato il collaboratore che farà le tue veci			
Decidi di annullare la riunione, la riorganizzerai in un altro momento			
Invii una e-mail al direttore perché cerchi un sostituto per coordinare la riunione al tuo posto			

42) Il dirigente chiede a te e al gruppo di lavoro che coordini di terminare entro domani il progetto a cui state lavorando; vi autorizza al lavoro straordinario. Come ti organizzi?

Opzioni di risposta	più efficace	neutra	meno efficace
Informi subito il tuo team dell'urgenza; ti mostri comprensivo perché sai che si tratta di un grande sforzo, ma è necessario esaudire le richieste del dirigente che riconosce sempre la dedizione al lavoro del gruppo e che ha già autorizzato lo straordinario			
Sai che i tuoi collaboratori sono molto stanchi in questo periodo e non vuoi chiedergli questo ulteriore sforzo, quindi informi il dirigente che non è possibile concludere il progetto con così poco preavviso			
Informi il gruppo che il progetto va concluso entro domani, senza fornire troppe spiegazioni, chiarisci solo che è stato autorizzato il lavoro straordinario			

43) Il dirigente ti assegna il compito di supervisionare una neoassunta; come prima cosa, dato che sarà suo compito, devi spiegarle come redigere un report mensile. Come agisci?

Opzioni di risposta	più efficace	neutra	meno efficace
Non vuoi togliere troppo tempo al tuo lavoro, quindi invii una e-mail alla nuova collega con la procedura per la stesura dei report e le invii alcuni file di esempio			
Durante la prima settimana, le dedichi un paio di ore al giorno e le spieghi come redigere un report: cosa deve scrivere ed entro quando lo deve consegnare. Ti rendi disponibile per revisionare il primo report che dovrà consegnare			
Inviti la nuova collega ad essere autonoma, requisito fondamentale per svolgere bene il proprio lavoro. Le dici che che se ha delle difficoltà, può contattarti via e-mail			

44) Dopo aver visto un collega uscire dall'ufficio alle 15, il giorno dopo, ti accorgi che sul foglio delle presenze ha segnato le 17 come orario di uscita. Come agisci?

Opzioni di risposta	più efficace	neutra	meno efficace
Decidi di parlarne con il collega, potrebbe trattarsi di un semplice errore			
Correggi l'orario sul foglio delle presenze, senza comunicarglielo			
Invii immediatamente una e-mail per informare la direzione			

45) Il responsabile di un gruppo di lavoro ti contatta poiché un membro del tuo team ha avuto un atteggiamento poco rispettoso nei suoi riguardi. Come reagisci?

Opzioni di risposta	più efficace	neutra	meno efficace
Reputi che la questione non ti riguardi; le questioni personali devono essere trattate e risolte dai diretti interessati			
Chiami il tuo collaboratore e lo informi delle lamentele ricevute circa il suo atteggiamento. Ricordi l'importanza del rispetto, sia tra pari sia con i superiori. Ti mostri disponibile all'ascolto, per capire quale sia la natura del problema			
Invii una e-mail al membro del tuo gruppo, lo avvisi che la prossima volta riceverà un richiamo disciplinare			

46) I collaboratori del gruppo che coordini, normalmente in grado di accogliere e adattarsi ai cambiamenti, non stanno reagendo positivamente alla recente riorganizzazione delle mansioni individuali da te proposte. Come reagisci?

Opzioni di risposta	più efficace	neutra	meno efficace
Eviti il confronto, prima o poi si adatteranno			
Organizzi una riunione con il team per sottolineare che la loro opinione non influisce sulle tue decisioni;			
Organizzi una riunione con il team e solleciti tutti i componenti ad esprimere opinioni circa i cambiamenti, al fine di condividere le tue direttive organizzative e attuarle			

47) La produttività del team che coordini è in calo, da più di due mesi. I componenti del gruppo non si sono impegnati molto per realizzare gli obiettivi. Come ti comporti?

Opzioni di risposta	più efficace	neutra	meno efficace
Invii una e-mail ai tuoi collaboratori e li informi che saranno introdotte schede di monitoraggio del lavoro			
Convochi i tuoi collaboratori e comunichi loro che denuncerai questa situazione alla direzione			
Convochi i tuoi collaboratori e li informi che insieme definirete le nuove responsabilità e le nuove modalità per verificare prontamente i risultati			

48) Devi lavorare a un progetto insieme a un altro collega. Lui non ha grandi aspirazioni a migliorare professionalmente, pertanto non mette molto impegno nel vostro progetto. Cosa fai

Opzioni di risposta	più efficace	neutra	meno efficace
Accetti il progetto e lavori al meglio delle tue capacità. Il resto dipende dal tuo collega			
Parli con il collega e gli spieghi che per te è molto importante lavorare seriamente a questo progetto, dopodiché vi dividete equamente i compiti			
Sei preoccupato che il collega non sia in grado di lavorare adeguatamente al progetto, chiedi al tuo responsabile che venga sostituito con qualcun altro più motivato			

49) Il tuo collega di stanza, da tempo, ha comportamenti ostili nei tuoi riguardi e questa situazione rende poco produttivo il vostro lavoro. Come ti comporti?

Opzioni di risposta	più efficace	neutra	meno efficace
Decidi di scrivere al vostro superiore e chiedere un suo intervento, accusando il tuo collega di essere il responsabile della poca produttività del lavoro			
Decidi di continuare tranquillamente il tuo lavoro, sei sicuro che il tempo sia una buona medicina per ogni cosa			
Chiedi un confronto e con un atteggiamento collaborativo cerchi di analizzare insieme le motivazioni che hanno determinato la vostra incomprensione e ti mostri disponibile per condividere una soluzione			

50) Tu e un collega dovete incontrare un cliente sul posto di lavoro. La riunione si svolge all'undicesimo piano ma l'unico ascensore è fuori uso. Questo rappresenta un problema perché il tuo collega è disabile e usa una sedia a rotelle. Come ti organizzi?

Opzioni di risposta	più efficace	neutra	meno efficace
Cerchi in tutti i modi di risolvere la questione; ti informi se esiste una sala riunioni disponibile al piano terra oppure suggerisci al collega di accedere alla riunione virtualmente			
Non dipende da te se il collega non può raggiungere la sala riunioni. Tu devi comunque portare a termine il compito assegnato dal manager			
Telefoni immediatamente al cliente e lo avvisi che dovrete annullare la riunione			

2.2 Risposte corrette

1)

Opzioni di risposta	più efficace	neutra	meno efficace
Cerchi di ottenere maggiori informazioni sul feedback per comprendere le criticità relative alle tue capacità di leadership. Accetti le critiche e le consideri un'opportunità per migliorare nei progetti futuri	X		
Non dai troppo peso al feedback negativo poiché il progetto ha avuto successo e proviene solo da alcuni membri del team		X	
Informi il tuo manager che il feedback negativo è frutto dell'invidia dei membri del team			X

2)

Opzioni di risposta	più efficace	neutra	meno efficace
Avvisi gli organizzatori dell'evento che potresti arrivare con un po' di ritardo; chiedi aiuto a un tuo collega per revisionare il report, poi lo invii al manager	X		
Invii il report al manager e gli chiedi di completarlo poiché devi partecipare all'evento			X
Quando devi lasciare l'ufficio, invii il report al manager, anche se non è terminato		X	

3)

Opzioni di risposta	più efficace	neutra	meno efficace
Vai in ferie come pianificato, ci saranno altre opportunità per conoscere l'argomento		X	
Annulli le ferie, senza avere ulteriori informazioni aggiuntive, poiché sei determinato a conoscere l'argomento			X
Rispondi all'e-mail e chiedi se la sessione può essere riprogrammata, se può essere registrata o se è possibile seguirla da remoto. A seconda delle risposte ottenute, ti regoli di conseguenza	X		

4)

Opzioni di risposta	più efficace	neutra	meno efficace
Interrompi il lavoro fino all'arrivo del nuovo leader		X	
Continui a lavorare sul progetto e invii una e-mail al nuovo leader informandolo del lavoro in corso di svolgimento	X		
Ti rifiuti di seguire le direttive di un nuovo leader e abbandoni il progetto			X

5)

Opzioni di risposta	più efficace	neutra	meno efficace
Concludi il lavoro come meglio riesci, anche se le tue conoscenze in merito sono insufficienti e non hai tempo per apprendere nuove informazioni		X	
Chiedi a un collega di completare il lavoro al tuo posto senza farlo sapere al manager			X
Invii un'e-mail al tuo manager con un aggiornamento sull'andamento dei lavori, segnalando le difficoltà e chiedi di essere aiutato da un collega più esperto nell'analisi statistica	X		

6)

Opzioni di risposta	più efficace	neutra	meno efficace
Raccogli tutte le informazioni possibili e guidi la riunione, come ti è stato commissionato. Annoti le criticità da discutere in un secondo momento con il manager	X		
Invii, di tua spontanea volontà, un'e-mail al cliente spiegando che la riunione è stata annullata, poiché il tuo manager è assente			X
Chiedi ad un collega di sostituirti		X	

7)

Opzioni di risposta	più efficace	neutra	meno efficace
"È il mio collega che si è occupato di questa situazione, per cui non posso proprio aiutarla"		X	

segue

Opzioni di risposta	più efficace	neutra	meno efficace
"Farò tutto il possibile per aiutarla a risolvere questo problema. Se mi fornisce i dettagli del suo conto, verifico cosa è successo insieme al mio collega"	X		
"Visto che si sta comportando così, sono costretto a chiudere la telefonata"			X

8)

Opzioni di risposta	più efficace	neutra	meno efficace
Intendi creare una presentazione che rispecchi la ricerca in maniera sintetica e poco dettagliata vista la scarsa quantità di tempo		X	
Rifiuti l'incarico poiché non è possibile esporre i risultati della tua ricerca in così poco tempo			X
Organizzi la presentazione utilizzando molti elementi grafici e immagini per illustrare i concetti chiave. Chiedi anche consiglio al tuo superiore su quale sia l'approccio migliore da utilizzare secondo la sua esperienza	X		

9)

Opzioni di risposta	più efficace	neutra	meno efficace
"Su cosa basi questa opinione? Comunque, grazie per avermelo segnalato, ma probabilmente è meglio non avere preconcetti sui miei futuri colleghi"	X		
"Grazie per avermi avvisato, farò di tutto per evitare queste persone"			X
"Non mi interessano queste dinamiche relazionali"		X	

10)

Opzioni di risposta	più efficace	neutra	meno efficace
Suggerisci al tuo manager di organizzare un evento gratuito per illustrare le principali attività di business e di contattare le aziende locali per discutere con loro il pacchetto di offerte	X		

segue

Opzioni di risposta	più efficace	neutra	meno efficace
Rispondi al tuo manager dicendo che dipende tutto dalla mediocrità del team di assistenti di filiale che non sanno vendere i servizi			X
Preferisci non esprimerti per non mettere in difficoltà i colleghi		X	

11)

Opzioni di risposta	più efficace	neutra	meno efficace
Invii una mail alla direzione per spiegare la situazione e sottolineare che non è una tua responsabilità se il prossimo progetto del gruppo sarà qualitativamente inferiore rispetto ai precedenti		X	
Organizzi una serie di incontri con tutti i membri del gruppo per riflettere insieme sulle origini di queste difficoltà	X		
Fai passare almeno due settimane prima di agire, spesso queste situazioni sono passeggere e si risolvono da sole			X

12)

Opzioni di risposta	più efficace	neutra	meno efficace
Controlli sul sistema informatico per verificare se l'articolo è disponibile. In caso contrario, cerchi un articolo alternativo simile a quello desiderato dal cliente	X		
Consigli al cliente di provare nell'altra sede del grande magazzino		X	
Per evitare impegni o incombenze, informi direttamente il cliente che l'articolo è esaurito e che non c'è possibilità di averlo			X

13)

Opzioni di risposta	più efficace	neutra	meno efficace
Intimi al nuovo collega di smettere di interrompere gli altri membri del team, poiché non ha abbastanza esperienza per esprimere un giudizio			X

segue

Opzioni di risposta	più efficace	neutra	meno efficace
Suggerisci al tuo nuovo collega che è giusto lasciare che tutti contribuiscano senza essere interrotti	X		
Lasci che il nuovo collega condivida le sue idee come preferisce		X	

14)

Opzioni di risposta	più efficace	neutra	meno efficace
Preferisci osservare il gruppo per un altro po' di tempo prima di intervenire		X	
Stabilisci e imponi, quanto prima, colloqui obbligatori con lo psicologo sulle abilità interpersonali			X
Convochi una riunione per evidenziare le problematiche e stabilire i nuovi obiettivi. Se necessario organizzi corsi di formazione	X		

15)

Opzioni di risposta	più efficace	neutra	meno efficace
Non è tua responsabilità gestire il tempo, quindi lasci continuare il tuo collaboratore		X	
Decidi di lasciare il meeting			X
Cerchi di prendere parola nel momento più opportuno e concludi con discrezione la presentazione	X		

16)

Opzioni di risposta	più efficace	neutra	meno efficace
Fai ancora più rumore del collega per mostrargli quanto è fastidioso			X
Parli con il tuo collega e gli chiedi gentilmente di adottare un comportamento più ragionevole	X		
Dato che finora nessuno ha detto o fatto niente, preferisci non agire		X	

17)

Opzioni di risposta	più efficace	neutra	meno efficace
Dal momento che il team è competente e professionale, discuti assertivamente la questione e chiedi collaborazione	X		
Sanzioni il tuo team con un'azione disciplinare, senza cercare mediazioni o modi alternativi per risolvere il problema			X
Sorvoli il problema considerando che il team lavora in maniera produttiva		X	

18)

Opzioni di risposta	più efficace	neutra	meno efficace
Enfatizzi la tua autorità professionale, dando per scontato che la tua opinione è la decisione finale. In sintesi, non discuti con il tuo dipendente e adotti un approccio gerarchico			X
Ti confronti con il tuo dipendente per ascoltare la sua opinione perché ritieni che uno scambio di riflessioni sia utile. Cerchi di ragionare mantenendo saldo il tuo pensiero e il tuo ruolo; la decisione finale sarà, comunque, una decisione congiunta	X		
Lasci che faccia come preferisce, imparerà dagli errori			X

19)

Opzioni di risposta	più efficace	neutra	meno efficace
Sebbene il tuo collega abbia avuto un ruolo più importante nel commettere l'errore, cerchi di condividere la responsabilità, dimostrando di preservare il lavoro di squadra. Sei convinto che lavorando insieme, si possa risolvere il problema in modo efficace entro la scadenza per la consegna	X		
Procedi a una rapida revisione delle diapositive, non dando troppo peso ai dettagli		X	
Il tuo collega è sicuramente responsabile del problema, lo incolpi e non ti offri di risolvere insieme il problema, non essendo disposto a condividere la responsabilità			X

20)

Opzioni di risposta	più efficace	neutra	meno efficace
Deleghi il compito a un altro collega		X	
Chiedi al nuovo collega esattamente cosa trova difficile per cercare la fonte del problema. Eventualmente cambi metodo e approccio istruttivo. Ti metti a disposizione del collega per rispondere a qualsiasi domanda e aiutarlo nella comprensione	X		
Accusi il collega di non capire e di non essere sufficientemente preparato per una tale mansione lavorativa			X

21)

Opzioni di risposta	più efficace	neutra	meno efficace
Cerchi di capire il problema attraverso un confronto costruttivo con il dipendente coinvolto. Se il ritardo viene ancora reiterato, riferisci la situazione al manager	X		
Senza coinvolgere il manager, decidi che al prossimo ritardo, al dipendente verrà inviata una lettera di richiamo disciplinare			X
Non intervieni. Lasci che sia il manager ad accorgersene e a prendere provvedimenti		X	

22)

Opzioni di risposta	più efficace	neutra	meno efficace
Comunichi ai membri del tuo team che questa è la decisione del manager e va rispettata senza lamentarsi			X
Riunisci il team per discutere dei problemi incontrati; sei convinto che l'atteggiamento migliore sia ascoltare i dipendenti e cercare una mediazione prima di coinvolgere il manager	X		
Poiché questa decisione non dipende da te, suggerisci ai dipendenti di scrivere una lettera da inviare al manager		X	

23)

Opzioni di risposta	più efficace	neutra	meno efficace
Dato che si tratta di un lavoro urgente chiedi alla collega di sospendere gli altri lavori per dedicarsi al report e le offri il tuo aiuto; se possibile, coinvolgi anche altri colleghi per alleggerire il carico di lavoro e velocizzare i tempi di realizzazione del report	X		
Riferisci al manager che la tua squadra non può occuparsi della stesura del report in tempi così brevi, hai bisogno di più tempo		X	
Informi la collega che i compiti sotto pressione fanno parte del lavoro, che si deve impegnare al massimo e che non accetti scuse da parte sua. Non mostri alcuna preoccupazione per le sue necessità			X

24)

Opzioni di risposta	più efficace	neutra	meno efficace
Chiedi al tuo manager come comportarti; lui ha una comprensione più ampia del funzionamento generale della squadra		X	
Cerchi di stabilire e definire le priorità. Contatti il cliente per chiedergli se puoi richiamarlo nel pomeriggio, in modo da aiutare il collega in cassa	X		
Dici al tuo collega che non puoi aiutarlo, deve smaltire da solo la lunga fila di clienti			X

25)

Opzioni di risposta	più efficace	neutra	meno efficace
Rifiuti tassativamente di impegnarti nel nuovo progetto			X
Analizzi la situazione anche tenendo conto delle urgenze; se particolarmente in difficoltà, chiedi al responsabile del progetto un parere rispetto alla tua organizzazione del lavoro	X		
Scegli il compito meno impegnativo		X	

26)

Opzioni di risposta	più efficace	neutra	meno efficace
Scegli di iniziare dall'analisi dei dati matematici in quanto rappresenta un'opportunità di apprendimento e potrebbe richiedere più tempo per essere completata. Se il compito risulta difficile, invii un'e-mail al tuo manager chiedendo suggerimenti	X		
Visto che non è il tuo punto di forza e sai che ci vorrà molto tempo per la sua elaborazione, scegli di delegare a un collega l'analisi dei dati matematici		X	
Ti rifiuti di lavorare sui dati matematici visto che non hai esperienza nel campo			X

27)

Opzioni di risposta	più efficace	neutra	meno efficace
Prendi atto della situazione concreta e cerchi di riorganizzare il gruppo, integrando nuove risorse, se necessario	X		
Chiedi al collega di rendersi reperibile dopo l'avvio del pensionamento, almeno fino al termine del progetto		X	
Sciogli il gruppo di lavoro, poiché senza il collega più esperto il progetto richiederebbe troppo tempo			X

28)

Opzioni di risposta	più efficace	neutra	meno efficace
Dato che la decisione non dipende da te, non agisci		X	
Reagisci male alla notizia visto l'impegno profuso, invii una e-mail al tuo manager in cui esprimi il tuo disappunto			X
Contatti il tuo manager e gli chiedi se il convegno sarà riprogrammato, poiché ci terresti molto a presentare la tua ricerca	X		

29)

Opzioni di risposta	più efficace	neutra	meno efficace
Fai leva sulle tue risorse per apprendere velocemente, non vuoi approfittare per un lungo tempo dell'aiuto del collega	X		
Annunci al tuo manager che sei intenzionato ad abbandonare l'incarico			X
Deleghi al tuo collega la responsabilità del lavoro sapendo che l'analisi statistica è il suo punto di forza		X	

30)

Opzioni di risposta	più efficace	neutra	meno efficace
Accetti di tenere la presentazione e ti impegni nella sua buona riuscita. Sei hai difficoltà nella preparazione, chiedi l'aiuto dei colleghi	X		
Chiedi di annullare la presentazione poiché non hai le competenze adatte			X
Cerchi di delegare l'incarico a un collega più esperto di te		X	

31)

Opzioni di risposta	più efficace	neutra	meno efficace
Le consigli di parlare chiaramente con il collega che la molesta e le offri il tuo supporto. In più aggiungi che, se la situazione persiste, è necessario rivolgersi al manager	X		
Riferisci alla tua collega che non vuoi essere coinvolto in questioni che non ti riguardano		X	
Minacci il collega accusato di molestie: farai di tutto per farlo licenziare			X

32)

Opzioni di risposta	più efficace	neutra	meno efficace
Ti scusi con la cliente, cerchi di calmarla e ascolti quello che ha da dire; le offri due soluzioni alternative: può effettuare il reso oppure ricevere un buono sconto per gli acquisti successivi	X		

segue

Opzioni di risposta	più efficace	neutra	meno efficace
Riferisci alla cliente che i suoi toni non sono ragionevoli e chiudi immediatamente la telefonata			X
Trasferisci la telefonata a un collega più tollerante		X	

33)

Opzioni di risposta	più efficace	neutra	meno efficace
Non ritieni particolarmente utile sentirsi parte del gruppo. Ti concentri sui tuoi obiettivi e sui tuoi compiti		X	
Informi immediatamente il manager della situazione di esclusione che stai vivendo, in modo tale che possa richiamare i colleghi			X
Ti rendi disponibile e lavori duramente per dimostrare che sei appassionato e che vuoi impegnarti per raggiungere gli obiettivi prefissati. Cerchi di essere socievole e gentile con tutti, in modo da farti conoscere e apprezzare	X		

34)

Opzioni di risposta	più efficace	neutra	meno efficace
Non ti interessano le questioni di poco conto come il modo di esprimersi, per te la priorità è il raggiungimento degli obiettivi		X	
Riconosci la necessità di adottare stili comunicativi formali, quantomeno alla presenza del dirigente, dimostrando rispetto e capacità di adeguamento al contesto	X		
Chiedi al dirigente di essere meno formale e di darti del "tu", poiché ti fa sentire in imbarazzo			X

35)

Opzioni di risposta	più efficace	neutra	meno efficace
Deleghi parte del lavoro ad altri gruppi di lavoro dell'azienda sperando che il direttore non venga a saperlo			X

segue

Opzioni di risposta	più efficace	neutra	meno efficace
Convochi una riunione con il tuo gruppo di lavoro e insieme decidete come riorganizzare la divisione del lavoro in modo da essere il più efficiente possibile	X		
Chiedi ai membri del tuo team un maggiore impegno		X	

36)

Opzioni di risposta	più efficace	neutra	meno efficace
Ti lamenti con il manager e chiedi il suo intervento			X
Continui a monitorare l'andamento del gruppo e invii una e-mail per sollecitare la produttività in vista dell'avvicinarsi della scadenza del progetto		X	
Convochi una riunione con il gruppo, esponi la tua preoccupazione e chiedi il loro parere. Ascolti i loro suggerimenti e insieme definite degli obiettivi settimanali per monitorare meglio il lavoro	X		

37)

Opzioni di risposta	più efficace	neutra	meno efficace
Ignori il collega e i suoi comportamenti nei tuoi riguardi, sperando siano transitori		X	
Parli con il collega e gli manifesti il tuo disagio; cerchi di capire le ragioni di tale atteggiamento e lo inviti a modificare i suoi comportamenti	X		
Chiedi alla direzione di intervenire, altrimenti ti rivolgerai al sindacato			X

38)

Opzioni di risposta	più efficace	neutra	meno efficace
Decidi di affrontare il collega e di parlarci per chiarire al meglio la situazione e definire i ruoli	X		

segue

Opzioni di risposta	più efficace	neutra	meno efficace
Ti rivolgi subito al direttore e chiedi il suo intervento			X
Non hai voglia di discutere, quindi assecondi il tuo collega		X	

39)

Opzioni di risposta	più efficace	neutra	meno efficace
Fissi un breve incontro con lo stagista, in cui gli dai consigli sullo svolgimento del compito		X	
Gli affidi un lavoro meno impegnativo			X
Lo convochi insieme ad una dipendente esperta e che stimi; stabilite insieme le modalità e i tempi per un affiancamento, in modo da rendere lo stagista autonomo in breve tempo	X		

40)

Opzioni di risposta	più efficace	neutra	meno efficace
Convochi una riunione e fai un discorso motivazionale in cui sottolinei che ritieni il lavoro un elemento di crescita personale e che intendi stabilire un rapporto basato sulla collaborazione	X		
Informi con una circolare i tuoi collaboratori che sei il responsabile del progetto			X
Convochi una riunione e fai un discorso motivazionale in cui chiarisci che non esiterai ad esigere il sacrificio di qualunque esigenza individuale pur di ottenere successo		X	

41)

Opzioni di risposta	più efficace	neutra	meno efficace
Informi il direttore della tua impossibilità di partecipare alla riunione. Chiedi a un collaboratore di sostituirti alla riunione e invii una e-mail ai partecipanti in cui ti scusi e informi che hai individuato il collaboratore che farà le tue veci	X		

segue

Opzioni di risposta	più efficace	neutra	meno efficace
Decidi di annullare la riunione, la riorganizzerai in un altro momento			X
Invii una e-mail al direttore perché cerchi un sostituto per coordinare la riunione al tuo posto		X	

42)

Opzioni di risposta	più efficace	neutra	meno efficace
Informi subito il tuo team dell'urgenza; ti mostri comprensivo perché sai che si tratta di un grande sforzo, ma è necessario esaudire le richieste del dirigente che riconosce sempre la dedizione al lavoro del gruppo e che ha già autorizzato lo straordinario	X		
Sai che i tuoi collaboratori sono molto stanchi in questo periodo e non vuoi chiedergli questo ulteriore sforzo, quindi informi il dirigente che non è possibile concludere il progetto con così poco preavviso			X
Informi il gruppo che il progetto va concluso entro domani, senza fornire troppe spiegazioni, chiarisci solo che è stato autorizzato il lavoro straordinario		X	

43)

Opzioni di risposta	più efficace	neutra	meno efficace
Non vuoi togliere troppo tempo al tuo lavoro, quindi invii una e-mail alla nuova collega con la procedura per la stesura dei report e le invii alcuni file di esempio		X	
Durante la prima settimana, le dedichi un paio di ore al giorno e le spieghi come redigere un report: cosa deve scrivere ed entro quando lo deve consegnare. Ti rendi disponibile per revisionare il primo report che dovrà consegnare	X		
Inviti la nuova collega ad essere autonoma, requisito fondamentale per svolgere bene il proprio lavoro. Le dici che che se ha delle difficoltà, può contattarti via e-mail			X

44)

Opzioni di risposta	più efficace	neutra	meno efficace
Decidi di parlarne con il collega, potrebbe trattarsi di un semplice errore	X		
Correggi l'orario sul foglio delle presenze, senza comunicarglielo		X	
Invii immediatamente una e-mail per informare la direzione			X

45)

Opzioni di risposta	più efficace	neutra	meno efficace
Reputi che la questione non ti riguardi; le questioni personali devono essere trattate e risolte dai diretti interessati		X	
Chiami il tuo collaboratore e lo informi delle lamentele ricevute circa il suo atteggiamento. Ricordi l'importanza del rispetto, sia tra pari sia con i superiori. Ti mostri disponibile all'ascolto, per capire quale sia la natura del problema	X		
Invii una e-mail al membro del tuo gruppo, lo avvisi che la prossima volta riceverà un richiamo disciplinare			X

46)

Opzioni di risposta	più efficace	neutra	meno efficace
Eviti il confronto, prima o poi si adatteranno			X
Organizzi una riunione con il team per sottolineare che la loro opinione non influisce sulle tue decisioni;		X	
Organizzi una riunione con il team e solleciti tutti i componenti ad esprimere opinioni circa i cambiamenti, al fine di condividere le tue direttive organizzative e attuarle	X		

47)

Opzioni di risposta	più efficace	neutra	meno efficace
Invii una e-mail ai tuoi collaboratori e li informi che saranno introdotte schede di monitoraggio del lavoro		X	
Convochi i tuoi collaboratori e comunichi loro che denuncerai questa situazione alla direzione			X
Convochi i tuoi collaboratori e li informi che insieme definirete le nuove responsabilità e le nuove modalità per verificare prontamente i risultati	X		

48)

Opzioni di risposta	più efficace	neutra	meno efficace
Accetti il progetto e lavori al meglio delle tue capacità. Il resto dipende dal tuo collega		X	
Parli con il collega e gli spieghi che per te è molto importante lavorare seriamente a questo progetto, dopodiché vi dividete equamente i compiti	X		
Sei preoccupato che il collega non sia in grado di lavorare adeguatamente al progetto, chiedi al tuo responsabile che venga sostituito con qualcun altro più motivato			X

49)

Opzioni di risposta	più efficace	neutra	meno efficace
Decidi di scrivere al vostro superiore e chiedere un suo intervento, accusando il tuo collega di essere il responsabile della poca produttività del lavoro			X
Decidi di continuare tranquillamente il tuo lavoro, sei sicuro che il tempo sia una buona medicina per ogni cosa		X	
Chiedi un confronto e con un atteggiamento collaborativo cerchi di analizzare insieme le motivazioni che hanno determinato la vostra incomprensione e ti mostri disponibile per condividere una soluzione	X		

50)

Opzioni di risposta	più efficace	neutra	meno efficace
Cerchi in tutti i modi di risolvere la questione; ti informi se esiste una sala riunioni disponibile al piano terra oppure suggerisci al collega di accedere alla riunione virtualmente	X		
Non dipende da te se il collega non può raggiungere la sala riunioni. Tu devi comunque portare a termine il compito assegnato dal manager		X	
Telefoni immediatamente al cliente e lo avvisi che dovrete annullare la riunione			X

Capitolo 3
I test situazionali nei concorsi per l'Unione europea[1]

3.1 I test situazionali EPSO

Con i **test situazionali EPSO** si valuta il comportamento tipico del candidato in un contesto lavorativo.
La prova si tiene in una lingua scelta dal candidato tra inglese, francese e tedesco.
Si parla di **test situazionali**, per diversi profili: Assistenti (AST), Amministratori (AD – Profili generici), Amministratori (AD – Specialisti), Giuristi-linguisti (AD), Traduttori (AD).
Il testo del quesito presenta una tipica situazione lavorativa. Al candidato si chiede di selezionare, tra le 4 opzioni di risposta, sia l'opzione che illustra l'azione **più efficace** sia quella che illustra l'azione **meno efficace**.
Il **punteggio**, variabile tra 0 e 2, è attribuito secondo i criteri seguenti:

> se il quesito è risolto correttamente, sono attribuiti **2** punti (1 punto per ogni risposta esatta, la più efficace e la meno efficace)
> se invece di scegliere l'azione più efficace (o l'azione meno efficace) si seleziona una risposta neutra, sono attribuiti **0,5** punti
> se invece di selezionare l'azione più efficace si seleziona l'azione meno efficace è attribuito un punteggio pari a **0**; analogo criterio vale per il caso contrario.

3.2 Test situazionali EPSO in lingua inglese

Specific Instructions

This test is designed to provide information on your typical behaviour within work situations.
You will be presented with situations which you could experience at work. Please consider the situation, and then select what you feel is the most effective AND the least effective response or action from the four statements.

Examples
1) Please consider the situation, and then select what you feel is the most effective AND the least effective response or action from the four statements.
You have recently been appointed to a position in a new project team. Although you are experienced in the technical aspects of the job, there are aspects of the work that you need to understand. Your job will eventually require internal liaison and collaboration with other project teams.

[1] Fonte: EPSO (*European* Personnel Selection *Office*)

Although your manager has proposed an induction and training period for you, many of the issues you are responsible for require urgent attention.

	Most effective	Least effective
Immediately arrange meetings with those individuals you feel you will need to work with	X	
Quickly try to establish how your objectives will relate to your project manager's objectives		
In the initial stages, make sure that you are doing your job as you understood it from the job description		X
Spend time building your understanding of the team's objectives for the future		

La situazione lavorativa descritta dal quesito è volta a verificare la consapevolezza organizzativa dei candidati. L'**azione più efficace** è sicuramente la prima proposta, poiché, vista l'urgenza di risolvere alcune questioni, si decide di fissare degli incontri con i nuovi collaboratori in modo da organizzare il lavoro nonostante sia ancora in corso il periodo formativo. La risposta **meno efficace** è la terza: ci si limita a fare quello che si è capito dalla descrizione del lavoro.

2) Please consider the situation, and then select what you feel is the most effective AND the least effective response or action from the four statements.
You lead a team of twelve people. In order to address the department's new objectives you have been asked to work out your department's yearly plan. Your Manager has given you and other team leaders a deadline of two weeks so that she can report to the board.

	Most effective	Least effective
Spend an hour on it, as yearly plans are never followed anyway		X
Try to complete the plan in time to discuss it with your Manager before she has to submit it to the board	X	
Before preparing your plan, quickly contact your key stakeholders and ask for their views on your department		
Because of the complexity of the task, turn it into your top priority for the next two weeks by personally producing a detailed plan		

Il quesito descrive una situazione di lavoro volta a verificare le proprie capacità organizzative. La risposta **più efficace** è la seconda opzione poiché descrive l'atteggiamento più adeguato alla situazione: il lavoratore prova a soddisfare la richiesta del manager nei tempi e modi necessari. La prima opzione di risposta invece è la **meno efficace** poiché il lavoro assegnato è trascurato e sottovalutato.

3) Please consider the situation, and then select what you feel is the most effective AND the least effective response or action from the four statements.
You are working on a number of projects with tight deadlines and have a lot of basic information to gather. You have asked other colleagues for help but are unsure of their commitment to help you gather the information that you need.

	Most effective	Least effective
Spend time on your work to make sure that you have plenty of latitude/leeway in case your colleagues don't deliver the help you need in time		
Outline the help that you need from others and explain to them why this is important and the dates by which you need their individual contributions	X	
Reduce the risk by getting the information that you need yourself rather than relying upon other people		
Carry on with the tasks that you need to complete and if others do not contribute their parts report them to management		X

Il quesito valuta le capacità organizzative e lo spirito di squadra. La risposta **più efficace** è la seconda opzione poiché prima di tutto si delinea ciò di cui si ha bisogno, poi si instaura un dialogo con i colleghi per creare un clima sereno e collaborativo, spiegando loro ciò di cui si ha bisogno, sottolineando l'importanza del loro contributo. La risposta **meno efficace** è la quarta opzione che descrive un atteggiamento individualista, non orientato al lavoro di squadra, quindi un comportamento che potrebbe creare solo tensioni in un ambiente lavorativo.

4) Please consider the situation, and then select what you feel is the most effective AND the least effective response or action from the four statements.
You have just spent a long time writing a report that is due for delivery to a senior manager. A more experienced and well respected member of the team tells you that she thinks it would be improved with amendments to several sections of the report.

	Most effective	Least effective
Make some of the changes she suggested but retain the elements of the report that you think work best		
Trust in your colleague's greater experience and make all of the changes she suggests		
Thank your colleague for her suggestions but trust your own judgment and don't make any changes to the report		X
Discuss with your colleague the changes she has suggested and clarify the reasons for the changes proposed	X	

Il quesito valuta le skills di efficacia personale, in particolare quelle relative ad elasticità e fiducia in se stessi. La risposta **più efficace** è l'ultima proposta: è importante essere convinti del proprio lavoro, ma anche saperlo mettere in discussione, ascoltando i consigli dei colleghi più esperti, da cui sicuramente si può sempre imparare. La risposta **meno efficace** è la terza perché si ignorano i suggerimenti della collega più esperta, dimostrando un atteggiamento poco collaborativo e arrogante.

Estensioni WEB

Test situazionali EPSO in francese e in tedesco

Parte Terza

I test logico-attitudinali

SOMMARIO

Capitolo 1
Guida alla risoluzione dei test logico-attitudinali

Logica, ragionamento critico, problem solving, valutazione psico-attitudinale sono solo alcune delle definizioni comunemente usate per riferirsi alla verifica delle capacità (o abilità) di riflettere, ragionare, analizzare informazioni in maniera critica ed efficace.
I **quesiti logico-attiduinali**, o semplicemente **quesiti di logica**, sono distinti in:

> **quesiti di logica verbale**, che valutano l'attitudine verbale del candidato, verificandone la competenza linguistica, la padronanza di linguaggio e la ricchezza di vocabolario

> **quesiti di ragionamento critico-verbale**, volti a verificare la capacità di comprensione di un testo argomentativo cogliendone i tratti salienti, deducendone implicazioni e traendone conclusioni, nonché riconoscere nessi di causalità tra elementi

> **quesiti di logica numerica e *problem solving***, che valutano le capacità di ragionamento, le abilità di calcolo mentale e l'intuito logico-matematico

> **quesiti di ragionamento astratto e ragionamento spaziale**, che valutano la capacità di ragionare in termini astratti, anche rispetto a una dimensione spaziale, le attitudini percettive e la capacità di lavorare con informazioni astratte; si parla in tal caso di logica astratta e visuo-percettiva; **quesiti di abilità visiva**, che vengono utilizzati anche per valutare attitudini particolari quali l'attenzione, la precisione, l'accuratezza.

1.1 Logica verbale

I quesiti di **logica verbale**, che richiedono una strategia risolutiva di tipo linguistico, assumono diverse forme, ma si fondano principalmente su relazioni e associazioni tra parole, individuazione di termini contrari, sinonimi, anagrammi ecc.

1.1.1 I sinonimi

Si parla di sinonimia quando due termini risultano intercambiabili all'interno del medesimo contesto senza apprezzabili variazioni di significato.

Il compito di individuare i sinonimi dei termini viene facilitato dal fatto che alle prove si prevede la scelta di un termine tra quattro o cinque alternative, per cui è possibile riconoscere il termine tra quelli proposti anziché recuperarlo dalla memoria senza alcun suggerimento.

Esempio

Indicare qual è il sinonimo di *Oberato*.

A. Avvinazzato
B. Impedito
C. Aggravato
D. Liberato
E. Ingrassato

In questo esempio, da considerarsi di difficoltà medio-bassa, il distrattore più efficace è la risposta B, Impedito. Infatti alcuni, pur sapendo adoperare appropriatamente il termine in una frase, potrebbero cadere in errore valutando il termine nella sua *relazione conseguente*: cioè se si pensa all'uso del termine oberato in una frase come "oberato da impegni", si potrebbe proseguire con "dunque ostacolato o impedito nel fare una certa cosa", da cui potrebbe derivare la risposta errata. Naturalmente la risposta esatta è la lettera C, Aggravato. È stato inserito anche il significato contrario nella risposta D, Liberato. Anche il termine Ingrassato ha una sua logica in questo contesto: il fine è quello di trarre in inganno coloro che, non conoscendo il significato di *oberato*, si affidano ingenuamente all'ancoraggio per assonanza con una parola nota: obeso.

1.1.2 I contrari

I test verbali prevedono nella stragrande maggioranza dei casi delle prove di ricerca dei contrari di contenuti verbali, aggettivali, nominali ecc. La ricchezza del lessico è un prerequisito fondamentale per l'ottima riuscita in questo tipo di prove.
È di aiuto anche in questo caso mettersi nei panni del redattore del test per evitare di cadere nelle "trappole" che è solito tendere.
Il redattore sa che uno degli errori più frequenti in queste prove è dovuto alla pressione del tempo, quindi inserirà, tra le risposte, anche il sinonimo della parola stimolo. Inoltre, inserirà spesso anche un termine analogo al sinonimo e un termine in assonanza (di suono simile). È molto frequente, infatti, che la nostra risposta cada sul sinonimo anziché sul contrario del termine, proprio perché per abitudine è automatica la ricerca di una parola con significato simile anziché contrario a quella data.

> Aiutatevi costruendo mentalmente una frase che contenga il termine stimolo ed il suo contrario.

Esempio

Indicare il contrario di *Abiurare*.

A. Disfarsi
B. Convertirsi
C. Rifiutarsi
D. Cambiarsi
E. Affrettarsi

Il termine in questione ha una bassa frequenza di uso per cui risulta di difficoltà elevata. Osservando le alternative proposte, notiamo che è stato inserito il sinonimo, risposta C, accanto alla risposta corretta, Convertirsi. Qui, in caso di incertezza, è di aiuto costruire la frase con il termine e il suo contrario, come forma rafforzativa: "ha abiurato il cattolicesimo convertendosi al buddismo". (Si pensi per esempio a quante volte nei libri di storia si è letto che un sovrano ha abiurato una certa religione per abbracciarne un'altra).

1.1.3 Le analogie verbali

L'analogia è una relazione di contiguità logica, un rapporto di somiglianza, tra due parole; è il rapporto che la mente coglie tra due o più termini che hanno, nella loro forma o nel loro significato, qualche tratto comune.
Le prove di analogia verbale sono le più diffuse tra i test di logica verbale. Sono scelte come materiale stimolo elettivo perché efficace più di altre prove per la misura delle abilità di ragionamento induttivo. Per affrontare efficacemente questo tipo di prove è necessario possedere un lessico sufficientemente ricco, una buona padronanza della lingua italiana e una discreta cultura generale.
La prima cosa da fare è comprendere il nesso, ovvero la relazione, tra i termini.
Questi quiz vengono comunemente chiamati *proporzioni verbali* perché assomigliano nella forma alle proporzioni matematiche, ma al posto dei numeri sono costituite da vocaboli tra i quali occorre individuare il nesso. In tali prove si richiede infatti di individuare il rapporto di somiglianza tra parole, fatti, oggetti e di riconoscere il termine o i termini che spiegano la relazione o che esprimono un certo grado di somiglianza tra essi. Per questo motivo tali tipologie di quesiti possono essere definite anche equivalenze semantiche o analogie concettuali.
In generale, in tali quiz sono proposte due coppie di parole, di cui una o entrambe sono incomplete. Il candidato deve individuare, fra quelli proposti, il termine che completa la coppia.
Solitamente, questi esercizi si presentano sotto forma di vere e proprie proporzioni matematiche:

1° termine : 2° termine = 3° termine : 4° termine

Le proporzioni verbali semplici

Nella prova possono essere presentate **proporzioni a una sola incognita** o **analogie semplici** composte da due coppie di termini in relazione tra loro, nelle quali manca un termine della prima o della seconda coppia. Occorre dunque individuare il termine che completa la proporzione secondo un determinato criterio.

Esempi

Relazione ortografica

Trama : Vello = Brama : ?

A. Merlo
B. Bello
C. Spello
D. Agnello
E. Pelo

Questo tipo di esercizi può trarre in inganno proprio per la sua semplicità. È essenziale in questo caso non prefigurare la risposta sulla base del solo esame della proporzione.
L'unica relazione possibile tra i due termini noti della proporzione impostata è quella di tipo ortografico, che è prodotta dalla sostituzione della prima lettera di ciascun termine: la T di trama viene sostituita dalla B di brama. Quindi l'unico termine, tra quelli suggeriti, che soddisfa la relazione ortografica è il termine Bello (la lettera B in sostituzione della lettera V di vello).

Relazione causale

Soluzione : Problema = Accordo : ?

A. Disaccordo
B. Concordia
C. Conflitto
D. Dilemma
E. Pretesa

La coppia dei termini Soluzione e Problema è in *relazione causale consequenziale*, ovvero la Soluzione è qui da intendersi nella accezione di raggiungimento di un risultato da sostituire a una serie complessa di elementi ovvero a un Problema.
Qui l'incognita da individuare tra i cinque termini proposti dovrà esprimere la stessa consequenzialità inversa riferita al termine Accordo, per cui, tra le alternative proposte, la risposta giusta è la C, Conflitto, perché è l'unico termine che esprime con la stessa intensità e nella stessa direzione della coppia precedente la relazione di causalità consequenziale.

Le combinazioni in questo tipo di prove sono pressoché infinite. È da tenere presente che non si può ricordare e sapere ogni cosa su qualsiasi argomento, quindi per affrontare serenamente le prove fate un ripasso veloce delle nozioni di cultura generale, recupererete la gran parte delle informazioni e nozioni che vi aiuteranno più di qualsiasi altra cosa per questo tipo di prove.

Le proporzioni verbali complesse

Nella prova possono essere presentate **proporzioni a più incognite** o **analogie complesse** composte da due coppie di termini in relazione tra loro, nelle quali mancano due termini. Occorre dunque individuare la coppia di parole che completa la proporzione secondo un determinato criterio.
Il rapporto logico esistente tra i termini deve essere rispettato, pertanto, oltre al significato e alla relazione tra le parole, decisiva è anche la posizione che ciascun termine occupa nella proporzione.

Esempio

Medico : Poliziotto = x : y

Questo tipo di prova richiede necessariamente la scelta tra una serie di alternative perché fin qui non abbiamo elementi per dare risposte affidabili.

La risposta è da scegliere tra una di queste possibilità:

A. x = Ospedale — y = Pistola
B. x = Divisa — y = Camice
C. x = Paziente — y = Legge
D. x = Malato — y = Ladro
E. x = Manette — y = Siringhe

La risposta corretta in questo caso è la D, perché il medico e il poliziotto hanno a che fare rispettivamente con i malati e con i ladri, cioè sono le due categorie cui è finalizzata la loro professione: curare i malati, arrestare i ladri. Le altre risposte che al limite potevano essere plausibili, ad esempio le risposte B ed E, non hanno il medesimo ordine della coppia iniziale, la risposta A non rispetta la relazione funzionale perché il medico lavora in ..., il poliziotto spara con la ... Infine la risposta C esprime due incognite con un diverso livello di astrazione tra loro.

In questo tipo di prove, occorre, quindi, prestare la massima attenzione sia al significato dei termini sia all'ordine di presentazione delle risposte.

Le possibili forme grafiche di presentazione delle analogie verbali

Abbiamo descritto alcune chiavi di lettura per risolvere con profitto le analogie verbali. Altri elementi di "distrazione" escogitati dai redattori delle prove di esame fanno ricorso alle più varie modalità di presentazione grafica del materiale stimolo. Potrete incontrare le analogie verbali sotto queste diverse possibili rappresentazioni.

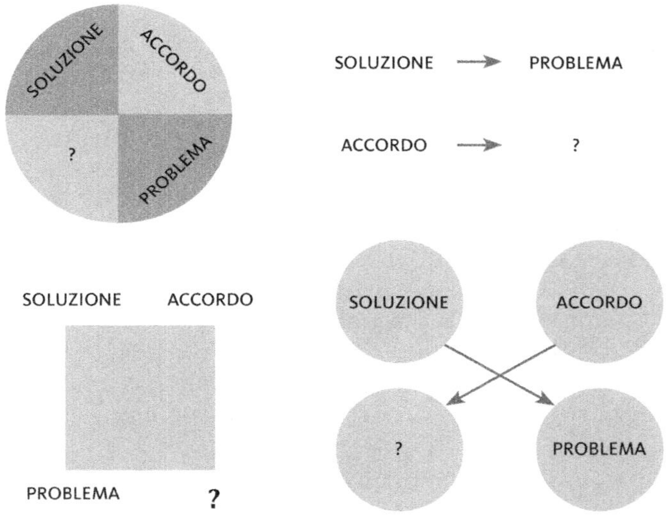

Un'altra forma grafica in cui si presentano le analogie verbali è costituita da una matrice 2 × 2, in cui sono proposti tre termini mentre uno è incognito. Quest'ultimo è da ricercare tra le opzioni date.

1° termine	2° termine
3° termine	4° termine

L'incognita può presentarsi in uno qualsiasi dei quattro quadranti e il legame tra i termini dati e il termine incognito può essere del tipo riportato di seguito.

orizzontale (1° e 2° termine; 3° e 4° termine)	1° termine ↔ 2° termine 3° termine ↔ 4° termine
verticale (1° e 3° termine; 2° e 4° termine)	1° termine ↕ 2° termine 3° termine ↕ 4° termine
incrociato (1° e 4° termine; 2° e 3° termine)	1° termine ⤡ 2° termine 3° termine ⤢ 4° termine

Esempio

Relazione di sinonimia

umiltà	urgenza
fretta	?

A. animo
B. propensione
C. modestia
D. dilazione
E. anticipazione

La risposta è C. Poiché il termine *urgenza* è un sinonimo di *fretta*, occorre individuare fra le opzioni di risposta un sinonimo di *umiltà* (*modestia*, appunto).

1.1.4 Le classificazioni concettuali

Il termine da scartare

Anche nei comuni giochi enigmistici si trovano esercizi di questo tipo, in cui si chiede di individuare il **termine da scartare** nell'ambito di una serie.

> Si tratta di quesiti in cui, data una serie di termini, si chiede di individuarne uno da scartare perché non legato agli altri dalla relazione (etimologica, semantica, funzionale ecc.) che li accomuna. Occorre, dunque, riconoscere la relazione esistente tra i termini e le ragioni di incongruenza del termine discordante.

Nei giochi enigmistici viene chiamato "caccia all'intruso".
Sono frequenti i raggruppamenti del tipo: classe degli strumenti a corda, classe dei vini, classe dei mammiferi, le diverse classi grammaticali (sostantivi, aggettivi, verbi, avverbi ecc.), e così via. È letteralmente impossibile riuscire a prevedere tutte le possibili classi che potreste incontrare nella prova. Tuttavia, sapere che è possibile incontrare esercizi di questo tipo predispone mentalmente a ricercare un livello di categorizzazione non sempre individuabile ad un primo sguardo.
Anche in questo caso, dunque, la prima cosa da fare è comprendere il nesso, ovvero la relazione, tra i termini. Come già accennato le tipologie di relazione possibili sono pressoché infinite.

Esempio

Relazione etimologica

Individuare, tra le alternative proposte, il termine da scartare.

A. Antenato
B. Antefatto
C. Antipasto
D. Antifurto
E. Anteprima

Nelle alternative A, B, C, E, il prefisso *anti-* deriva da *ante* che significa "prima, davanti", mentre nell'alternativa D, il prefisso deriva da *anti-* con il significato di "contro".

Nell'affrontare quesiti di questo tipo, ricordate di passare in rassegna anche gli aspetti superficiali delle parole: con quale lettera iniziano (ad esempio se iniziano tutte con consonanti tranne una); se contengono sillabe in comune (ad esempio le parole risotto, trottola, nottola, ottobre, ecc. hanno tutte in comune il gruppo sillabico *otto*); se sono composte dallo stesso numero di lettere tranne una, e così via. Si suggerisce, quindi, di analizzare le alternative proposte prima ad un livello di "superficie", per poi passare a livelli di classificazione via via più "elaborati". Abituarsi ad analizzare i raggruppamenti proposti in questo modo impedisce il sovraccarico del nostro sistema di elaborazione delle informazioni e consente di risparmiare del tempo prezioso.

L'abbinamento errato

Questa tipologia di esercizi consiste in una serie di coppie di parole legate tra loro da una relazione (di significato, grammaticale, ortografica ecc.) tra le quali il candidato deve individuare e scartare l'abbinamento di termini errato. Prima di tutto, quindi, sarà necessario capire da che tipo di relazione sono unite le coppie di termini e, in un secondo momento, individuare l'abbinamento errato tra quelli proposti.

Esempi

Relazione geografica

Individuare l'abbinamento errato:

A. Edimburgo/Scozia
B. Reykjavik/Svezia
C. Parigi/Francia
D. Bucarest/Romania
E. Lisbona/Portogallo

La risposta esatta è B: queste coppie di parole sono legate da una relazione geografica, infatti si tratta di una serie di Paesi abbinati alle loro capitali (capoluoghi, per la Scozia), tranne che nel caso della Svezia, la cui capitale è Stoccolma e non Reykjavik che invece è la capitale dell'Islanda.

Relazione causale

Individuare l'abbinamento errato:

A. Medicina – guarigione
B. Corsa – affanno
C. Riposo – stanchezza
D. Dieta – dimagrimento
E. Taglio – sanguinamento

In ogni coppia i termini sono legati tra loro da una relazione di causa-effetto tranne nella C non essendo il riposo una possibile causa di stanchezza.

1.1.5 Gli anagrammi

L'**anagramma** consiste nella permutazione delle lettere componenti una parola o una frase in modo da ottenere altre parole o frasi di significato diverso. Inoltre, è un gioco letterario ed enigmistico che non ha origini troppo recenti: se ne attribuisce la paternità al poeta greco Licofrone di Calcide.

Per trovare un anagramma, la prima cosa da fare è quella di scrivere su un foglio la parola che si vuole anagrammare. Alcuni anagrammi sono abbastanza semplici in quanto basta invertire soltanto una o due lettere e, infatti, si riconoscono a colpo d'occhio. Se il colpo d'occhio non ha dato alcun risultato può essere utile scrivere le lettere della parola oppure del nome in ordine diverso; ad esempio in ordine alfabetico. Questa operazione, infatti, dà la possibilità di concentrarsi maggiormente sulle lettere, senza essere confusi dal significato della parola.
I tipi di anagramma più comuni sono:

- **anagramma semplice**, quando due o più parole sono composte dalle stesse lettere diversamente combinate (calendario – locandiere);
- **anagramma a frasi**, quando, anagrammando una parola, si ottengono più parole (bibliotecario – beato coi libri; calendario – l'ora di cena);
- **frase anagrammata**, quando da una frase si ricavano una o più frasi (mangiare del riso – il magro desinare – si dorme in galera).

Esempio

Quale, tra le seguenti parole, è un anagramma di una città italiana capoluogo di provincia?

A. Cantina
B. Mora
C. Mirino
D. Abile
E. Porto

La risposta è B. In questo caso è abbastanza semplice individuare la risposta esatta perché si tratta di una parola molto breve. Infatti, invertendo le due consonanti della parola *Mora*, ovvero *m* e *r*, si ottiene *Roma*.

1.1.6 Le prove di vocabolario

Le prove di vocabolario, quelle cioè in cui si richiede il significato di un termine, sono una tipologia piuttosto frequente nelle prove di selezione.

Non ci sono molti trucchi da svelare dato che la buona riuscita dipende dalla ricchezza del lessico e dalla conoscenza del significato delle parole.
Come al solito nei test il compito è facilitato perché non si richiede una definizione scritta del termine, ma la scelta tra una lista di alternative, per cui viene favorito il recupero mnestico delle definizioni, qualora si fosse dimenticato o in caso di incertezze.

Esempio

Qual è il significato del termine *Laconico*?

A. Conciso
B. Malinconico
C. Dispendioso
D. Malconcio
E. Ricco

Qui potrebbe aiutarci la conoscenza dell'etimologia del termine, che deriva da *lakonicos*, ovvero "proprio dei Laconi" cioè gli spartani, noti per la loro ridotta loquacità.

La risposta corretta è dunque Conciso (ma sarebbero state corrette, se previste, anche le risposte stringato, breve, sintetico, succinto). Le altre risposte possono trarre in inganno coloro che si affidano alle assonanze.

1.1.7 Significato dei termini nel contesto

Questa tipologia di quesiti è finalizzata alla verifica della ricchezza di lessico e della capacità di comprensione e contestualizzazione dei termini. Gli esercizi si focalizzano sulle ambiguità di significato delle parole: casi di omonimia, polisemia, espressioni figurate ecc.

> Si parla di *omonimia* quando due parole sono uguali nella forma, ma hanno significati del tutto differenti e spesso anche diverse funzioni grammaticali. Invece, si tratta di *polisemia* quando una parola ha più significati che hanno qualcosa in comune.

Di seguito, proponiamo due tipologie diverse di esercizi: nella prima (***tipologia n. 1***) si chiede di trovare un termine che accomuni le due parole date, nella seconda (***tipologia n. 2***), invece, si chiede il significato che assume una parola all'interno di una determinata frase.

Tipologia n. 1

Esempio

Quale tra i termini elencati ha un significato associabile con entrambe le parole proposte?
Entrare – Rubare

A. Ballo
B. Scena
C. Convento
D. Società
E. Minuto

La risposta esatta è B: il termine associabile alle parole date è "scena". Infatti, in senso figurato, si dice "entrare in scena" per indicare una persona, un fatto o un elemento nuovi che assumono un ruolo importante in una determinata situazione; "rubare la scena" è un'altra espressione figurata che vuol dire attirare l'attenzione su di sé a scapito di qualcun altro.

Tipologia n. 2

Esempio

"La faccenda ha avuto una coda sgradevole". Qual è il significato della parola "coda" nella frase proposta?

A. Conseguenza
B. Lista
C. Fila
D. Serie
E. Attesa

La risposta esatta è A: uno dei più significati di "coda" è continuazione, strascico, "conseguenza". In questa frase, infatti, si intende la conseguenza negativa della faccenda.

1.1.8 I modi di dire

Un modo di dire è un'espressione convenzionale, caratterizzata da un significato non prevedibile a partire dai significati dei suoi componenti. Infatti, si tratta di una frase dotata di un significato figurato distinto dal suo significato letterale: espressioni come *essere al verde, essere in gamba, prendere un abbaglio* non significherebbero nulla se considerate solo come somma dei significati dei loro componenti; se considerate in blocco, invece, rimandano a un significato traslato, risultato di procedimenti metaforici e condiviso dall'intera comunità linguistica.

Esempio

L'esatto significato dell'espressione "andare a Canossa" è:

A. riconoscere i propri errori e chiedere scusa
B. cercare la cosa sbagliata o un risultato impossibile
C. fare cose sciocche
D. rimanere senza soldi
E. girare senza meta

La risposta esatta è A. La frase viene usata, in senso figurato, per dire "fare penitenza, umiliarsi". Questa espressione si riferisce a un episodio accaduto al castello della marchesa Matilde di Canossa, dove, all'epoca della lotta per le investiture (nel 1077), l'imperatore Enrico IV si recò per ottenere, umiliandosi in veste di penitente, il perdono di papa Gregorio VII, ospite della contessa Matilde.

1.1.9 Inserzione logica di termini in testi incompleti

Un quesito di logica verbale frequentemente somministrato è costituito da testi incompleti, ossia da testi in cui manca un sostantivo o un aggettivo, che occorre inserire secondo il genere e la forma corretta, oppure un verbo, che occorre inserire nella coniugazione corretta ecc.

Questa tipologia di quesiti è finalizzata alla verifica della ricchezza di lessico ma anche della capacità di comprensione e contestualizzazione dei termini. Non si tratta di vere e proprie prove di vocabolario, in quanto non si chiede in modo specifico il significato di una parola, ma si chiede di inserire un termine in una frase o una serie di termini in un brano da cui sono stati espunti.

Nella scelta dei termini incogniti occorre tener presente sia l'*aspetto semantico* (il significato più adatto al contesto) che l'*aspetto grammaticale*. Possono essere oggetto di prova testi di qualsiasi argomento, su qualsiasi disciplina, ma ancora una volta l'intento non sarà quello di testare conoscenze acquisite su determinati argomenti o materie, quanto piuttosto la capacità di utilizzare correttamente i termini in contesti appropriati.

Esempio

Individuare, tra le alternative proposte, le parole che danno un senso logico al brano. "Il luogo in cui Maurizio De Giovanni ha voluto farsi fotografare non è __________. Uno scrittore che vive a __________, e nella sua città ha ambientato il __________ di romanzi gialli del commissario Ricciardi, ha __________ che il suo posto è lì, in mezzo a una strada del centro storico, in uno dei __________ dei Quartieri __________".

A. casuale/Napoli/ciclo/deciso/vicoli/spagnoli
B. voluto/Roma/settore/deciso/viali/ostiensi

C. normale/Napoli/trittico/rinnegato/vicoli/vomeresi
D. abituale/Milano/corso/pensato/bassifondi/spagnoli
E. importante/Palermo/palinsesto/abiurato/portici/antichi

La risposta esatta è A: diversamente dal primo esempio, qui ha un ruolo importante la cultura generale dei singoli candidati. Infatti, se il candidato conosce lo scrittore De Giovanni sicuramente sarà avvantaggiato nella risoluzione del quesito perché saprà che vive a "Napoli" e che è l'autore del "ciclo" di romanzi gialli del commissario Ricciardi. Comunque, è possibile dedurre quale sia la risposta esatta anche analizzando la frase da un punto di vista linguistico (per esempio non esistono né il *palinsesto* né il *settore* di romanzi).

1.2 Ragionamento critico-verbale

I quesiti di **ragionamento critico-verbale** si incentrano su un'attenta analisi linguistica, anche se spesso le regole logico-matematiche agevolano la risoluzione.
Nella maggior parte dei casi si tratta di:
> quesiti che richiedono di interpretare degli enunciati e, generalmente, trarne delle conclusioni mediante ragionamento deduttivo;
> quesiti che, per essere risolti, presuppongono un ordinamento dei dati in base a uno o più criteri e in cui, generalmente, il testo fornisce già un ordinamento parziale tra i dati: per la risoluzione del quesito deve essere stabilito l'ordinamento totale;
> quesiti in cui, data una serie di diagrammi insiemistici, occorre identificare il diagramma rappresentativo delle relazioni esistenti tra termini dati;
> "problemi" logico-verbali o quesiti di *problem solving* linguistico, in cui rientrano domande che si risolvono mediante regole linguistiche, talvolta con l'ausilio di banali calcoli matematici o che comunque richiedono delle abilità di calcolo, che tuttavia non sono preminenti ai fini della risoluzione dei problemi.

Altre prove che possono essere fatte rientrare in questa tipologia sono quelle che richiedono di comprendere e interpretare il significato di un testo, trarne delle conclusioni o escluderne implicazioni: è proposto un brano più o meno lungo, su un determinato argomento, seguito da affermazioni (o domande) che fanno riferimento al brano stesso. Il candidato deve semplicemente analizzare ogni risposta e decidere quale sia quella giusta, in base alle informazioni contenute nel testo (esplicitamente o implicitamente) e non in base a quanto eventualmente conosca sull'argomento. Spesso, i quesiti di comprensione del testo richiedono di individuare affermazioni logicamente deducibili dal brano oppure di individuare informazioni che contraddicono il brano.

1.2.1 I sillogismi

Il **sillogismo** è un tipo di ragionamento dimostrativo teorizzato per la prima volta da Aristotele, costituito da tre proposizioni, e cioè da **due premesse** (una maggiore e una minore) e da una **conclusione**, che si deduce dalle premesse. L'elemento che costituisce il punto di unione tra le altre parti del ragionamento viene detto termine medio. Per esempio, nel ragionamento:
> ciascun animale è mortale
> ciascun uomo è un animale
> dunque ogni uomo è mortale

il termine medio è "*animale*" perché è incluso in entrambe le premesse e costituisce l'elemento di connessione tra le due.
Aristotele distingueva tre tipi di sillogismo, a seconda della funzione che il termine medio ha nelle premesse.

Un **primo tipo** è quello in cui il termine medio funge una volta da soggetto e una volta da predicato.

Esempio
«Tutti gli uomini sono mortali; Socrate è uomo; dunque Socrate è mortale».

Un **secondo tipo** è quello in cui il termine medio funge da predicato in entrambe le premesse.

Esempio
«Nessun metallo è più leggero dell'acqua; ogni gas è più leggero dell'acqua; dunque nessun gas è un metallo».

Un **terzo tipo** prevede il termine medio come soggetto in tutte e due le premesse.

Esempio
«Tutti gli uomini sono animali; tutti gli uomini sono ragionevoli; dunque alcuni animali sono ragionevoli».

> Un sillogismo è vero solo se le sue premesse sono assunte come vere e non bisognose di dimostrazione.

Per risolvere tali quesiti, dunque, è importante seguire il ragionamento solo sulla base delle premesse fornite, prescindendo dalle proprie conoscenze, perché spesso la conclusione del sillogismo non corrisponde alla realtà. La conclusione che gli asini volano, ad esempio, può essere la risposta giusta anche se tutti noi sappiamo che gli asini non volano, sempre che sia rispettato il ragionamento proposto.

> Il contenuto delle frasi è pressoché ininfluente ai fini della risoluzione del quesito, quindi è bene trattare le frasi solo dal punto di vista della struttura e non del contenuto che potrebbe essere fuorviante.

Ricordate che il sillogismo è ragionamento allo stato puro: per ragionare correttamente è dunque necessario staccare la forma dal contenuto. I sillogismi non sono né veri né falsi ma coerenti o incoerenti: tutto dipende dalle premesse che si avevano in partenza.

Esempio
Partendo dalle premesse false:
- tutte le cose verdi sono piante
- le rane sono verdi

saremo autorizzati ad accettare quale conclusione esatta l'affermazione secondo cui "le rane sono piante". Si giungerà dunque a conclusioni che sappiamo non corrispondere alla realtà ma che risultano coerenti dal punto di vista logico. Per rispondere correttamente a quiz di questo genere è quindi fondamentale seguire il ragionamento solo sulla base delle premesse fornite e mai sulla base delle proprie conoscenze.

Per risolvere un sillogismo è fondamentale individuare il corretto rapporto tra i termini: a tale scopo può essere utile rappresentare graficamente quanto contenuto nelle premesse.
Ci serviremo di rappresentazioni mediante insiemi. Gli insiemi sono gruppi di più elementi accomunati da una medesima caratteristica. Il più classico dei diagrammi utilizzati è quello di Eulero-Venn, rappresentato da un cerchio (o da un'ellisse).
Dal punto di vista grafico il sillogismo può essere rappresentato in quattro varianti diverse a seconda del rapporto che esiste tra i termini:
> **variante universale affermativa** (tutti gli A sono B, oppure tutti i cani sono animali),
> **variante universale negativa** (nessun A è B, oppure nessun cane è un vegetale),
> **variante particolare affermativa** (alcuni A sono B, alcuni cani sono mordaci)
> **variante particolare negativa** (alcuni A non sono B, oppure alcuni cani non sono mordaci).

Variante universale affermativa. Tutti gli A sono B viene rappresentato nella mente del buon risolutore di test nel seguente modo:

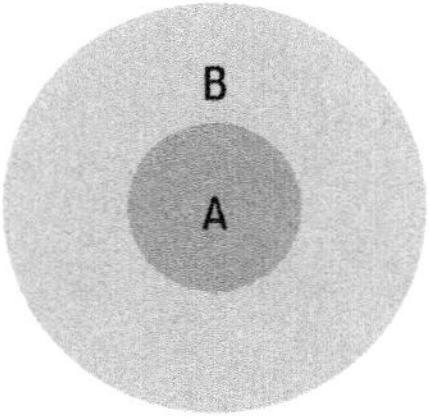

Tutti gli A sono B non significa che tutti i B sono A, cioè **non è una premessa convertibile**. Ad esempio, se diciamo *Tutti i cani sono animali*, non siamo autorizzati a dire che *Tutti gli animali sono cani*.

Variante universale negativa. Nessun A è B viene rappresentato così:

Nel primo caso vi era piena inclusione di A in B, in questo non c'è alcuna sovrapposizione tra A e B.
Caratteristica di questa variante è la **convertibilità**. Se nessun A è B allora sarà anche vero che nessun B è A.

Variante particolare affermativa. Alcuni A sono B viene rappresentato graficamente nel seguente modo:

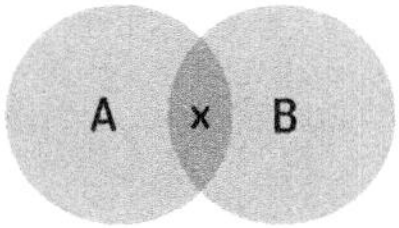

La caratteristica delle premesse particolari affermative sta nella loro **convertibilità**, infatti se *Alcuni A sono B*, allora anche *Alcuni B sono A*.

Variante particolare negativa. Alcuni A non sono B viene rappresentato come segue:

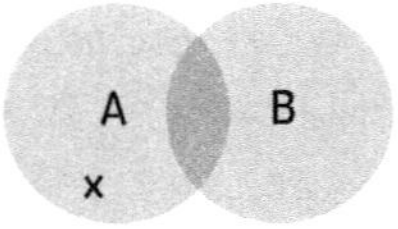

Viene rappresentata sempre con la sovrapposizione delle due aree, ma si pone attenzione alla parte non sovrapposta.
Caratteristica di questa variante è la **non convertibilità**.
Se la premessa particolare negativa è *Alcuni animali non sono cani*, la conversione *Alcuni cani non sono animali* non è accettabile. Il buon risolutore sa che la premessa *Alcuni animali non sono cani* implica che *Alcuni animali SONO cani*.

1.2.2 Le negazioni

Le **negazioni** sono enunciati espressi in forma negativa, da cui bisogna dedurre la conclusione corretta. Possiamo trovarle formulate in diversi modi.

Se dico "Non tutti i biondi sono furbi", vuol dire che qualche biondo può non esserlo. Questo perché il contrario di non tutti è qualche/qualcuno.
Per lo stesso motivo, se dico "Non è vero che tutti i biondi sono furbi", significa che alcuni biondi non sono furbi.
Queste negazioni particolarmente semplici possono essere risolte grazie all'ausilio di uno schema grafico. L'espressione può infatti essere rappresentata graficamente come segue:

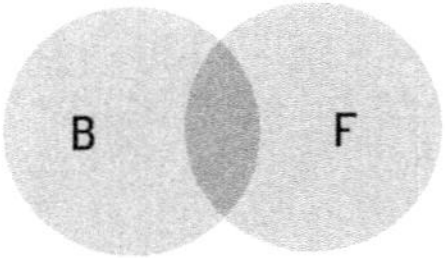

L'area grigia indica gli individui che presentano entrambi gli attributi. Appare subito evidente che esiste una parte di biondi che non sono furbi ed una parte di furbi che non sono biondi.
Vediamo un esempio più complesso.

Esempio

Un signore chiese ad un filosofo di guardare dalla finestra per vedere se pioveva; il filosofo per tutta risposta disse "non credo sia giusto negare che ci si sbagli nell'affermare che è falso dire che piove!"
Pioveva o era bel tempo? Si tratta di una tipologia di quesiti piuttosto frequente.
Se non si adottano delle strategie di risoluzione, ci si perde nel dedalo delle negazioni.
Scomponiamo la frase in tre parti:

- *non credo sia giusto negare* equivale a dire *è giusto affermare*, o meglio *è vero;*
- *che ci si sbagli nell'affermare* equivale a dire che *è corretto negare* o meglio *che ci si sbaglia a dire;*
- *che è falso dire che piove* equivale a dire *che non è vero che piove.*

Ricostruiamo la nuova frase in questo modo: *È vero che ci si sbaglia a dire che non è vero che piove*, che potrebbe essere semplificata maggiormente elidendo la prima parte, ... *si sbaglia a dire che non è vero che piove*. Ora la frase è più chiara, infatti si può concludere che stava piovendo!

La negazione logica di una proposizione *p* è la proposizione *non p* che risulta essere falsa se *p* è vera e vera se *p* è falsa.
In generale, la negazione logica può essere fatta anteponendo a una proposizione il *non* o qualunque espressione linguistica a esso equivalente come, ad esempio, *non è vero che*, *è falso che*...
Può essere utile, per la risoluzione di tali quesiti, ricordare le due regole seguenti:

1. Due negazioni o, in generale, un *numero pari di negazioni* che operano sulla stessa proposizione si annullano, ossia lasciano inalterato il significato logico su cui esse operano.
2. Tre negazioni o, in generale, un *numero dispari di negazioni* che operano sulla stessa proposizione negano una sola volta la proposizione, ossia ne fanno assumere il significato logicamente opposto.

La posizione delle negazioni in una proposizione è fondamentale. In italiano, ad esempio, non sempre due negazioni negano; in alcuni casi affermano.
Si consideri il seguente esempio.

Esempio

Letizia non può non correre = Letizia deve necessariamente correre
Letizia non può correre ≠ Letizia può non correre

Nel primo caso, le due negazioni rafforzano invece di annullarsi.
Nel secondo caso, invece, la posizione del *non* fa assumere alla proposizione un significato diverso, in quanto il predicato della proposizione logica è costituito da due verbi: potere e correre.

1.2.3 Condizioni necessarie e/o sufficienti

Le deduzioni logiche in senso stretto richiedono la fondamentale distinzione tra **condizione necessaria**, **condizione sufficiente** e **condizione necessaria e sufficiente**.

In generale, date due proposizioni X e Y, per esprimere che Y si deduce logicamente da X (o che X ha come conseguenza Y) si usa in genere la notazione

$$X \Rightarrow Y$$

che si legge "X implica Y", e sta a significare che *se è vera X, allora è vera anche Y*.
Se vale questa implicazione si dice che *X* è **condizione sufficiente** per il verificarsi di Y o anche che Y è **condizione necessaria** per il verificarsi di X.
Qualora si abbia simultaneamente che

$$X \Rightarrow Y \quad \text{e} \quad Y \Rightarrow X$$

si dice che le due proposizioni X e Y sono logicamente equivalenti o anche che X è **condizione necessaria e sufficiente** per il verificarsi di Y.

Esempi

Se bevo tutto il vino contenuto nella bottiglia, resterò senza vino.

Ebbene, la prima proposizione è condizione sufficiente, ma non necessaria, affinché si realizzi anche la seconda, perché la bottiglia potrebbe restare vuota anche a seguito di altri eventi, come la sua rottura accidentale. Se invece dicessimo: "*Solo se bevo tutto il vino contenuto nella bottiglia, resterò senza vino*", allora la premessa diventerebbe una *conditio sine qua non* della conclusione.

Se i pedali girano, la bicicletta cammina.

Anche in questo caso, valgono le stesse considerazioni. Infatti, i pedali potrebbero funzionare ma la bicicletta potrebbe essere ugualmente ferma, per esempio per una ruota forata, o un qualsiasi altro guasto.

Vediamo un altro esempio.

Esempio

Condizione necessaria	Condizione sufficiente
Solo se trattate con i pesticidi, le piante di granoturco non si ammalano. ↓	*Se trattate con i pesticidi, le piante di granoturco non si ammalano.* ↓
La premessa è *conditio sine qua non*, dunque: "*Se NON tratto le piante con i pesticidi sicuramente si ammaleranno*", *ma anche "Se le piante non si sono ammalate è certo che io le abbia trattate con pesticidi*".	"*Se le piante non si sono ammalate non è detto che le abbia trattate*", potrebbero essersi salvate per altri motivi.

I quesiti con la condizione necessaria o con la condizione sufficiente o con la condizione necessaria e sufficiente variano tantissimo; di seguito esponiamo una metodologia efficiente per identificare la loro risoluzione quando, data un'affermazione, si chiede di identificare cosa è possibile dedurre con certezza da tale affermazione.

Dal punto di vista verbale, se X è *condizione sufficiente* per il verificarsi di Y, avremo una frase del tipo "**Se** X..., allora Y...".
In tal caso, se è vera "Se X ..., allora Y ...", è possibile dedurre con certezza che: "Se non Y ..., allora non X ...".

Se, invece, X è *condizione necessaria* per il verificarsi di Y, avremo una frase del tipo "**Solo se** X..., allora Y...".
In tal caso, se è vera "Solo se X ..., allora Y ...", è possibile dedurre con certezza che:

- "Se Y ..., allora X ...";
- "Se non X ..., allora non Y ...".

Se, infine, X è *condizione necessaria e sufficiente* per il verificarsi di Y, avremo una frase del tipo "**Se e solo se** X ..., allora Y ...".
In tal caso, se è vera "Se e solo se X ..., allora Y ...", è possibile dedurre con certezza che:

- se Y ..., allora X ...;
- se non Y ..., allora non X ...;
- se non X ..., allora non Y ....

1.2.4 Deduzioni logiche da premesse

È utilissimo imparare ad applicare i diagrammi di Venn soprattutto per affrontare e risolvere con minor sforzo tutti quei problemi logici in cui si pongono quesiti a seguito di ragionamenti di tipo sillogistico come questo.

Esempio

- Tutti gli albini sono bianchi
- Serena odia le ciliegie
- Tutte le persone che odiano le ciliegie sono bianche

Quale tra le seguenti affermazioni è necessariamente vera, in considerazione delle premesse?

A. Tutti i bianchi sono albini
B. Serena è albina
C. Serena avrebbe desiderato essere albina
D. Tutti i bianchi vorrebbero essere neri
E. Serena è bianca

Tracciamo il diagramma di Venn per vedere che tipo di aiuto ci può dare. Si consiglia di annotare a lato del foglio i vari gruppi o nomi che vengono citati per poi, solo successivamente, iniziare a disegnare il diagramma.
Il primo passo da seguire è quello di tracciare una circonferenza sufficientemente grande da contenere eventualmente altri cerchi all'interno, oppure in sovrapposizione. Poi segniamo a lato del nostro foglio per gli appunti i gruppi, le persone e le azioni/sentimenti/comportamenti/atteggiamenti citati.
Qui c'è il gruppo degli albini, il gruppo di bianchi, Serena che odia le ciliegie.
Ci viene chiesto quale affermazione segua logicamente le premesse.

Se abbiamo tracciato il grafico, abbiamo segnato un grosso cerchio per il gruppo di bianchi:

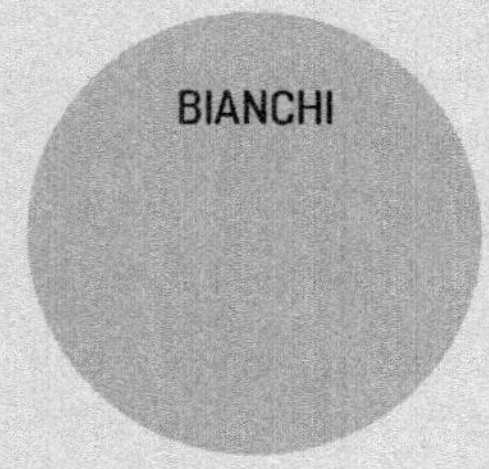

La relazione di inclusione tra albini e bianchi è questa: tutti gli albini sono bianchi

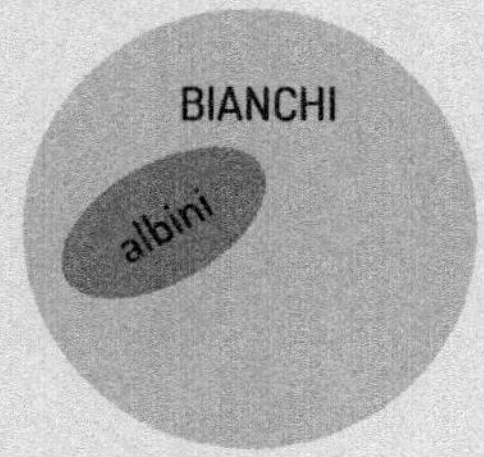

Come si nota, il gruppo dei bianchi contiene al suo interno tutto il gruppo degli albini.
La seconda premessa "Serena odia le ciliegie" non sappiamo dove inserirla perché ancora non si hanno informazioni sufficienti per relazionarla al resto.

Invece l'ultima affermazione consente di completare il diagramma di Venn, "tutte le persone che odiano le ciliegie sono bianche".

Adesso il diagramma contiene anche le persone che odiano le ciliegie che si collocano all'interno del cerchio "Bianchi", senza intersecarsi con l'ovale "Albini", perché nessuna informazione in tal senso ci autorizza ad intersecare albini con le persone che odiano le ciliegie.

Avevamo in sospeso un dato: adesso sappiamo dove collocare l'asserzione "Serena odia le ciliegie", infatti la inseriamo all'interno dell'ovale "persone che odiano le ciliegie" come in figura sotto:

Siamo quindi pronti per verificare qual è l'affermazione logicamente desumibile dalle premesse rappresentate sotto forma diagrammatica.

La conclusione A, "Tutti i bianchi sono albini", è del tutto inammissibile, infatti il rapporto di inclusione è inverso (tutti gli albini sono bianchi e non viceversa!), quindi non possiamo accettarla.

Anche la conclusione B, "Serena è albina", non è logicamente ammissibile, non c'è nessun dato che ci consente di giungere a questa conclusione.

La conclusione C, "Serena avrebbe desiderato essere albina", ha un carattere puramente riempitivo, è talmente assurda da non trarre in inganno nessuno.

Anche la conclusione D, "Tutti i bianchi vorrebbero essere neri", ha delle implicazioni logiche non ammissibili.

Infine la conclusione E, "Serena è bianca", appare in tutta la sua evidente limpidezza, infatti Serena fa parte dell'ovale "Persone che odiano le ciliegie" incluso totalmente nell'ovale dei "Bianchi", per cui per logica conseguenza anche Serena è bianca in quanto parte del gruppo delle persone che odiano le ciliegie.

1.2.5 Implicazioni logiche

Sono classificati come "implicazioni logiche" tutti quei quesiti la cui traccia da un lato fornisce delle informazioni e dall'altro richiede cosa si possa dedurre (o anche non dedurre) da tali informazioni o cosa sia da queste implicato (o non implicato). Si tratta, quindi, di una tipologia molto ampia ed eterogenea di quesiti, di cui gli esempi più frequenti sono i seguenti:

- sono fornite le due premesse di un sillogismo aristotelico e si chiede quale delle alternative di risposta sia la conclusione deducibile (o non deducibile) da esse;
- vengono proposte molteplici premesse di un polisillogismo e si richiede di trovare tra le opzioni di risposta la conclusione che esse implicano (o non implicano);
- sono riportate asserzioni contenenti condizioni necessarie e/o sufficienti e si chiede di riconoscere quale delle opzioni di risposta riporti un'affermazione deducibile (o non deducibile) dalle condizioni date;
- è espressa la negazione (o la falsità) di un enunciato e si chiede di individuare tra le alternative di risposta l'enunciato la cui verità (o falsità) è implicata (o non implicata) dalla negazione data.

Quando ci si trova di fronte a un quesito appartenente alla categoria "implicazioni logiche", il primo passo verso la sua soluzione è comprendere il tipo di esercizio logico che esso contiene (sillogismo aristotelico, polisillogismo, condizione necessaria e/o sufficiente, negazione ecc.). Una volta compreso questo, bisogna adottare le modalità di risoluzione che sono specifiche per l'esercizio logico dato e che sono illustrate di seguito.

Esempio

Quale delle seguenti rappresenta la conclusione corretta della frase "Le volpi sono astute; alcuni animali astuti sono notturni; gli animali che possono vedere nel buio sono notturni"?

A. Tutti gli animali astuti sono volpi
B. Tutti gli animali che possono vedere nel buio sono astuti
C. È impossibile che alcune volpi possano vedere nel buio
D. Soltanto le volpi possono vedere nel buio
E. È possibile che alcune volpi possano vedere nel buio

La risposta esatta è la E.

Per risolvere il quesito, è opportuno esaminare le tre asserzioni della traccia mediante diagrammi, per poi ragionare sulla rappresentazione grafica ottenuta. "Le volpi sono astute" equivale a "tutte le volpi sono (animali) astuti", per cui si tratta di un enunciato universale affermativo: ciò significa che l'insieme delle volpi è incluso in quello degli animali astuti. "Alcuni animali astuti sono notturni" è un enunciato particolare affermativo, pertanto l'insieme degli animali astuti e quello degli (animali) notturni si intersecano tra loro e l'intersezione è non vuota, ossia essi hanno alcuni elementi in comune. "Gli animali che possono vedere nel buio sono notturni" è un altro enunciato universale affermativo: dunque, l'insieme degli animali che possono vedere nel buio è incluso in quello degli (animali) notturni.

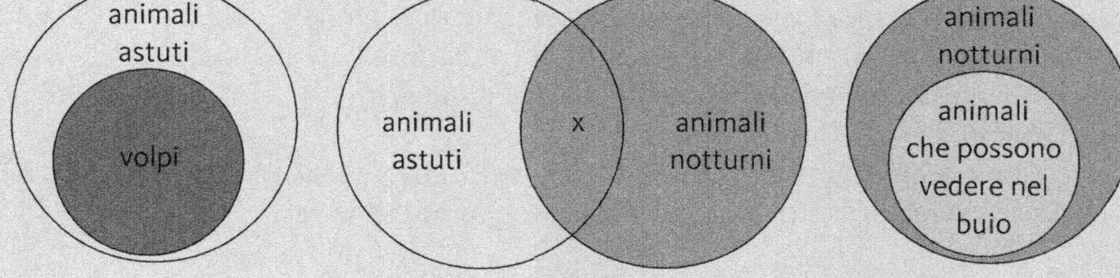

Ora, stando alle informazioni a disposizione, non è possibile sapere CON CERTEZZA quali siano i rapporti tra l'insieme delle volpi e quello degli animali che possono vedere nel buio. Tuttavia, tali informazioni sono compatibili con una POSSIBILITÀ: posto che l'insieme degli animali astuti e quello degli animali notturni si intersecano tra loro, anche l'insieme delle volpi, essendo incluso in quello degli animali astuti, e l'insieme degli animali che possono vedere nel buio, essendo incluso in quello degli animali notturni, potrebbero intersecarsi tra loro e avere alcuni elementi in comune. Questa POSSIBILITÀ rende corretto concludere che "è possibile che alcune volpi possano vedere nel buio".

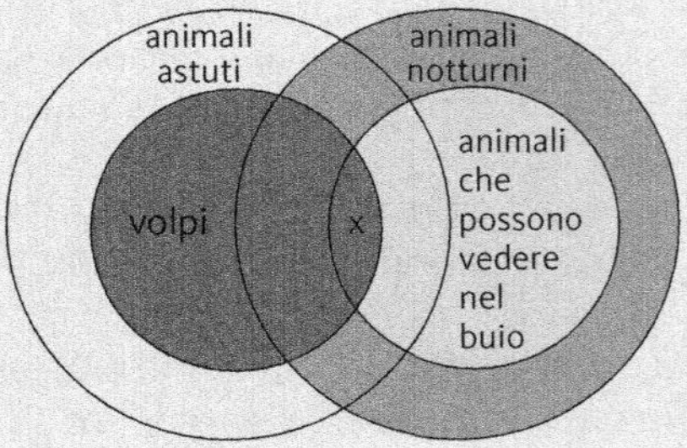

1.2.6 Le prove di comprensione di brani

In quasi tutte le prove di selezione sono previsti esercizi volti a verificare la capacità di comprendere un testo, decodificarne i contenuti più importanti, contestualizzare le informazioni, identificare le intenzioni comunicative dell'autore, le strutture del testo, gli scenari, gli eventi e le storie descritte, le conclusioni a cui si può giungere.

In genere vengono presentati brani piuttosto lunghi, al termine dei quali sono poste alcune domande sia su quanto esposto che su quanto deducibile dal testo.
Dato che si lavora sotto la pressione del tempo, occorre verificare quante domande oppure quanti brani debbono essere letti e fare delle valutazioni circa l'opportunità o meno di saltarli, lasciandoli per ultimi. Infatti, le prove di lettura dei brani richiedono molto più tempo rispetto agli altri item e attribuiscono lo stesso punteggio degli altri quiz, per cui la decisione di affrontarli soltanto quando abbiamo risposto a tutte le altre prove non è da scartare.

È consigliabile comunque dare una lettura rapida ma attenta alle domande inerenti il brano prima ancora di averlo letto. È un modo per familiarizzare con i temi e gli argomenti del brano che andremo a leggere e per riconoscere e focalizzare l'attenzione sui contenuti del brano che ci interessano per rispondere ai quesiti.
Un altro suggerimento è quello di distinguere tre momenti principali: prima della lettura, durante la lettura e dopo la lettura. Ognuna di queste fasi ha obiettivi e finalità specifiche. La prima fase aiuta a creare una visione globale del testo (ad esempio, leggendo il titolo e la fonte del brano). La seconda fase è quella in cui si selezionano le informazioni importanti e si crea una scala di priorità tra le informazioni ricavate (distinguendo fra salienti e marginali).
L'ultima fase, in cui si dovrà rispondere ai quesiti, aiuta a fissare i concetti e permette di verificare la propria efficacia nella comprensione dei brani.

Naturalmente queste procedure artificiose hanno una validità limitata esclusivamente a occasioni d'esame del tutto particolari (elevata pressione temporale, rapidità di risposta, ecc.) e non costituiscono certo la metodologia indicata per memorizzare dati nel lungo periodo. Il compito di comprensione dei testi non si esaurisce nella semplice frammentazione del brano in tanti dettagli informativi, dato che di frequente si richiede al candidato di trarre delle conclusioni da quanto ha letto, del tipo:

> Quali conclusioni è possibile trarre dal brano che avete letto?
> Qual è lo stile del brano?
> Quale tra le seguenti argomentazioni è la più corretta?
> Quale potrebbe essere il titolo del brano?

Esempi di prove sulla comprensione di brani

Comprensione del senso di un brano

«Ancora vent'anni fa era possibile elencare moltissimi filosofi, storici, sociologi, psicologi che i giovani leggevano con avidità considerandoli dei maestri. [...] Prendete ora qualsiasi giovane e domandategli quali autori legge abitualmente considerandoli dei maestri. Spesso non ne nominano nemmeno uno. [...]

Non sanno più la storia. Girano il mondo e non sanno localizzare su una carta geografica dove sono gli Stati. Navigano in internet ma, poiché su internet ci sono solo frammenti, fanno un minestrone di frammenti che non riescono a ordinare. [...] Non sono i giovani che sono apatici, morti, ignoranti, pigri, siamo noi che non abbiamo capito che l'essere umano è, nel profondo, un combattente, che ha al suo interno una spinta irrefrenabile a salire in alto. È questa che bisogna risvegliare. Ma non la si risveglia con il "poverino, poverino" e con la pigrizia. E la si uccide con l'indifferenza. La si risveglia solo additando una meta e dimostrando, con il tuo esempio, che ci credi e che sei pronto a batterti insieme a loro per raggiungerla».

(Da Francesco Alberoni, *"In ogni giovane apatico si nasconde un combattente"*, Corriere della Sera, 7/3/2005, p.l.)

Delle cinque considerazioni che la situazione descritta potrebbe far venire in mente SOLO UNA, stando a quanto appena letto, sarebbe condivisa da Alberoni. La si individui.

A. Al giorno d'oggi mancano le personalità eminenti di un tempo, dotate di straordinarie prerogative intellettuali e culturali
B. Il tramonto delle grandi ideologie giustifica il disimpegno intellettuale e pratico di tanti giovani rimasti senza "fedi"
C. La disaffezione di tanti giovani d'oggi nei confronti della lettura è la spia del carattere meramente commerciale delle scelte editoriali dell'industria della carta stampata
D. Fare meno viaggi virtuali in internet ed aumentare quelli reali in giro per il mondo aiuterebbe i giovani a ritrovare l'entusiasmo perduto
E. La presunta apatia dei giovani d'oggi riflette in realtà le carenze degli adulti, che non sanno impegnarsi con loro nella comune rincorsa di nuovi traguardi

Seguendo i suggerimenti sopra descritti andiamo alla ricerca delle informazioni più pertinenti iniziando a leggere rapidamente le cinque alternative proposte. È altresì indispensabile fare attenzione anche alle istruzioni, in questo caso si richiede di individuare l'unica conclusione che sarebbe considerata accettabile da quanto letto, in altri casi si potrebbe richiedere di individuare l'unica affermazione non attinente al brano. Dunque si presuppone che dalla lettura del brano, nella fattispecie un articolo apparso su un grande quotidiano, si possano esprimere delle considerazioni e che, tra le cinque proposte, soltanto una sarebbe condivisa dall'autore Francesco Alberoni.

Esaminiamo una ad una le cinque considerazioni proposte.
L'alternativa A, "*mancano le personalità eminenti di un tempo ...*", non è suffragata dal testo. Si dice che i giovani non hanno nessuna figura di riferimento, il che potrebbe implicare che non ci siano le personalità di un tempo, tuttavia, il nostro compito non è lavorare sulle implicazioni probabili, ma individuare delle conclusioni sulla base di quanto abbiamo letto. La considerazione corrispondente alla lettera A è dunque da scartare.
Neanche l'alternativa B è desumibile dal brano. Non si dice né si lascia intendere che il disimpegno intellettuale dei giovani sia giustificato dalla caduta delle ideologie.
La considerazione descritta nell'alternativa C è puramente riempitiva, non si discute delle scelte editoriali troppo commerciali dell'industria editoriale odierna, l'argomento dell'articolo non lascia adito a dubbi in merito. Si parla nel brano di internet, ma come esempio accessorio delle modalità di raccolta delle informazioni utilizzate dai giovani: si dice che internet fornisce delle informazioni frammentarie e che i giovani non riescono ad ordinarle, ma non implica che i giovani dovrebbero fare meno viaggi virtuali. Quindi anche la conclusione D è da scartare.
Non ci resta che la conclusione E, in cui si asserisce che l'apatia dei giovani riflette le carenze degli adulti che non si impegnano con loro per il raggiungimento di nuovi traguardi. La porzione del testo sottolineata nel brano indica i passaggi che confermano questa conclusione.

Individuazione di affermazioni logicamente deducibili da un brano

In questo esempio, è richiesto di individuare l'unica affermazione logicamente deducibile dal brano, tratto da un testo altamente specialistico. Passiamo rapidamente in rassegna le alternative proposte, eventualmente sottolineando le parole e i concetti chiave e poi leggiamo il brano sottolineando i punti salienti.

> «All'inizio il bottone fu trattato come fosse un ornamento, fabbricato e venduto dai gioiellieri. Le donne erano disposte a spendere e a fare spendere talmente tanti denari ai famigliari per tale acquisto, da incorrere nel rigore delle leggi contro il lusso [...]. Progressivamente la funzione pratica dei bottoni passò in primo piano e i bottoni furono fatti di ottone o di rame, o di vetro [...]. I bottoni permisero per la prima volta alle donne del XIII secolo di portare vesti aderenti che danno slancio alla figura, e di modellare la forma del braccio con maniche strette. Al desiderio di sfoggiare comunque grande quantità di tessuto, indice di ricchezza, che l'uso dei bottoni evidentemente contrasta, si supplì con lo strascico e con la sovrapposizione di diversi capi di vestiario [...]. I bottoni però, oltre a permettere di aprire e chiudere lo scollo degli abiti e le maniche, resero quest'ultime addirittura completamente staccabili. [...] Il detto: "È un altro paio di maniche" ci giunge proprio dal Medioevo, quando per necessità pratica, o [...] per esigenza decorativa, le maniche potevano essere riposte in una cassapanca lontano dall'abito di cui facevano parte. Di solito in casa si portavano maniche di tipo modesto, più ricercato ed elegante quando si usciva».
>
> (Da Chiara Frugoni, *Medioevo sul naso. Occhiali, bottoni e altre invenzioni medievali*, Laterza, Roma-Bari, 2001, pp. 102-103)

Solo UNA delle affermazioni seguenti è CORRETTAMENTE dedotta dalle premesse contenute nel brano. La si individui.

A. Nell'Alto Medioevo, prima dell'invenzione dei bottoni, a nessuno era venuto in mente di sovrapporre diversi capi di vestiario

B. I bottoni consentirono alle donne medievali l'agognata economia di tessuto nella confezione dei loro abiti
C. L'introduzione dei bottoni consentì di dotare gli abiti femminili di maniche adeguate
D Con il passar del tempo i bottoni divennero sempre più elaborati nelle forme e nei materiali e conseguentemente sempre più costosi
E. L'introduzione dei bottoni non rispose originariamente ad un'impellente esigenza pratica

Nonostante l'argomento molto particolare, questo brano non comporta grossi problemi dal punto di vista della comprensione. Ci viene chiesto di individuare l'unica alternativa corretta, dunque ci aspettiamo quattro alternative false ed una sola corretta. L'alternativa A non è corretta in quanto l'idea di sovrapporre le vesti fu una conseguenza dell'uso dei bottoni e nulla è detto circa il comportamento prima dell'invenzione dei bottoni. La B è falsa perché anzi le donne amavano sfoggiare abiti lussuosi. Anche la C è falsa perché i bottoni consentirono solo di staccare le maniche. Infine la D è falsa perché all'inizio e non alla fine i bottoni erano costosi. L'unica considerazione plausibile è quella corrispondente alla lettera E. La risposta è contenuta nel primo rigo del brano "All'inizio il bottone fu trattato come fosse un ornamento..."; non rispondeva dunque ad un'esigenza pratica.

1.2.7 Relazioni d'ordine

Le parentele

> Si chiamano esercizi delle parentele quelli che richiedono l'individuazione dei **rapporti di parentela** tra due o più soggetti, a partire da descrizioni piane del tipo "il fratello del cugino della moglie".

Evidentemente la difficoltà di questi compiti è molto attenuata se riusciamo a costruire un grafico ad albero che rappresenti visivamente quanto espresso verbalmente.

Potreste incontrare un problema del tipo indicato di seguito.

Esempio

Vania è figlia della sorella di Mirella. Iva è la mamma di Loretta e nonna del fratello di Vania. Sole è la figlia del figlio di Mirella e bisnipote di Iva. Che relazione di parentela intercorre tra Vania e Sole?

A. Sono sorelle
B. Sono nipote e zia
C. Sono triscugine o cugine di terzo grado
D. Sono biscugine o cugine di secondo grado
E. Sono cugine

In questi esercizi conviene iniziare a disegnare il grafico dalle affermazioni riguardanti i soggetti "protagonisti" del quesito; si consideri, inoltre, che nel testo potrebbero essere presenti informazioni e nomi non utili alla risoluzione del quesito.

Disegniamo il grafico dalle affermazioni su Vania e Sole: innanzitutto sappiamo che "Vania è figlia della sorella di Mirella", ovvero

```
Sorella di M — M
      |
      V
```

Inoltre sappiamo che "Sole è la figlia del figlio di Mirella", cioè:

```
     M
     |
figlio di M
     |
     S
```

Dall'unione dei due grafici precedenti si ottiene:

```
Sorella di M — M
      |        |
      V    figlio di M
               |
               S
```

Da ciò deduciamo immediatamente che il rapporto di parentela tra Sole e Vania è quello indicato nella risposta D, cioè sono biscugine o cugine di secondo grado, in quanto Vania è cugina del figlio di Mirella e, quindi, cugina di secondo grado di sua figlia Sole.

Osserviamo che le altre affermazioni presenti nel testo sono dei distrattori, in quanto le informazioni "Iva è la mamma di Loretta e nonna del fratello di Vania" e "Sole è bisnipote di Iva" non sono utili alla risoluzione del quesito.

Le età

Proviamo un esercizio semplicissimo per descrivere l'uso delle tabelle come ausilio per la risoluzione dei problemi relativi alle relazioni d'ordine concernenti le età.

Esempio

Gina, Lino e Pina sono tre amici. I loro cognomi sono Ginetti, Linetti e Pinetti, ma l'ordine dei nomi può non corrispondere all'ordine dei cognomi. Le loro età sono di 18, 20, e 21 anni, ma non sappiamo a chi appartengono.
Partendo dalle seguenti indicazioni:

1. La signorina Ginetti ha tre anni più di Pina
2. Il signor Pinetti ha venti anni

scopriamo nome e cognome di ciascuno e l'età.

Costruiamo una tabella segnando sulle righe i nomi delle persone e le età, sulle colonne i cognomi e le età. Agli incroci apporremo uno 0 quando l'informazione non conferma l'incrocio, 1 quando l'informazione conferma l'incrocio, o meglio 1 rappresenterà delle relazioni positive, 0 delle relazioni negative. Analizzando il contenuto del problema segneremo, man mano che troviamo relazioni valide o non valide, i codici corrispondenti.
Se la signora Ginetti ha tre anni più di Pina, si deduce che Ginetti ha 21 anni e Pina 18 anni, quindi segneremo 1 all'incrocio di riga Pina / 18 anni e 0 sulle restanti età (20 e 21 anni). Lo stesso vale per l'incrocio Ginetti / 21 anni.

Si deduce inoltre che Ginetti non è il cognome di Pina, per cui mettiamo uno o anche all'incrocio Ginetti / Pina.
Infine ci viene detto che Ginetti è una signora, per cui annulliamo anche la casella di incrocio tra Ginetti / Lino.
Rimane libera la casella di associazione Gina Ginetti, per cui possiamo inserire 1 nello spazio corrispondente e o negli altri spazi corrispondenti ai cognomi ormai non più attribuibili a Gina.

	Ginetti	**Linetti**	**Pinetti**	**Anni 18**	**Anni 20**	**Anni 21**
Gina	1	0	0	0	0	1
Lino	0					
Pina	0			1	0	0
Anni 18	0					
Anni 20	0					
Anni 21	1	0	0			

Dalla prima frase abbiamo ricevuto molte informazioni, e ce ne rendiamo conto visivamente dal numero di caselle segnate sulla tabella. Se passiamo alla seconda informazione, si riempiranno altre caselle informative. Sappiamo che Pinetti ha venti anni ed è maschio (il signor Pinetti), per cui riempiamo le corrispondenti caselle come nella tabella sottostante.

	Ginetti	**Linetti**	**Pinetti**	**Anni 18**	**Anni 20**	**Anni 21**
Gina						
Lino		0	1	0	1	0
Pina		1	0			
Anni 18		1	0			
Anni 20		0	1			
Anni 21						

Abbiamo recuperato tutti i dati; unendo i codici delle due tabelle otteniamo la tabella:

	Ginetti	**Linetti**	**Pinetti**	**Anni 18**	**Anni 20**	**Anni 21**
Gina	1	0	0	0	0	1
Lino	0	0	1	0	1	0
Pina	0	1	0	1	0	0
Anni 18	0	1	0			
Anni 20	0	0	1			
Anni 21	1	0	0			

Si tratta semplicemente di riassumere le informazioni già disponibili in tabella per rispondere al quesito iniziale:
Gina Ginetti ha 21 anni
Lino Pinetti ha 20 anni
Pina Linetti ha 18 anni

Collocazione di oggetti e/o individui

I quesiti del tipo di quelli riportati di seguito chiedono l'identificazione, tra le alternative di risposta, dell'esatta collocazione da dare a oggetti e/o individui rispettando determinati criteri.

> La logica di risoluzione di tali quesiti non è matematica, infatti non occorre applicare i concetti propri del calcolo combinatorio (disposizioni, permutazioni...).

Esempio

Cinque amici occupano a teatro cinque poltrone contigue nella stessa fila: Anselmo è a fianco di Bruno ma non di Cesare, il quale è a lato di Dario ma non di Enrico, e questi è a lato di Bruno ma non di Dario. In quale ordine sono seduti?

A. Cesare, Dario, Anselmo, Bruno, Enrico
B. Cesare, Dario, Bruno, Enrico, Anselmo
C. Dario, Cesare, Enrico, Bruno, Anselmo
D. Enrico, Dario, Anselmo, Bruno, Cesare
E. Anselmo, Bruno, Cesare, Enrico, Dario

Ricostruiamo la sequenza delle poltrone occupate dalle informazioni forniteci.
Se Anselmo è al fianco di Bruno possiamo ipotizzare le due seguenti configurazioni:

Anselmo – Bruno oppure **Bruno – Anselmo**

Inoltre Cesare è al lato di Dario, quindi

Cesare – Dario oppure **Dario – Cesare**

Inoltre Enrico è al lato di Bruno, che era già di fianco ad Anselmo, quindi:

Anselmo – Bruno – Enrico oppure **Enrico – Bruno – Anselmo**

Sappiamo che Cesare (che è di fianco a Dario) non sta al fianco di Enrico e neanche di Anselmo, quindi:

Cesare – Dario – Anselmo – Bruno – Enrico

opp. **Enrico – Bruno – Anselmo – Dario – Cesare**

Notiamo che dalle informazioni dateci entrambe le configurazioni presentateci sono valide, in particolare però solo la prima è presentata tra le opzioni. Quindi A è l'opzione corretta.

Di seguito, proponiamo quattro quesiti relativi a uno stesso problema. Il problema è più complesso di quelli appena visti, in quanto, oltre alla collocazione di bambini in classe, occorre individuare il tipo di sport praticato da ciascuno.

Esempio

Leggere il testo del seguente problema e rispondere ai quesiti 1-4.

Cinque bambini (Gabriele, Luca, Sasha, Christian e Andrea, non necessariamente in quest'ordine) frequentano le cinque diverse classi della stessa scuola elementare e praticano cinque sport diversi (nuoto, calcio, judo, atletica, karate, non necessariamente in quest'ordine). Si sa che:

1. Gabriele, che pratica il nuoto, non frequenta la classe III;
2. Luca frequenta la II classe e non pratica né il judo, né il calcio;
3. Il bambino che frequenta la classe III non pratica il judo;
4. Christian frequenta la classe I e non gioca a calcio;
5. Andrea, che pratica il karate, frequenta la classe V.

(Fonte: Selexi s.r.l.)

1) Quale sport pratica Christian?

A. Judo
B. Nuoto
C. Calcio
D. Atletica
E. Karate

Per risolvere il quesito, è opportuno aiutarsi con una tabella. Iniziamo assegnando ciascuna riga a uno sport e ciascuna colonna a un bambino.
In base all'informazione 5. sappiamo che Andrea pratica karate e frequenta la V, per cui scriviamo 'V' nella casella Karate-Andrea ed eliminiamo con il segno X tutte le combinazioni tra Karate e gli altri Bambini, che ovviamente non lo praticano, e tra Andrea e gli altri Sport.
In base all'informazione 1. sappiamo che Gabriele pratica nuoto, per cui eliminiamo tutte le combinazioni tra Gabriele e gli altri Sport e tra Nuoto e gli altri Bambini, che ovviamente non lo praticano.
In base all'informazione 2. sappiamo che Luca frequenta la II classe e non pratica né judo né calcio, per cui: eliminiamo le caselle Luca-Judo e Luca-Calcio; concludiamo che egli pratica Atletica e scriviamo la classe che frequenta, cioè 'II', nella casella Luca-Atletica; eliminiamo le combinazioni tra Atletica e gli altri Bambini, che non praticano atletica.
In base all'informazione 4. sappiamo che Christian frequenta la classe I e non gioca a calcio, per cui: eliminiamo la casella Christian-Calcio; concludiamo che Christian pratica judo, scrivendo la classe che frequenta, cioè la I, nella casella Christian-Judo; eliminiamo la casella Sasha-Judo.

		BAMBINI				
		GABRIELE	LUCA	SASHA	CHRISTIAN	ANDREA
SPORT	NUOTO		×	×	×	×
	CALCIO	×	×		×	×
	JUDO	×	×	×	I	×
	ATLETICA	×	II	×	×	×
	KARATE	×	×	×	×	V

La risposta corretta è, dunque, la A.

2) Quale dei bambini pratica l'atletica?

A. Luca
B. Sasha
C. Gabriele
D. Christian
E. Andrea

Come si evince dalla tabella riportata nel commento al quiz precedente, a praticare l'atletica è Luca. La risposta corretta è, dunque, la A.

3) Quale classe frequenta Gabriele?

A. La classe I
B. La classe III
C. La classe V
D. La classe II
E. La classe IV

Per individuare la classe frequentata da Gabriele bisogna fare riferimento a quanto riportato nella traccia del quesito riguardo alle classi. Infatti, dalle informazioni 2., 4. e 5. si evince che: Luca frequenta la II classe, Christian la I e Andrea la V. Resta, dunque, da individuare chi frequenta la III e la IV.
Poiché nella traccia si precisa anche che Gabriele non frequenta la III, la sua classe è necessariamente la IV.

		BAMBINI				
		GABRIELE	LUCA	SASHA	CHRISTIAN	ANDREA
SPORT	NUOTO	IV	×	×	×	×
	CALCIO	×	×	III	×	×
	JUDO	×	×	×	I	×
	ATLETICA	×	II	×	×	×
	KARATE	×	×	×	×	V

La risposta corretta è, pertanto, la E.

4) Quale bambino pratica il calcio?
A. Christian
B. Andrea
C. Luca
D. Gabriele
E. Sasha

Sulla base delle informazioni riportate nella traccia sappiamo che:
- Gabriele pratica il nuoto;
- Luca non pratica il calcio;
- Christian non pratica il calcio;
- Andrea pratica il karate.

Ne consegue che l'unico che gioca a calcio è Sasha. La risposta corretta è, pertanto, la E.

Gli eventi cronologici

Si tratta di quiz in cui, dati alcuni elementi tra i quali vengono espresse delle relazioni, si chiede di ordinarli secondo un determinato criterio: per esempio, dal più giovane al più vecchio, dal più al meno recente, dal più grande al più piccolo ecc. Si tratta di una tipologia di quesiti piuttosto rara, di cui, per completezza riportiamo un esempio.

Esempio
Oggi Marcella è andata a trovare la nonna (1) appena finito di mangiare (2). Tornerà a ritrovarla (3) dopo aver ritirato la borsa (4) che aveva lasciato in macchina cinque giorni fa (5).
Individuare quale delle seguenti sequenze rappresenta il corretto svolgimento cronologico degli eventi.
A. 12354
B. 21435

C. 54321
D. 52143
E. 21543

Per risolvere questo esercizio è sufficiente servirsi di un foglio per prendere appunti su cui si traccia una linea temporale come si vede nel disegno:

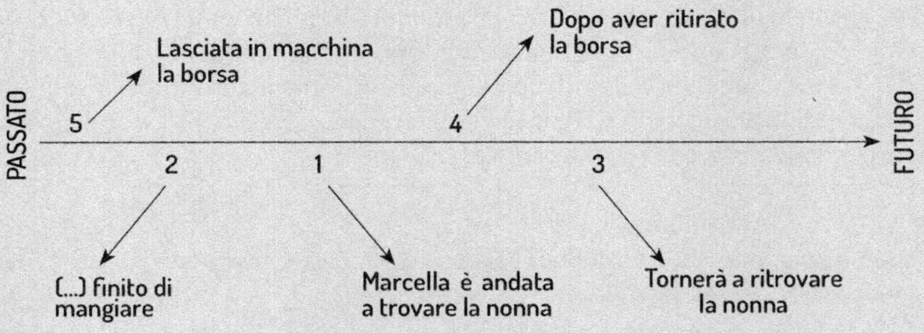

Si deve tracciare una linea abbastanza lunga da contenere i cinque eventi dell'esercizio. Su un punto qualsiasi della linea orizzontale (*continuum*) si inserisce il primo evento citato, in questo caso Marcella che va a trovare sua nonna, segnato con il numero 1.
Poi decideremo dove inserire il secondo evento "appena finito di mangiare" 2. Se l'evento si colloca sulla linea temporale dopo che Marcella è andata a trovare la nonna segneremo il codice 2 a destra del codice 1, se invece è un evento che avviene precedentemente lo segneremo a sinistra del codice 1. Poiché Marcella finisce di mangiare prima di andare dalla nonna, allora inseriremo il codice 2 a sinistra del codice 1, perché è un avvenimento cronologicamente più lontano. Manteniamo uno spazio sufficiente tra i due eventi perché è possibile trovare degli esercizi che inseriscono eventi anche tra i due eventi prima descritti, comunque non in questo caso. Proseguiamo.
La frase "tornerà a ritrovarla" ci indica che questo evento si colloca temporalmente dopo il codice 1, quindi alla destra di 1. Però un evento cronologicamente anteriore al 3 è l'evento segnato con il numero 4, cioè "aver ritirato la borsa" che avviene prima di tornare dalla nonna, per cui alla sinistra di 3 ma alla destra di 1. Ma non basta, c'è ancora un altro evento da collocare nella sequenza che è "la borsa (...) che aveva lasciato cinque giorni fa" indicata con il codice 5. Qui ci vuole un minimo di scaltrezza; abbiamo imparato che l'ideatore di queste prove intende mettere in difficoltà l'esaminando, per cui ricerca le complicazioni che stravolgono tutto proprio alla fine quando generalmente si pensa di avere "strada libera". Invece questo evento citato per ultimo è quello cronologicamente più distante, quindi si collocherà necessariamente prima dell'evento codificato con il numero 2.
Senza l'aiuto del piccolo grafico molto più difficilmente saremmo riusciti ad individuare l'esatta sequenza cronologica descritta, quindi ora siamo certi che la risposta giusta è quella alla lettera D.

1.2.8 Relazioni insiemistiche

Un'altra tipologia di quesiti frequentemente assegnata nelle prove di selezione è costituita dalle relazioni insiemistiche.

> A differenza dei quesiti di logica deduttiva che possono essere risolti grazie all'ausilio dei diagrammi insiemistici, tali quesiti hanno a oggetto proprio tali diagrammi.

La rappresentazione grafica utilizzata è costituita dai diagrammi di Eulero-Venn. Generalmente, i diagrammi si presentano sotto forma di cerchi o ellissi, ma possono essere anche poligoni (quadrati o rettangoli).
Nei test inerenti i diagrammi insiemistici, per ciascun quesito, occorre *individuare il diagramma che soddisfa la relazione insiemistica tra i termini dati.*
In tali quesiti, infatti, sono dati 3 termini, corrispondenti a 3 insiemi; occorre identificare la relazione esistente tra *parte* o *tutti* gli elementi dei 3 insiemi considerati.
Tali test, quindi, per la loro risoluzione, richiedono un ragionamento sillogico e la conoscenza dei diversi rapporti di classificazione, nonché dei concetti di parte e di tutto.
Si analizza, mediante successive rappresentazioni, un esempio, in cui il diagramma da individuare è da ricercare tra 7 diagrammi.

Esempio

Individuare il diagramma che soddisfa la relazione insiemistica esistente fra i tre termini seguenti: Calciatori, Palloni, Terzini

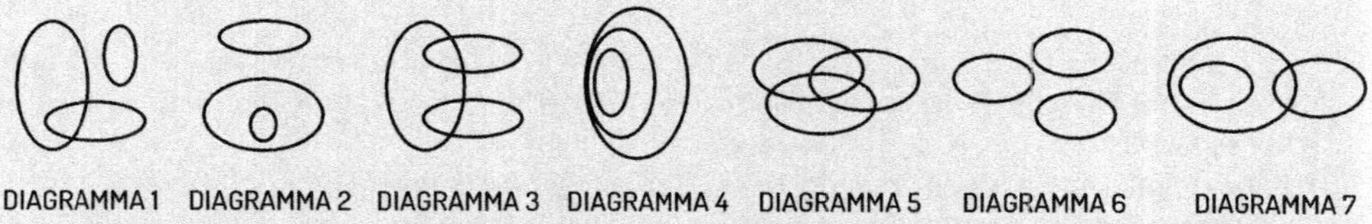

A. Diagramma 5
B. Diagramma 2
C. Diagramma 4
D. Diagramma 3
E. Diagramma 7

Tutti i terzini sono calciatori (calciatore è un termine generico, atto a designare i terzini, gli attaccanti, il portiere...); i palloni sono oggetti.

Nel linguaggio insiemistico, quindi, l'insieme dei "terzini" appartiene all'insieme dei "calciatori" ossia i "terzini" sono un sottoinsieme dell'insieme dei "calciatori". Inoltre, poiché "nessun pallone" è "un calciatore", l'insieme dei "calciatori" è disgiunto dall'insieme dei "palloni".
Il diagramma che rappresenta i tre insiemi è il numero 2 e la risposta corretta è la B.

In figura è mostrato il diagramma di Eulero-Venn con i tre insiemi.

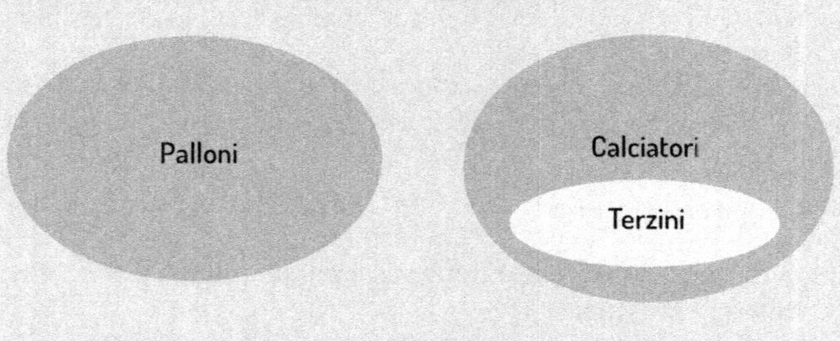

In esso si nota che l'insieme dei terzini è incluso in quello dei calciatori, mentre l'insieme dei palloni è disgiunto dagli altri due.

1.3 Logica numerica e *problem solving*

I quesiti di **logica numerica** richiedono, spesso, semplice attitudine al calcolo mentale, per la cui risoluzione è sufficiente possedere nozioni matematiche di base e la capacità di risoluzione diretta e immediata. Le prove di selezione costituite da quesiti di logica numerica devono essere affrontate senza l'ausilio di calcolatrici. Pertanto, la rapidità di calcolo mentale è uno dei prerequisiti fondamentali per affrontare tali prove. Il calcolo mentale deve essere esercitato: l'abilità di calcolo, se non è innata, non può essere insegnata ma è il risultato di una pratica sedimentata negli anni. A prescindere dalla capacità innata, tale abilità può essere potenziata utilizzando metodi per velocizzare i calcoli, i cosiddetti *trucchi*.

Le strategie di calcolo a mente utilizzano tali tecniche atte a ottenere operazioni intermedie più semplici. Nella fase di preparazione della prova è fondamentale imparare alcune di tali tecniche.

Tra i quesiti di logica numerica, occorre annoverare:

- quesiti di *ragionamento numerico*, in cui si deve individuare il nesso logico tra i numeri e/o le lettere di una serie. Tali quesiti sono senza dubbio i più frequenti, anche se, spesso, sono assegnati quesiti con sequenze costituite anziché da numeri da lettere, le serie alfabetiche. Meno frequenti sono, invece, le serie alfanumeriche, costituite da successioni di lettere e numeri in cui possono esistere nessi logici tra le lettere e tra i numeri in maniera disgiunta oppure possono esistere nessi logici lettere-numeri;
- quesiti di *logica numerica nelle configurazioni grafico-geometriche*, in cui i numeri o le lettere di una serie sono presentati sotto svariate forme grafiche. La tecnica risolutiva di questi quesiti è la stessa di quella delle serie presentate sotto forma di successione di numeri e/o lettere, in più occorre considerare la posizione reciproca di tali numeri e/o lettere nelle figure;
- quesiti di *interpretazione di dati in grafici e tabelle* (si parla in quest'ultimo caso di quesiti di ragionamento critico-numerico), che valutano l'abilità di trattare ed estrapolare informazioni numeriche dai dati presentati sotto forma di grafici e tabelle;
- quesiti che richiedono l'*applicazione di formule di calcolo*. Gli esempi più frequenti di tale categoria sono quelli dei quiz in cui si richiede di prevedere un risultato attraverso l'espressione di giudizi in probabilità oppure dei quiz su spazio, velocità e tempo, che non richiedono particolari strategie risolutive ma, in generale, la conoscenza delle relazioni fondamentali tra queste tre grandezze;
- problemi matematici incentrati solo sul *calcolo di valori*, in cui il quesito è posto sotto forma di testo matematico e la cui risoluzione richiede l'applicazione di diverse formule;
- problemi logico-matematici risolvibili con *semplici formule*. La risoluzione dei quesiti di questa categoria richiede, infatti, addizioni, moltiplicazioni, l'utilizzo di equazioni di primo grado o di sistemi di equazioni, oltre a un minimo di ragionamento logico per comprendere il problema.

Nei problemi logico-matematici incentrati sul ***problem solving***, il calcolo matematico ha un ruolo secondario rispetto alla comprensione della strategia risolutiva.

Nel *problem solving* rientrano:

- problemi la cui risoluzione richiede di *selezionare le informazioni rilevanti* per usarle in modo appropriato;

> problemi la cui risoluzione richiede di *individuare analogie*, ovvero di individuare informazioni o gruppi di informazioni equivalenti presentati sotto forme diverse, graficamente, verbalmente e sotto forma di tabelle;
> problemi che richiedono di *stabilire e applicare procedure appropriate*, ovvero problemi la cui risoluzione necessita come principale abilità quella di sviluppare un metodo di risoluzione.

1.3.1 Esercizi con frazioni e percentuali

Gli esercizi con frazioni e percentuali sono presenti quasi sempre nelle prove di selezione. Si tratta di esercizi piuttosto semplici.

Frazioni

Una frazione è una coppia ordinata di numeri (a, b), con b non nullo, che assume il valore numerico $a : b$ e viene indicata con $\frac{a}{b}$; a è detto *numeratore* e b è detto *denominatore*.

Esempio

Giacomo ha visto i 4/9 di un film. Sapendo che ne ha visti 88 minuti, per quanti minuti ancora deve rimanere davanti allo schermo per arrivare a vedere la fine del film?

A. 110
B. 198
C. 121
D. 99
E. 132

Sia x la durata dell'intero film. Se Giacomo ne ha visti i 4/9, cioè 88 minuti, allora vuol dire che i 4/9 di x sono pari a 88 minuti:

$$\frac{4}{9} \cdot x = 88 \Rightarrow x = \frac{9}{4} \cdot 88 = 9 \cdot 22 = 198$$

L'intero film dura 198 minuti.
I minuti che ancora deve vedere sono: 198 – 88 = 110. La risposta corretta è A.

Percentuali

La percentuale è un rapporto che ha come denominatore 100.

Esempio

Se un abito, il cui costo è € 120, viene scontato del 35% quale sarà il suo costo finale?

A. € 82
B. € 78
C. € 85
D. € 100
E. € 72

Calcoliamo dapprima il 35% di € 120:

$$\frac{35}{\cancel{100}_5}\cdot \cancel{120}^6\,€ = \frac{\cancel{35}^7}{\cancel{5}_1}\cdot 6€ = 42€$$

Lo sconto praticato sull'abito è di € 42. Per ottenere il prezzo finale dobbiamo sottrarre lo sconto al costo iniziale dell'abito: € 120 – € 42 = € 78. La risposta corretta è B.
Un metodo più veloce per calcolare il prezzo finale può essere moltiplicare il prezzo iniziale direttamente per 65%. Sappiamo infatti che se un abito viene scontato del 35% il suo prezzo finale sarà il 65% di quello iniziale (100% – 35% = 65%). Per cui:

$$\frac{65}{\cancel{100}_5}\cdot \cancel{120}^6\,€ = \frac{\cancel{65}^{13}}{\cancel{5}_1}\cdot 6€ = 78€$$

Percentuali e tasso di interesse

Nelle prove di selezione è possibile incontrare dei test di logica numerica sulle percentuali in cui si adopera un linguaggio tecnico legato a capitali, interessi e tasso di interesse. In realtà il più delle volte si tratta di applicare semplici calcoli di percentuale.

Esempio

Qual è il tasso di interesse annuale che garantisce, a fronte di un capitale impiegato di € 12.000, un interesse (semplice) di € 90 in 3 mesi?

A. 0,03
B. 0,0075
C. 0,0225
D. 0,015
E. 0,0375

Se l'interesse trimestrale è di € 90, l'interesse annuale (calcolato su 12 mesi, cioè 4 trimestri) sarà pari 4 × € 90 = € 360.
Il tasso di interesse si può calcolare come rapporto tra interesse maturato e capitale impiegato:

$$\frac{€\ 360}{€\ 12000} = \frac{3}{100} = 0{,}03 = 3\%$$

Per cui la risposta corretta è A.

Possiamo risolvere il quesito anche con l'utilizzo della formula del tasso di interesse.
Dalla traccia si evince che il periodo è $t = 3$ mesi. Se esprimiamo t in mesi, altrettanto dobbiamo fare per la base annua A; siccome un anno è costituito da 12 mesi, allora scriveremo $A = 12$ mesi. Il capitale, indicato nella traccia, è $C = € 12000$, così come l'interesse $I = € 90$, pertanto scriviamo:

$$r = \frac{I}{C}\cdot\frac{A}{t} = \frac{€\ 90}{€\ 12000}\cdot\frac{12\,\text{mesi}}{3\,\text{mesi}} = \frac{3}{100} = 0{,}03$$

1.3.2 Esercizi con proporzioni

Una proporzione è un'uguaglianza di rapporti tra grandezze, a due a due omogenee, o fra misure di grandezze.

In una proporzione $a : b = c : d$ i termini a e c si chiamano antecedenti, i termini b e d conseguenti, i termini b e c medi e i termini a e d si dicono estremi.

I termine		II termine		III termine		IV termine
a	:	b	=	c	:	d
Antecedente		Conseguente		Antecedente		Conseguente
Estremo		Medio		Medio		Estremo

Il seguente quesito pratico può essere ricondotto al concetto di proporzione.

Esempio
In un planisfero la distanza tra due località, che nella realtà si trovano a 100 chilometri l'una dall'altra, è pari a 2 centimetri. Qual è la scala della carta?
A. 1 : 5.000.000
B. 1 : 100
C. 1 : 10.000
D. 1 : 1.000.000
E. 1 : 2.000.000

La scala di un planisfero è una proporzione che indica a quale distanza nella realtà corrisponde una distanza rappresentata nel planisfero. Ad esempio una scala 1:1.000.000 vuol dire che una distanza di 1 centimetro sul planisfero corrisponde a 1.000.000 di centimetri nel mondo reale, oppure che una distanza di un decimetro corrisponde a 1.000.000 di decimetri nella realtà.
Quindi se sul planisfero due località che si trovano a 100 chilometri, vale a dire a 100.000 metri, cioè a 10.000.000 centimetri, sono piazzate a una distanza di 2 centimetri, allora la scala sarà pari a 2:10.000.000. Dividendo ambo i termini per 2 abbiamo 1:5.000.000, per cui la risposta corretta è A.

1.3.3 Esercizi su medie

Il concetto di **media** è molto ampio e può comprendere qualsiasi valore di sintesi di un carattere in grado di descrivere una caratteristica della popolazione, essenziale è che tale valore sia compreso tra il valore più piccolo osservato (o osservabile) e il valore più grande osservato (o osservabile) del carattere.
Nelle prove di selezione, spesso, è oggetto di domanda la media aritmetica di una successione di numeri.

Dati n numeri, $x_1, x_2, ..., x_n$, la **media aritmetica** di tali numeri si ottiene dal rapporto tra la loro somma e il loro numero (n); in simboli:

$$m = \frac{x_1 + x_2 + ... + x_n}{n}$$

Esempio
Gli stipendi lordi mensili (in euro) percepiti da 8 impiegati di un'azienda sono i seguenti:

1.780, 2.100, 1.920, 1.970, 2.310, 2.208, 1.880, 1.885

Lasciando inalterati i costi complessivi dell'azienda per il personale, quanto sarebbe il reddito lordo di ciascun impiegato nell'ipotesi di uno stipendio uguale per tutti?
A. 2.000 euro
B. 1.000 euro
C. 2.006,625 euro
D. 1.605,3 euro
E. 8.000 euro

La risposta è un importo uguale alla media aritmetica.
Il costo complessivo per il personale è dato dalla somma dei singoli stipendi lordi:

$$1.780 + 2.100 + 1.920 + 1.970 + 2.310 + 2.208 + 1.880 + 1.885 = 16.053$$

Ripartito in parti uguali tra gli 8 impiegati, ognuno riceverebbe:

$$m = \frac{16.053}{8} = 2.006,625\ €$$

La risposta corretta è la C.
Si noti che cinque impiegati guadagnerebbero più di quanto guadagnano realmente e tre guadagnerebbero meno.

1.3.4 Esercizi su progressioni aritmetiche e progressioni geometriche

Le progressioni aritmetiche

Una **progressione aritmetica** è costituita da tre o più termini tali che la differenza tra ogni termine e il precedente è costante, fatta eccezione per il primo termine (che non ha un termine precedente).

La **differenza** costante tra i due generici termini consecutivi è detta **ragione** della progressione e si indica con la lettera d.
Pertanto, indicati i termini della progressione nel modo seguente $a_1, a_2, a_3, ..., a_n, ...$, allora la ragione d è tale che:

$$d = a_2 - a_1,\ d = a_3 - a_2,\ \ldots,\ d = a_n - a_{n-1}$$

Analogamente ogni termine della progressione può essere ricavato aggiungendo la ragione al termine precedente:

$$a_2 = a_1 + d,\ a_3 = a_2 + d,\ \ldots,\ a_n = a_{n+1} + d$$

La somma S_n di n termini consecutivi di una progressione aritmetica è data da:

$$S_n = \frac{a_1 + a_n}{2} \cdot n$$

Di seguito, proponiamo un quesito frequentemente assegnato nelle prove di selezione.

Esempio

Qual è la somma dei primi 100 numeri naturali?
A. 5000
B. 5050
C. 10000

D. 15000
E. 20000

La risposta corretta è la B.
I numeri naturali costituiscono una progressione aritmetica di ragione $d = 1$.

$$a_1 = 1 \quad a_2 = 2 \quad a_3 = 3 \quad a_4 = 4 \quad \dots a_{100} = 100 \dots$$

La somma dei primi 100 numeri naturali è data dall'equazione appena data dove $n = 100$. Quindi:

$$S_{100} = 100 \cdot \frac{1+100}{2} = {}^{50}\cancel{100} \cdot \frac{101}{\cancel{2}_1} = 50 \cdot 101 = 5050$$

Le progressioni geometriche

Una **progressione geometrica** è una successione di numeri tali che il **rapporto** fra un termine e il precedente è costante ed è detto **ragione** (q).

Per cui, detto a_1 il termine iniziale della successione, avremo:

$$a_2 = a_1 \cdot q$$

$$a_3 = a_2 \cdot q = a_1 \cdot q \cdot q = a_1 \cdot q^2$$

$$a_4 = a_3 \cdot q = a_2 \cdot q \cdot q = a_1 \cdot q \cdot q \cdot q = a_1 \cdot q^3$$

In generale, la formula del generico termine della progressione sarà:

$$a_n = a_1\, q^{n-1}$$

Proponiamo un quesito analogo a quelli frequentemente assegnati nelle prove di selezione.

Esempio

Un nano spaziale raddoppia la sua altezza ogni giorno. Al nono giorno comincia a ridurre la sua altezza con una velocità doppia. Dopo quanti giorni dall'inizio sarà ritornato alla sua altezza iniziale?

A. 15
B. 12
C. 10
D. 13
E. 14

Possiamo condurre un ragionamento intuitivo come il seguente: il nano cresce per 8 giorni con una certa velocità, poi inizia a decrescere con il doppio del ritmo. Se decresce con il doppio della velocità gli basteranno la metà dei giorni (impiegati per crescere) per ritornare all'altezza iniziale, quindi 8 : 2 = 4. Sommando questi 4 giorni agli 8 precedenti abbiamo un totale di 4 + 8 = 12 giorni (risposta B).

Risolviamo ora il quesito con l'uso delle progressioni. Per fare questo fissiamo una qualsiasi altezza iniziale in metri, per esempio 10. L'altezza del nano spaziale fino al nono giorno può essere rappresentata come una progressione geometrica di ragione $q = 2$ (il nano raddoppia la sua altezza).
A questo punto inizia la decrescita che avviene con velocità doppia rispetto alla crescita. Notiamo che una decrescita con lo stesso ritmo della crescita avrebbe avuto come ragione $q = 1/2$ (il nano si sarebbe dimezzato di giorno in giorno) ma visto che tale decrescita deve avere il doppio della rapidità allora avremo una ragione pari a $q = 1/4$.

Abbiamo perciò la seguente tabella:

Giorno	Altezza (m)	Note
0	10	Progressione geometrica di ragione 2
1	2 × 10 = 20	
2	2 × 20 = 40	
3	2 × 40 = 80	
4	2 × 80 = 160	
5	2 × 160 = 320	
6	2 × 320 = 640	Progressione geometrica di ragione 2
7	2 × 640 = 1280	
8	2 × 1280 = 2560	
9	$2560 \cdot \frac{1}{4} = 640$	Progressione geometrica di ragione 1/4
10	$640 \cdot \frac{1}{4} = 160$	
11	$160 \cdot \frac{1}{4} = 40$	
12	$40 \cdot \frac{1}{4} = 10$	

Quindi dopo dodici giorni il nano sarà ritornato alla sua altezza iniziale.

1.3.5 Esercizi con equazioni e sistemi di equazioni di primo grado

Spesso, la risoluzione dei quesiti richiede l'applicazione di **equazioni di primo grado**, ossia di particolari uguaglianze tra espressioni letterali, vere soltanto per determinati valori attribuiti alle variabili che vi compaiono, ovvero l'applicazione di **sistemi di equazioni**, ossia di insiemi di equazioni considerate simultaneamente per la loro eventuale risoluzione comune.

Applicazione di equazioni alla soluzione di problemi

Le equazioni costituiscono uno strumento efficace per risolvere diversi quesiti.
Ad esempio, all'equazione $3x = 9$ si può far corrispondere il seguente problema:

Trovare un numero il cui triplo è 9

Si dice anche che un'equazione rappresenta il **modello matematico** di un problema aritmetico.
Un problema è di **primo grado** se può essere risolto per mezzo di un'equazione di primo grado a una incognita, che prende il nome di **equazione risolvente**. L'insieme a cui deve appartenere l'incognita del problema si chiama **dominio del problema**.

Un problema è costituito da **incognite** e **dati**. Le **incognite** sono gli elementi che occorre determinare. I dati sono rappresentati da relazioni implicite o esplicite che intercorrono tra le incognite e da eventuali condizioni cui queste sono sottoposte. I **dati espliciti** sono quelli chiaramente enunciati nel testo del problema. I **dati impliciti** sono quelli che hanno origine dall'applicazione di teoremi, proprietà algebriche o più in generale relazioni matematiche esistenti tra i dati, ma non esplicitamente dichiarate nel testo.
Anche se un problema può essere risolto mediante un'equazione a una sola incognita, può contenere più incognite non indipendenti tra loro, ma legate da relazioni esprimibili per mezzo di equazioni algebriche. In questo caso si può scegliere come incognita uno qualunque degli elementi che non sono noti ed esprimere i rimanenti per mezzo delle relazioni esistenti tra loro.

Esempio

La somma di tre segmenti misura 42 cm; qual è la misura (in cm) di ciascuno sapendo che il primo è i $\frac{2}{3}$ del secondo e il secondo a sua volta è i $\frac{4}{5}$ del terzo?

A. 7; 12; 23
B. 15; 14; 13
C. 14; 14; 14
D. 9,6; 14,4; 18
E. 2,3; 4,5; 35,2

In questo problema le incognite sono le lunghezze in cm dei tre segmenti e i dati le relazioni esistenti tra le loro lunghezze. Vi sono tre incognite e tre dati. Riassumiamoli nella seguente tabella:

Incognite	Dati
Lunghezza del primo segmento	La somma dei tre segmenti è 42 cm
Lunghezza del secondo segmento	Il primo segmento è i $\frac{2}{3}$ del secondo
Lunghezza del terzo segmento	Il secondo segmento è i $\frac{4}{5}$ del terzo

Possiamo indicare con x una qualunque delle tre lunghezze ed esprimere le altre due in termini di questa. È opportuno tuttavia scegliere l'incognita x in modo che le altre si possano esprimere nel modo più semplice. In questo caso conviene indicare con x la lunghezza del terzo segmento.
Leggendo il problema a partire dal terzo segmento, possiamo scrivere le tre relazioni seguenti:

terzo segmento = x

secondo segmento = $\frac{4}{5}x$

primo segmento = $\frac{2}{3}$ del secondo segmento = $\frac{2}{3} \cdot \frac{4}{5}x$

In generale, poiché:

$$\text{primo segmento} + \text{secondo segmento} + \text{terzo segmento} = 42$$

impostiamo l'equazione nell'incognita *x* (terzo segmento):

$$\frac{2}{3}\cdot\frac{4}{5}x+\frac{4}{5}x+x=42$$

da cui possiamo ricavare la *x*:

$$\frac{8}{15}x+\frac{4}{5}x+x=42\Rightarrow\frac{8+12+15}{15}x=42\Rightarrow$$

$$\Rightarrow\frac{35}{15}x=42\Rightarrow 35x=42\cdot 15\Rightarrow x=18$$

Determinata la lunghezza del terzo segmento possiamo risalire alle lunghezze degli altri due segmenti utilizzando la seconda e la terza relazione:

secondo segmento = $\frac{4}{5}x=\frac{4}{5}\cdot 18=14{,}4$

primo segmento = $\frac{2}{3}\cdot\frac{4}{5}x=\frac{8}{15}x=\frac{8}{15}\cdot 18=9{,}6$

La risposta esatta è, dunque, la D.

Applicazione di sistemi alla soluzione di problemi

Un problema è di primo grado in più incognite quando ciascun dato del problema è traducibile in un'equazione di primo grado in cui figurano tutte o parte delle sue incognite.
In generale, si preferisce ricorrere all'uso di un sistema quando le incognite di un problema sono tante. In tal caso, le relazioni esistenti tra le varie incognite sono tradotte in altrettante equazioni. L'uso del sistema rispetto all'equazione consente di tradurre in modo più naturale i dati del problema in equazioni. Infatti, non occorre più esprimere tutte le incognite in funzione di una sola.

Prendiamo in esame un problema già esaminato, che è stato risolto mediante una sola equazione, e vediamo che è possibile risolverlo anche con un sistema.

Esempio

La somma di tre segmenti misura 42 cm; qual è la misura (in cm) di ciascuno sapendo che il primo è i $\frac{2}{3}$ del secondo e il secondo a sua volta è i $\frac{4}{5}$ del terzo?

Per risolvere il quesito si imposta un sistema di tre equazioni in tre incognite.
Siano *x*, *y* e *z*, le misure, rispettivamente, del primo, del secondo e del terzo segmento.
Il sistema è il seguente:

$$\begin{cases} x+y+z=42 \\ x=\frac{2}{3}y \\ y=\frac{4}{5}z \end{cases}$$

I passaggi successivi per la risoluzione del sistema sono i seguenti:

$$\begin{cases} x+y+z=42 \\ x=\frac{2}{3}y \\ y=\frac{4}{5}z \end{cases} \Rightarrow$$

$$\Rightarrow \begin{cases} x+y+z=42 \\ x=\frac{2}{3}\left(\frac{4}{5}\right)z=\frac{8}{15}z \\ y=\frac{4}{5}z \end{cases} \Rightarrow$$

1. Si sostituisce nella seconda equazione il valore di y che si ricava dalla terza equazione.

$$\Rightarrow \begin{cases} \frac{8}{15}z+\frac{4}{5}z+z=42 \\ x=\frac{8}{15}z \\ y=\frac{4}{5}z \end{cases} \Rightarrow$$

2. Si sostituisce a x e a y nella prima equazione i valori che si ricavano dalla seconda e terza equazione.

$$\Rightarrow \begin{cases} \frac{35}{15}z=42 \\ x=\frac{8}{15}z \\ y=\frac{4}{5}z \end{cases} \Rightarrow$$

3. Si esegue la somma a primo membro della prima equazione.

$$\Rightarrow \begin{cases} z=\frac{42\cdot 15}{35}=18 \\ x=\frac{8}{15}z \\ y=\frac{4}{5}z \end{cases} \Rightarrow$$

4. Si ricava il valore di z.

$$\Rightarrow \begin{cases} z=18 \\ x=\frac{8}{15}\cdot 18=9{,}6 \\ y=\frac{4}{5}\cdot 18=14{,}4 \end{cases} \Rightarrow$$

5. Per sostituzione, si ricavano i valori di x e di y.

Pertanto, le misure dei segmenti sono rispettivamente:

9,6 cm; 14,4 cm; 18 cm

1.3.6 Le equazioni simboliche

Le variabili delle equazioni presenti nei quesiti concernenti le trasformazioni simboliche non sono le usuali lettere *x*, *y*, *z*..., bensì simboli grafici di qualsiasi tipo, oppure lettere o qualsiasi altro elemento che non ricordi i numeri, per questo sono note come **equazioni a variabili simboliche** o semplicemente come **equazioni simboliche**.

La prova consiste nella trasformazione dei simboli in numeri a partire da una espressione più o meno complessa e si risolve applicando la seguente logica: **a simbolo uguale corrisponde numero uguale**.
Assegnati ai simboli i corrispondenti numeri e sostituendoli nella o nelle equazioni date, la tecnica di risoluzione di tali equazioni è la stessa di quella delle equazioni con variabili letterali.

Esempio

Se
@ + £ + £ = –5
£ = 2
allora @ è uguale a:
A. –3
B. –9
C. –1
D. 3
E. 1

Occorre tenere presente, innanzi tutto, la logica di risoluzione di tale tipologia di quesiti: *a simbolo uguale corrisponde numero uguale*.
Sapendo che £ = 2 e sostituendo nell'equazione @ + £ + £ = –5, si ha:

@ + 2 + 2 = –5

Trasportando a secondo membro i due numeri (+2 e +2), si ha:

@ = –5 –2–2

da cui:

@ = –9

La risposta esatta è, dunque, la B.

1.3.7 Esercizi con il calcolo combinatorio

Nelle prove di selezione, spesso, si incontrano quesiti che richiedono l'applicazione del **calcolo combinatorio**, che fornisce le regole per la determinazione del numero di disposizioni e di combinazioni in un qualsiasi contesto.
Lo schema di cui ci si serve è il seguente: da una scatola contenente *n* oggetti distinti, indicati con a_1, a_2, ..., a_n, si eseguono *k* estrazioni, si vogliono contare quante differenti estrazioni possono essere effettuate.

Tale numero cambia a seconda della *modalità di estrazione* e della rilevanza attribuita all'*ordinamento*. Con riferimento alla modalità di estrazione, si distingue a seconda che le estrazioni degli oggetti dalla scatola avvengano *con reinserimento* o *senza reinserimento*. Nel primo caso, una volta estratto, un oggetto è reinserito nella scatola, per cui nelle successive estrazioni lo stesso oggetto può essere estratto di nuovo. Nel secondo caso, invece, una volta estratto un oggetto, esso non è più reinserito nella scatola, e nelle successive estrazioni non potrà essere estratto di nuovo. Con riferimento all'ordinamento, due coppie, o in generale due gruppi, differiscono tra loro se, pur essendo costituiti dagli stessi oggetti, differiscono per l'ordine con cui sono disposti tali oggetti. In tal caso si parla estrazione *con ordinamento*, in caso contrario di estrazione *senza ordinamento*.

A seconda della modalità di estrazione e dell'ordinamento, si distinguono diversi aggruppamenti di n oggetti (o elementi) distinti a gruppi di k (o di classe k o a k a k), con $k \leq n$.

Disposizioni semplici

Le **disposizioni semplici** di n elementi a gruppi di k rappresentano il numero di gruppi possibili di k elementi che si possono formare tra gli n originari e sono tali che due gruppi differiscono tra loro:

- per almeno un elemento;
- oppure per l'ordine degli elementi.

Si indicano con $D_{n,k}$ e sono pari a:

$$D_{n,k} = n \cdot (n-1) \cdot (n-2) \cdot \ldots \cdot (n-k+1)$$

Esempio

Siano date 4 lettere, quante parole di 2 lettere (anche di senso non compiuto) si possono formare in modo che due parole differiscano tra loro per almeno una lettera oppure per l'ordine delle lettere?

A. 12
B. 4
C. 24
D. 16
E. 32

Siano date le 4 lettere *w*, *x*, *y* e *z*, aggruppiamole a 2 a 2, in modo che due parole differiscano tra loro per almeno una lettera oppure per l'ordine delle lettere.
Si ottengono le coppie:

wx *xw*
wy *yw*
wz *zw*
xy *yx*
xz *zx*
yz *zy*

Esse sono pari al numero di disposizioni semplici di 4 elementi a gruppi di 2:

$$D_{4,2} = 4 \cdot (4 - 2 + 1) = 4 \cdot 3 = 12$$

La risposta corretta è la A.

Permutazioni semplici

Le **permutazioni** di n elementi possono essere definite come le disposizioni semplici di n elementi a gruppi di n e sono tali che due gruppi differiscono tra loro per l'ordine degli elementi.
Si indicano con P_n e sono pari al prodotto degli n interi decrescenti a partire da n:

$$P_n = D_{n,n} = n \cdot (n-1) \cdot (n-2) \cdot \ldots \cdot 3 \cdot 2 \cdot 1 = n!$$

dove $n!$ è il **fattoriale di *n***.
Convenzionalmente, si pone $0! = 1$.
Le disposizioni semplici di n elementi a gruppi di k, attraverso il fattoriale, sono scritte nel modo seguente:

$$D_{n,k} = \frac{n!}{(n-k)!}$$

Esempio

Siano date 4 lettere, quante parole di 4 lettere (anche di senso non compiuto) si possono formare in modo che due parole differiscano tra loro per l'ordine delle lettere?

A. 12
B. 24
C. 33
D. 4
E. 16

Siano date le 4 lettere *w*, *x*, *y* e *z*, raggruppiamole a 4 a 4, in modo che due parole differiscano tra loro per l'ordine delle lettere:

wxyz wxzy wyxz wyzx wzxy wzyx

xwyz xwzy xywz xyzw xzwy xzyw

ywxz ywzx yxwz yxzw yzwx yzxw

zwxy zwyx zxwy zxyw zywx zyxw

Tali raggruppamenti sono pari al numero di permutazioni di 4 elementi:

$$P_4 = 4 \cdot 3 \cdot 2 \cdot 1 = 24$$

La risposta corretta è la B.

Combinazioni semplici

Le **combinazioni semplici** di n elementi a gruppi di k rappresentano il numero di gruppi possibili di k elementi che si possono formare tra gli n originari e sono tali che due gruppi differiscono tra loro per almeno un elemento. I gruppi formati costituiscono un sottoinsieme delle disposizioni semplici di n elementi a gruppi di k.

Si indicano con $C_{n,k}$ e sono pari a:

$$C_{n,k} = \frac{D_{n,k}}{P_k} = \frac{n\cdot(n-1)\cdot(n-2)\cdot\ldots\cdot(n-k+1)}{k\cdot(k-1)\cdot(k-2)\cdot\ldots\cdot3\cdot2\cdot1} = \frac{n!}{k!(n-k)!} = \binom{n}{k}$$

dove $\binom{n}{k}$ è il **coefficiente binomiale**.

Esempio

In un campionato di calcio partecipano 14 squadre. Se ogni squadra deve incontrare tutte le altre sia in casa sia in trasferta, quante partite vengono disputate in totale?

A. 364
B. 182
C. 196
D. 26
E. 98

Considerando solo il girone di andata, occorre calcolare il numero di gruppi possibili di 2 squadre che si possono formare tra le 14 squadre e sono tali che due gruppi differiscono tra loro per almeno una squadra; in altri termini, occorre calcolare le combinazioni semplici di 14 elementi a gruppi di 2; ossia: $C_{14,2} = \binom{14}{2} = \frac{14!}{2!\cdot12!} = 91.$

Nel girone di andata e in quello di ritorno, si disputano complessivamente $91 \cdot 2 = 182$ partite.
La risposta corretta è la B.
Si poteva giungere allo stesso risultato più velocemente, considerando che la partita di andata della squadra X contro la squadra Y diventa, al ritorno, la partita Y contro X. Considerando, quindi, come diverse le partite dove appaiono le stesse squadre, il numero di partite è pari alle disposizioni di 2 squadre distinte, ossia alle disposizioni semplici di 14 elementi distinti di classe 2; ossia $D_{14,2} = 14 \cdot 13 = 182$.

Disposizioni con ripetizione

Le **disposizioni con ripetizione** di n elementi a gruppi di k rappresentano il numero di gruppi possibili di k elementi che si possono formare tra gli n originari e sono tali che due gruppi differiscono tra loro:

- per almeno un elemento;
- oppure per l'ordine degli elementi;
- oppure per il numero di ripetizioni di uno stesso elemento.

Si indicano con ${}_rD_{n,k}$ e sono pari a:

$${}_rD_{n,k} = n^k$$

Esempio

Le targhe automobilistiche sono costituite da 2 lettere, 3 cifre, 2 lettere. Sapendo che le lettere possono essere scelte tra le 26 lettere dell'alfabeto inglese, quante targhe differenti possono essere ottenute?

A. $26^2 \cdot 10 \cdot 26^2$
B. $26^2 \cdot 10^3 \cdot 26^2$

C. $26 \cdot 10 \cdot 26$
D. $(26 \cdot 2) \cdot (10 \cdot 3) \cdot (26 \cdot 2)$
E. $\binom{26}{2}\binom{10}{3}\binom{26}{2}$

La risposta corretta è la B.
Le targhe automobilistiche sono costituite da: 2 lettere, 3 cifre, 2 lettere.
Sapendo che le lettere possono essere scelte tra le 26 lettere dell'alfabeto inglese, con due lettere scelte tra 26, con possibile ripetizione e tenendo conto dell'ordine, si possono ottenere ${}_rD_{26,2} = 26^2$ disposizioni.
Con le tre cifre si possono ottenere ${}_rD_{10,3} = 10^3$ numeri (ovviamente sono i numeri da 001 a 999 + 000).
In generale, se un'operazione consta di k passi, di cui il primo prevede n_1 modi possibili, il secondo n_2 modi possibili, ..., il k-esimo nk modi possibili, l'operazione può essere effettuata in $n_1 \cdot n_2 \cdot ... \cdot n_k$ modi possibili.
In totale, il numero di targhe automobilistiche è pari al prodotto:

$${}_rD_{26,2}\ {}_rD_{10,3}\ {}_rD_{26,2} = 26^2 \cdot 10^3 \cdot 26^2$$

Combinazioni con ripetizione

Le **combinazioni con ripetizione** di n elementi a gruppi di k rappresentano il numero di gruppi possibili di k elementi che si possono formare tra gli n originari e sono tali che due gruppi differiscono tra loro:

- per almeno un elemento;
- oppure per il numero di ripetizioni di uno stesso elemento.

Si indicano con ${}_rC_{n,k}$ e sono pari a:

$${}_rC_{n,k} = \binom{n+k-1}{k} = \frac{(n+k-1)!}{k!(n-1)!}$$

Permutazioni con ripetizione

Dato un insieme di n elementi di cui α, con $\alpha < n$, tutti uguali tra loro, le **permutazioni con ripetizione** di n elementi di cui α uguali tra loro sono tutti i possibili gruppi tali che:

- ognuno di essi contiene tutti gli n elementi;
- ogni raggruppamento differisce dagli altri per l'ordine secondo il quale si susseguono gli elementi.

Si indicano con ${}_{(\alpha)}P_n$ e sono pari a:

$${}_{(\alpha)}P_n = \frac{n!}{\alpha!}$$

dove $n!$ e $\alpha!$ sono, rispettivamente, i fattoriali di n e di α.

Ecco un esempio di quesito in cui si chiede l'applicazione di tale formula.

Esempio

Quanti anagrammi distinti si possono formare con le lettere della parola RANA?
A. 16
B. 6
C. 8
D. 20
E. 12

La risposta esatta è la E.
Calcoliamo gli anagrammi della parola RANA, anche senza significato.
Tali anagrammi si ottengono considerando che si tratta di una parola formata da $n = 4$ lettere, di cui 2 lettere A uguali tra loro.
Trovare il numero di anagrammi della parola equivale a trovare il numero di permutazioni con ripetizione di $n = 4$ elementi, con ripetizione pari a $r = 2$. Si ha:

$$_{(2)}P_4 = \frac{4!}{2!} = 12$$

Se gli elementi uguali tra loro sono più di uno, ossia se un elemento si ripete α volte, un altro elemento si ripete β volte ecc., allora la formula delle permutazioni con ripetizione diviene:

$$_{(\alpha;\beta)}P_n = \frac{n!}{\alpha! \cdot \beta!}$$

Esempio

Una partita di calcio tra due squadre è terminata con il risultato di 4 a 3. In quanti modi diversi possono essersi succedute le reti?
A. 5
B. 7
C. 12
D. 35
E. 21

La risposta corretta è la D. Siano Y e J le due squadre e siano y e j le rispettive reti segnate dalle due squadre. Ipotizziamo che abbia vinto la squadra Y, è possibile rappresentare la successione di reti nell'incontro considerato con una permutazione di 7 simboli di cui 4 uguali a y e 3 uguali a j.
La permutazione yjjyjyy sta a indicare che:
1. La squadra Y ha segnato la prima rete.
2. La squadra J ha segnato una rete.
3. La squadra J ha segnato un'altra rete.
4. La squadra Y ha pareggiato.
5. La squadra J ha segnato una rete.
6. La squadra Y ha segnato una rete.
7. La squadra Y ha segnato la rete finale, portandosi in vantaggio.

Per rispondere al quesito proposto bisogna calcolare il numero delle permutazioni dei 7 simboli considerati, di cui 4 uguali a y e 3 uguali a j. Tale numero è pari alle permutazioni seguenti:

$$_{(4;3)}P_7 = \frac{7!}{4! \cdot 3!} = 35$$

1.3.8 Esercizi con le probabilità

Alcune prove possono richiedere di prevedere un risultato attraverso l'espressione di giudizi in probabilità.
Secondo la definizione classica, la probabilità dell'evento (E) è data dal rapporto tra il numero (n_f) di casi favorevoli all'evento e il numero (n_p) dei casi possibili, qualora siano tutti ugualmente possibili; in simboli:

$$P(E) = \frac{n_f}{n_p}$$

Gli esempi classici vengono dai giochi di sorte: dadi, monete, urne.

Esempi

Data una **moneta ideale e simmetrica** con le tradizionali facce **T**esta e **C**roce, e immaginando che il lancio della moneta si realizzi sempre su **T** o **C**, segue che:

$$P(T) = P(C) = \frac{1}{2} = 0{,}5$$

Allo stesso modo, il lancio di un **dado simmetrico**, che in ogni faccia ha rispettivamente i punti da 1 a 6, configura un esperimento aleatorio in cui tutti i punti da 1 a 6 hanno la stessa probabilità di avverarsi:

$$P(1) = ... = P(6) = \frac{1}{6}$$

Sia un'**urna** composta da 10 palline identiche tranne che per il colore, così differenziate: 1 bianca, 4 nere, 5 rosse. Da un'estrazione puramente casuale si deduce che:

$$P(\mathbf{B}\text{ianca}) = \frac{1}{10} = 0{,}1; \qquad P(\mathbf{N}\text{era}) = \frac{4}{10} = 0{,}4; \qquad P(\mathbf{R}\text{ossa}) = \frac{5}{10} = 0{,}5$$

Vale ancora P(**B**ianca) + P(**N**era) + P(**R**ossa) = 1.

1.3.9 Esercizi su spazio, velocità e tempo

I quesiti su spazio, velocità e tempo non richiedono particolari strategie risolutive da adottare ma, in generale, la conoscenza delle relazioni fondamentali tra queste tre grandezze.
Lo spazio s percorso e il tempo t di percorrenza sono due grandezze direttamente proporzionali.
Difatti, due grandezze sono direttamente proporzionali se il loro rapporto è costante; il rapporto tra spazio percorso s e tempo di percorrenza t è proprio pari alla velocità v con cui procede il soggetto del quesito ed è supposta costante; pertanto, le tre grandezze sono legate dalla relazione:

$$v = \frac{s}{t}$$

che rappresenta la legge fisica del moto rettilineo uniforme.

Da tale relazione si ricava la relazione inversa che esprime il tempo t in funzione dello spazio s e della velocità t:

$$t = \frac{s}{v}$$

Analogamente, per determinare lo spazio percorso in un dato tempo e a una data velocità, la relazione da applicare è la seguente:

$$s = v \cdot t$$

La velocità v e lo spazio percorso s sono grandezze direttamente proporzionali. Pertanto, fissato un tempo t, se raddoppia, o triplica, o quadruplica, ..., la velocità con cui si procede allora raddoppia, triplica, quadruplica, ..., anche lo spazio che si percorre. Consideriamo un quesito in cui si richiede di calcolare il valore della grandezza *tempo*.

Esempio

Per raggiungere il suo ufficio, Davide può percorrere due strade diverse.
La prima è una strada di 6 km lungo la quale si incontrano tre semafori, che costringono Davide a fermarsi al rosso a ciascun semaforo per tre minuti in media.
La seconda è una strada di 8 km, lungo la quale si incontra solo un semaforo che costringe Davide a fermarsi per due minuti in media.
Quando Davide non è fermo a un semaforo, guida a una velocità media di 24 km/h. Quanto tempo risparmia in media Davide percorrendo la strada più veloce?

A. 2 minuti
B. 1 minuto
C. 7 minuti
D. 4 minuti
E. 5 minuti

La risposta corretta è la A. Se procede a una velocità media di 24 km/h, per conoscere il tempo impiegato per percorrere le due strade, considerando il tempo di sosta ai semafori, ragioniamo nel modo seguente.
Sia $t_{6\,km}$ il tempo (in minuti) impiegato per percorrere la strada lunga 6 km, in assenza di semafori; per conoscere il tempo impiegato per percorrere tale strada a una velocità di 24 km/h, si applica la relazione del tempo t in funzione dello spazio e della velocità, da cui:

$$t_{6\,km} = \frac{s}{v} = \frac{6\text{ km}}{24\text{ km/h}} = \frac{1}{4}\text{ h} = 15\text{ min}$$

Per la diretta proporzionalità tra le grandezze, avremmo potuto risolvere il quesito impostando la proporzione:

$$24 : 60 = 6 : t_{6\,km}$$

da cui il termine incognito (un estremo) lo avremmo ricavato dal quoziente tra prodotto dei medi e l'altro estremo.
Considerando che, lungo tale strada, l'automobilista è costretto a fermarsi a 3 semafori, per un tempo di 3 min ciascuno, il tempo totale impiegato è:

$$t_{comp\,6\,km} = 15 + 3 \times 3 = 24\text{ min}$$

Sia $t_{8\,km}$ il tempo (in minuti) impiegato per percorrere la strada lunga 8 km, in assenza di semaforo; per conoscere il tempo impiegato per percorrere tale strada, sempre a una velocità di 24 km/h, si applica la relazione del tempo t in funzione dello spazio e della velocità:

$$t_{8\ \text{km}} = \frac{s}{v} = \frac{8\ \text{km}}{24\ \text{km/h}} = \frac{1}{3}\ \text{h} = 20\ \text{min}$$

Avremmo potuto risolvere il quesito impostando la proporzione:

$$24 : 60 = 8 : t_{8\ \text{km}}$$

da cui il termine incognito (un estremo) lo avremmo ricavato dal quoziente tra prodotto dei medi e l'altro estremo.
Considerando che, lungo tale strada, l'automobilista è costretto a fermarsi a 1 semaforo, per un tempo di 2 min, il tempo totale impiegato è:

$$t_{\text{comp 8 km}} = 20 + 2 = 22\ \text{min}$$

Percorrendo la strada più veloce, ossia quella di 8 km, l'automobilista risparmia, in media, 24 – 22 = 2 min.

Consideriamo un quesito in cui si richiede di calcolare il valore della grandezza *distanza*.

Esempio

La distanza tra la città A e la città B è di 200 km. Alle nove di mattina un treno parte da A diretto a B e, viceversa, un treno parte da B diretto ad A. Un'ora dopo, il primo treno ha percorso metà del tragitto. Sapendo che il secondo viaggia a 2/5 della velocità del primo, quanto sono distanti i due treni alle 10 del mattino?

A. Alle 10 del mattino i due treni si sono già incontrati
B. 100 km
C. 40 km
D. 60 km
E. Non è possibile determinarlo univocamente con i dati a disposizione

La risposta corretta è la D.
Il tragitto da A a B (o da B ad A) è di 200 km. Dopo un'ora, ossia alle 10 del mattino, il treno A ha percorso metà del tragitto, ossia 100 km; la sua velocità è pertanto v_A = 100 km/h.
Il treno B viaggia con una velocità pari ai 2/5 della velocità del treno B, ossia a:

$$v_B = \frac{2}{5} \cdot 100\ \text{km/h} = 40\ \text{km/h}$$

Il treno B ha percorso alle 10 del mattino 40 km.
La distanza tra i due treni, a quell'ora, è, appunto, 100 km – 40 km = 60 km.

Di seguito, proponiamo un quesito in cui si richiede di calcolare il valore della grandezza *velocità*.

Esempio

Alle ore 13:30 il contachilometri di un'automobile segna 11.715. Sapendo che alle ore 15:00 il contachilometri segna 11.865, qual è stata la sua velocità media?

A. 105 km/h
B. 60 km/h
C. 75 km/h
D. 100 km/h
E. 90 km/h

La risposta esatta è la D.
Per calcolare la velocità media dell'automobile, dobbiamo conoscere lo spazio percorso e il tempo. Lo spazio percorso si ottiene calcolando la differenza tra i due valori sul contachilometri nei due tempi considerati:

$$s = 11.865 - 11.715 = 150 \text{ km}$$

Il tempo è la differenza tra i due orari:

$$t = 15{:}00 - 13{:}30 = 1 \text{ h } 30 \text{ m}$$

ossia 1,5 h.
A questo punto, calcoliamo la velocità media usando la formula:

$$v = \frac{150 \text{ km}}{1,5 \text{ h}} = 100 \text{ km / h}$$

1.3.10 Interpretazione di dati da tabelle (ragionamento critico-numerico)

L'abilità di trattare ed estrapolare informazioni numeriche dai dati presentati sotto forma di tabelle può essere saggiata attraverso test appositamente predisposti.
I quesiti appartenenti a tale tipologia sono, spesso, identificati con la denominazione di quesiti di ragionamento critico-numerico.
Il più delle volte si presentano diversi dati sotto forma di tabella e poi si formulano una o più domande inerenti a essa. Per la risoluzione di tali quesiti, occorre eseguire operazioni aritmetiche utilizzando i dati in essa contenuti.
Si osservino attentamente le tabelle riportate, di seguito saranno riportati alcuni esempi di quesiti: si risponda alle domande successive indicando l'unica risposta corretta.

Donne occupate in Italia per distribuzione geografica e area lavorativa Periodo t				
Area attività	**Nord**	**Centro**	**Sud**	**Totale**
Ricerca e Cultura	76.453	39.242	35.600	151.295
Ambiente	140.210	57.696	147.500	345.406
Servizi alla persona	229.501	81.032	68.128	378.661
Tecnica specializzata	203.068	91.867	99.738	394.673
Amministrativa	896.525	331.478	267.729	1.495.732
Informatica	12.585	3.734	2.330	18.649
Educazione e formazione	354.169	166.668	330.277	851.114
Assistenza e cura	47.301	11.886	21.634	80.821
Vendita	519.379	208.657	213.368	941.404
Artistica	11.556	8.739	3.694	23.989
Mestieri e artigianato	427.582	172.819	113.478	713.879
Lavori non qualificati	999.180	337.022	450.789	1.786.991
Totale	**3.934.828**	**1.524.215**	**1.767.345**	**7.226.388**

Donne occupate in Italia per distribuzione geografica e area lavorativa Periodo t + 1				
Area attività	**Nord**	**Centro**	**Sud**	**Totale**
Ricerca e Cultura	91.454	46.790	44.033	182.277
Ambiente	127.021	41.551	105.982	274.554
Servizi alla persona	223.968	88.296	75.449	387.713
Tecnica specializzata	262.267	90.460	103.736	456.463
Amministrativa	920.436	347.560	262.468	1.530.464
Informatica	9.815	7.709	2.019	19.543
Educazione e formazione	329.472	167.521	355.804	852.797
Assistenza e cura	64.296	20.317	23.295	107.908
Vendita	520.273	207.788	190.585	918.646
Artistica	21.286	6.127	1.745	29.158
Mestieri e artigianato	372.448	155.836	112.851	641.135
Lavori non qualificati	1.085.246	324.858	365.941	1.776.045
Totale	**4.044.225**	**1.516.333**	**1.652.265**	**7.212.823**

Esempio

Confrontando i dati relativi all'occupazione femminile nei servizi alla persona del periodo t con quelli del periodo t + 1 è possibile affermare che:

A. il numero di donne occupate nei servizi alla persona è aumentato in tutte le aree territoriali (Nord, Centro e Sud Italia)
B. il numero di donne occupate nei servizi alla persona è aumentato solo al Nord Italia
C. il numero di donne occupate nei servizi alla persona è aumentato nel suo totale ma diminuito nel Nord Italia
D. nel Centro Italia le donne erano maggiormente occupate in questo settore nel periodo t piuttosto che nel periodo t +1
E. nel Sud Italia si è verificata una contrazione degli occupati nel settore

Per rispondere al quesito occorre confrontare i dati delle due tabelle. Questo tipo di test richiede attenzione e velocità nella ricerca delle informazioni.
La prima risposta "Il numero di donne occupate nei servizi alla persona è aumentato in tutte le aree territoriali (Nord, Centro e Sud Italia)" richiede di confrontare i dati delle due tabelle relative alle informazioni inerenti i Servizi alla Persona nelle tre aree geografiche in cui sono raggruppati i dati. Qui è necessario confrontare i dati della tabella del periodo t con quello del periodo t + 1 solamente osservando il numero di donne impiegate nella riga Servizi alla persona delle tre aree. Da un rapido confronto si osserva che a Nord le donne impiegate nel settore sono diminuite passando da 229mila circa a 223mila circa. La risposta A è dunque da scartare.
La seconda affermazione "Il numero di donne occupate nei servizi alla persona è aumentato solo al Nord Italia" è falsa, infatti, come già osservato, al Nord si è verificata una riduzione del personale occupato nei servizi alla persona.
La risposta B è dunque errata.

Esaminiamo la terza affermazione "Il numero di donne occupate nei servizi alla persona è aumentato nel suo totale ma diminuito nel Nord Italia". Siamo già a conoscenza del fatto che il numero delle donne occupate nei servizi alla persona è diminuito di circa 6mila unità nel Nord Italia, dobbiamo verificare se è vero che nel totale il numero delle donne occupate in questa categoria sia effettivamente aumentato.
Stavolta il dato che andiamo a ricercare sarà sulla colonna del totale individuata sulla riga Servizi alla persona e possiamo affermare con certezza che l'alternativa è corretta, infatti da poco più di 378mila si arriva a 387.713 donne occupate nel settore in esame.

1.3.11 Interpretazione di dati da grafici

Talvolta i dati possono essere presentati sotto forma di grafico. Il grafico è un sistema di rappresentazione visiva di valori numerici, che rende i dati maggiormente comprensibili e rende più immediata la comparazione tra valori diversi. La scelta tra le varie tipologie di grafico dipende dai dati che si vuol fare emergere. Per esempio, partendo dai valori contenuti nelle tabelle sull'occupazione femminile analizzate nel paragrafo precedente, proviamo a vedere alcune possibili rappresentazioni grafiche.

I diagrammi a barre

I **diagrammi a barre** sono i grafici più comuni; possono essere di due tipi: a **colonne** o a **nastri**. Consistono in una successione di **rettangoli** (colonne o nastri) **equidistanti**, tanti quante sono le categorie, la cui altezza (o lunghezza) è proporzionale ai valori della categoria corrispondente.

Esempi

Nel grafico sotto riportato vengono rappresentati i dati sull'occupazione femminile in un determinato periodo divisi per aree geografiche (Nord, Centro, Sud). Sulle ordinate sono indicati i valori numerici, sulle ascisse le aree geografiche. Per ciascuna area i dati sono ripartiti per settori occupazionali (Ricerca e cultura, Ambiente, Servizi alla persona, Tecnica specializzata).

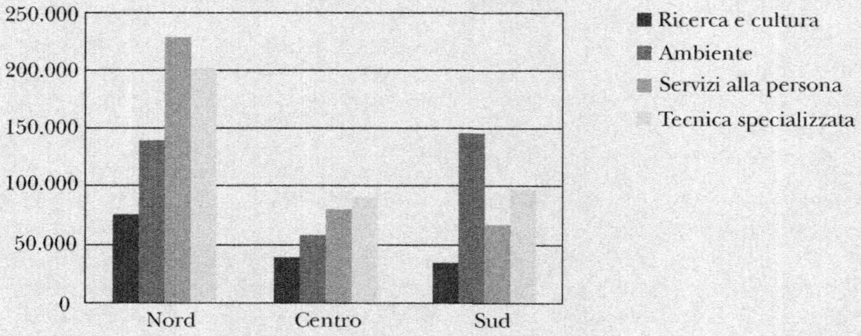

Sulla base dei dati riportati nel grafico, quale area geografica evidenzia una maggiore presenza nei servizi alla persona?
A. Sud
B. Nord
C. Centro
D. Centro e Sud sono ugualmente presenti
E. Nord e Centro sono ugualmente presenti

Per ciascuna area geografica, i servizi alla persona sono rappresentati dal terzo rettangolo. Si vede chiaramente che la presenza più massiccia si ha a Nord, dove supera le 200.000 unità. La risposta esatta è la B.

Il seguente grafico rappresenta sempre l'occupazione femminile in un determinato periodo: sulle ordinate abbiamo sempre i valori numerici, sulle ascisse questa volta abbiamo i diversi settori occupazionali con i dati raggruppati per area.
Mentre il primo grafico mette in risalto le differenze di occupazione tra aree geografiche, il secondo evidenzia le differenze tra settori occupazionali.

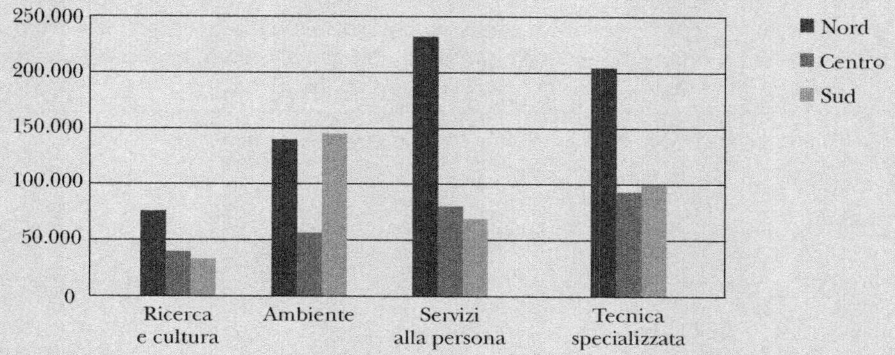

Qual è il rapporto tra il settore Ambiente e il settore Ricerca e cultura al Sud?
A. Il primo è maggiore del secondo
B. Il primo è minore del secondo
C. Sono equivalenti
D. Nessuna delle alternative
E. Con i dati a disposizione non si può stabilire

Per ciascun settore occupazionale, il Sud è rappresentato dal terzo rettangolo. Si nota chiaramente che il settore Ambiente raggiunge quasi le 150.000 unità e il settore Ricerca e cultura, invece, non arriva neanche alle 50.000. La risposta esatta è dunque la A.

I grafici a torta

I **grafici a torta**, definiti anche **aerogrammi** o **diagrammi circolari**, sono grafici utilizzati in statistica descrittiva per rappresentare distribuzioni di frequenze (assolute, relative o percentuali) di **caratteri qualitativi**.

Un diagramma circolare è costruito dividendo il cerchio in settori circolari che mostrano le proporzioni delle parti rispetto all'insieme: l'area del cerchio esprime l'intensità o la frequenza totale (in termini assoluti, relativi o percentuali) del carattere esaminato, mentre le aree dei settori circolari esprimono le intensità o le frequenze delle varie modalità del carattere.
Pertanto, nel caso siano rappresentate:

- *frequenze assolute* – esprimenti il numero di volte in cui una data modalità del carattere si presenta nel collettivo – la somma delle aree dei settori è pari alla numerosità del collettivo;
- *frequenze relative* – esprimenti il rapporto tra la frequenza assoluta e il numero totale di unità del collettivo – la somma delle aree dei settori è pari a 1;

> *frequenze relative percentuali*, la somma delle aree dei settori circolari è pari a 100 (esprime, appunto, il 100% dei casi).

Tali grafici non hanno assi, consentono pertanto di visualizzare una sola serie di dati. Risultano particolarmente utili quando si vogliono mettere in evidenza le proporzioni relative o i singoli contributi rispetto al totale; per tale motivo non dovrebbero rappresentare più di cinque o sei modalità di un carattere, diversamente risulta difficile interpretarli.

Esempio

Nei due grafici di seguito riportati viene rappresentata la distribuzione occupazionale femminile nel settore Ricerca e cultura del periodo t, divisa per aree geografiche (1) e l'occupazione totale femminile (Nord + Centro + Sud) del periodo t (2).

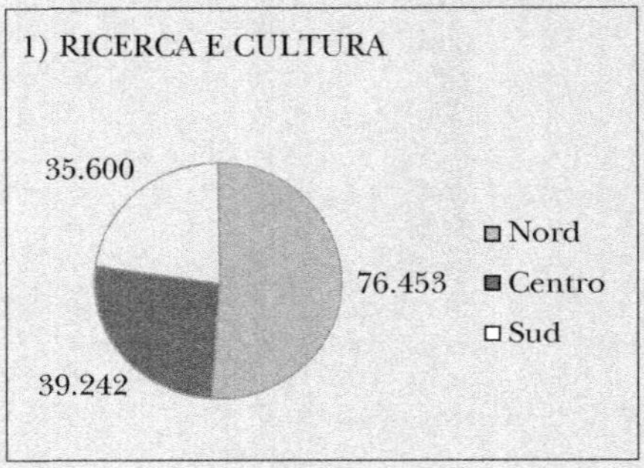

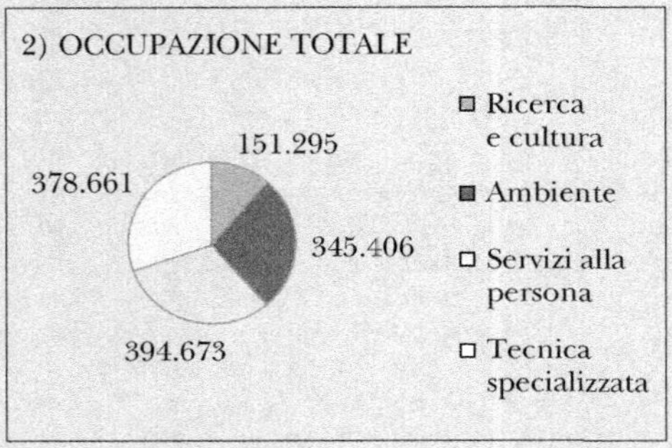

Qual è l'incidenza delle lavoratrici del Nord nel settore Ricerca e cultura?

A. 15%
B. 19,5%
C. 25%
D. 60,5%
E. Nessuna delle alternative

Il totale delle donne impiegate nel settore Ricerca e cultura è 151.295 unità (76.453 + 35.600 + 39.242). L'incidenza delle lavoratrici del Nord è pari a: 76.453/151.295 = 50,5%.
La risposta esatta è dunque la E.

I grafici a linee

I **grafici a linee** sono rappresentazioni grafiche di osservazioni in un riferimento cartesiano ortogonale, in cui ciascuna osservazione è rappresentata da un punto del piano, in modo da creare una corrispondenza biunivoca tra l'insieme dei punti del piano e l'insieme delle osservazioni. Tali punti sono uniti, quindi, con una linea continua.

I grafici in questione consentono la rappresentazione di due o più variabili come i diagrammi a barre, ma si prestano per rappresentare dati continui, cioè per individuare linee di tendenza nel tempo.

Sono particolarmente utili per rappresentare **serie storiche**: sull'asse orizzontale si pone il tempo (espresso in giorni, settimane, mesi, anni ecc.) e sull'asse verticale si pongono i valori che rappresentano la misura della grandezza oggetto di studio nei diversi periodi temporali.

Esempio

Nel grafico di seguito riportato, vengono rappresentate le tendenze dei settori occupazionali con le variazioni mensili. Ciò consente di valutare i trend di crescita.

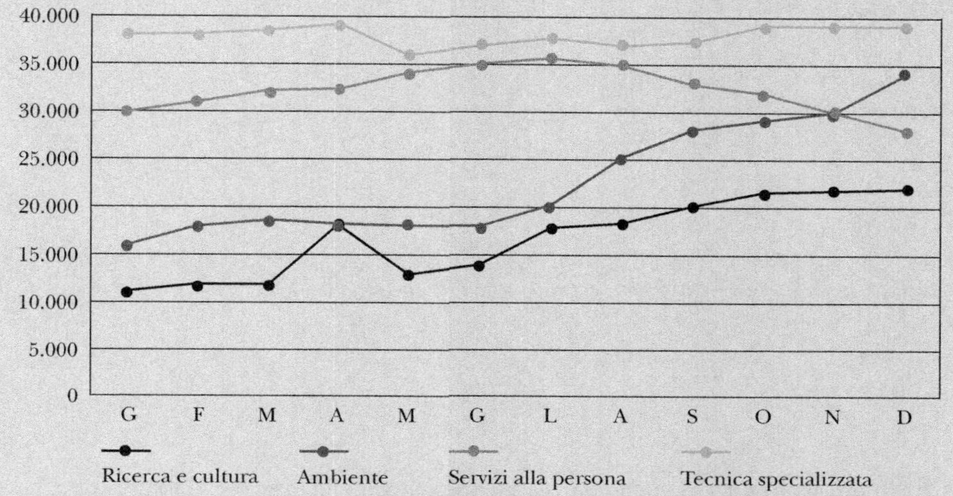

In corrispondenza di quale mese il valore del settore Ricerca e cultura coincide con il valore del settore Ambiente?

A. Marzo
B. Aprile
C. Gennaio
D. Giugno
E. Ottobre

La risposta corretta è la B, Aprile.
In corrispondenza di tale mese, entrambi i settori presentano un valore pari circa a 18.000.

1.3.12 Le serie numeriche

I quesiti concernenti le sequenze numeriche si basano su un semplice principio costituito dalla ricerca della regola che spiega la progressione di una certa sequenza costituita da numeri; tali sequenze sono, pertanto, denominate **serie numeriche**.

Generalmente, le serie sono costituite da numeri appartenenti all'insieme dei numeri naturali.
Nella sequenza, generalmente, manca un elemento (posto sotto forma di punto interrogativo o di puntini sospensivi) che il risolutore deve scegliere, tra le alternative proposte, dopo aver individuato il nesso logico esistente tra i numeri della serie.
Le relazioni tra i numeri di una serie possono essere di diversa tipologia.
I numeri mancanti possono essere più di uno e, in tal caso, il ragionamento sottostante la scelta è analogo.
Tali quesiti verificano la capacità di ragionamento, oltre che la capacità di eseguire i calcoli; questo è il motivo per cui, spesso, sono identificati con la denominazione generica di quesiti di "**ragionamento numerico**".

Consideriamo un esempio.

Esempio

Data la sequenza numerica:

2 4 6 8 ?

qual è il numero che completa la serie?

A. 1
B. 3
C. 10
D. 16
E. 9

Non c'è bisogno di dilungarsi troppo nelle spiegazioni, la risposta esatta è 10, quindi l'alternativa C. Infatti, la sequenza costituisce una progressione crescente di due in due:

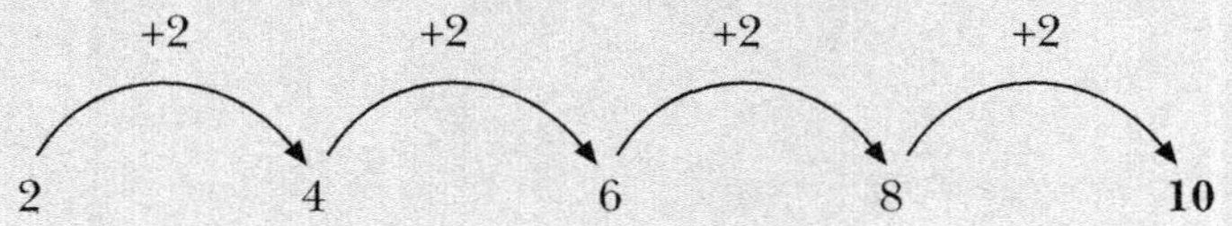

Le **serie più frequenti** appartenenti alla tipologia appena esposta sono tali che:

1. Ciascun numero, a partire dal secondo, si ottiene **sommando** al precedente una quantità costante oppure quantità crescenti o quantità decrescenti.
2. Ciascun numero, a partire dal secondo, si ottiene **sottraendo** dal precedente una quantità costante oppure quantità crescenti o quantità decrescenti.
3. Ciascun numero, a partire dal secondo, si ottiene **moltiplicando** il precedente per una quantità costante oppure per quantità crescenti o per quantità decrescenti.
4. Ciascun numero, a partire dal secondo, si ottiene **dividendo** il precedente per una quantità costante oppure per quantità crescenti o per quantità decrescenti.

Consideriamo un esempio appartenente a una tipologia di serie diversa.

Esempio

Completare la serie seguente:

33 99 70 210 ?

A. 280
B. 181
C. 190
D. 239
E. 169

La risposta esatta è la B.

Nella serie, la relazione tra i numeri di posto pari è diversa da quella che lega i numeri di posto dispari. In particolare:

1. I numeri di posto pari si ottengono moltiplicando per 3 i numeri di posto dispari immediatamente precedenti.
2. I numeri di posto dispari si ottengono sottraendo 29 dai numeri di posto pari immediatamente precedenti.

Pertanto, il numero mancante, **181**, si ottiene nel modo seguente:

$$33 \underbrace{\qquad}_{\times 3} 99 \underbrace{\qquad}_{-29} 70 \underbrace{\qquad}_{\times 3} 210 \underbrace{\qquad}_{-29} \mathbf{181}$$

Le **serie più frequenti** appartenenti alla tipologia appena esposta sono tali che:

1. I numeri di posto pari si ottengono **sommando/sottraendo** un dato numero ai/dai numeri di posto dispari immediatamente precedenti; i numeri di posto dispari si ottengono **sommando/sottraendo** un dato numero ai/dai numeri di posto pari immediatamente precedenti.
2. I numeri di posto pari si ottengono **moltiplicando/dividendo** per un dato numero i numeri di posto dispari immediatamente precedenti; i numeri di posto dispari si ottengono **moltiplicando/dividendo** per un dato numero i numeri di posto pari immediatamente precedenti.
3. I numeri di posto pari si ottengono **sommando/sottraendo** un dato numero ai/dai numeri di posto dispari immediatamente precedenti; i numeri di posto dispari si ottengono **moltiplicando/dividendo** per un dato numero i numeri di posto pari immediatamente precedenti.
4. I numeri di posto pari si ottengono **moltiplicando/dividendo** per un dato numero i numeri di posto dispari immediatamente precedenti; i numeri di posto dispari si ottengono **sommando/sottraendo** un dato numero ai/dai numeri di posto pari immediatamente precedenti.

Consideriamo un altro esempio.

Esempio

Completare la serie seguente:

11 8 ? 24 44 72

A. 17
B. 19
C. 20
D. 22
E. 35

La risposta esatta è la D.

La serie data è composta da due sotto-serie:

11 ? 44	prima sotto-serie, composta dal 1°, dal 3° e dal 5° numero della serie
8 24 72	seconda sotto-serie, composta dal 2°, dal 4° e dal 6° numero della serie

La relazione matematica esistente tra i numeri della prima sotto-serie è diversa dalla relazione esistente tra i numeri della seconda sotto-serie.

Ciascun numero della prima sotto-serie, a partire dal secondo, si ottiene moltiplicando per 2 il numero immediatamente precedente:

$$11 \underbrace{\qquad}_{\times 2} \mathbf{22} \underbrace{\qquad}_{\times 2} 44$$

Ciascun numero della seconda sotto-serie, a partire dal secondo, si ottiene moltiplicando per 3 il numero immediatamente precedente:

$$8 \underbrace{\qquad}_{\times 3} 24 \underbrace{\qquad}_{\times 3} 72$$

Supposta una ripartizione delle stesse in due sotto-serie, le **serie più frequenti** appartenenti alla tipologia appena esposta sono tali che:

1. Nella prima sotto-serie, ciascun numero, a partire dal secondo, si ottiene **sommando** un dato numero al numero immediatamente precedente. Nella seconda sotto-serie, ciascun numero, a partire dal secondo, si ottiene **sommando** un dato numero (diverso da quello della prima sotto-serie) al numero immediatamente precedente.
2. Nella prima sotto-serie, ciascun numero, a partire dal secondo, si ottiene **sottraendo** un dato numero dal numero immediatamente precedente. Nella seconda sotto-serie, ciascun numero, a partire dal secondo, si ottiene **sottraendo** un dato numero (diverso da quello della prima sotto-serie) dal numero immediatamente precedente.
3. Nella prima sotto-serie, ciascun numero, a partire dal secondo, si ottiene **moltiplicando** per un dato numero il numero immediatamente precedente. Nella seconda sotto-serie, ciascun numero, a partire dal secondo, si ottiene **moltiplicando** per un dato numero (diverso da quello della prima sotto-serie) il numero immediatamente precedente.
4. Nella prima sotto-serie, ciascun numero, a partire dal secondo, si ottiene **dividendo** per un dato numero il numero immediatamente precedente. Nella seconda sotto-serie, ciascun numero, a partire dal secondo, si ottiene **dividendo** per un dato numero (diverso da quello della prima sotto-serie) il numero immediatamente precedente.

Un'altra sequenza numerica piuttosto frequente è del tipo indicato di seguito.

Esempio

Completare la serie seguente:

169 100 49 ?

A. 21
B. 16
C. 25
D. 36
E. 12

La risposta esatta è la B.

Poiché i numeri dati sono quadrati perfetti, il numero incognito dovrebbe essere anch'esso un quadrato perfetto. Si ha:

$$\begin{matrix} 169 & 100 & 49 & ? \\ = & = & = & \\ 13^2 & 10^2 & 7^2 & \end{matrix}$$

Tra le alternative di risposta, sono presenti 3 quadrati perfetti: 16; 25; 36.

Pertanto, occorre identificare una ulteriore relazione tra i numeri della serie.

Poiché la serie è decrescente, il numero incognito deve essere minore del penultimo numero dato, ovvero minore di 49. I quadrati perfetti presenti nelle alternative di risposta sono tutti mi-

nori di 49, per cui neanche tale criterio è sufficiente al fine della identificazione del termine incognito.
Dallo schema delineato, si evince che le basi delle potenze (13; 10; 7) decrescono di 3 unità di volta in volta.
Pertanto, il numero mancante deve essere il quadrato del numero 4 (= 7 – 3); ovvero il numero **16**:

$$\begin{array}{cccc} 169 & 100 & 49 & \mathbf{16} \\ = & = & = & = \\ 13^2 & 10^2 & 7^2 & \mathbf{4^2} \end{array}$$

Le **serie più frequenti** appartenenti alla tipologia appena esposta sono tali che:

1. I numeri sono **quadrati/cubi di dati numeri**. Questi ultimi possono essere decrescenti o crescenti.
2. I numeri che occupano posto pari (o dispari) sono **quadrati/cubi dei numeri che occupano posto** dispari (o pari).
3. Ciascun numero di **posto dispari è quadrato perfetto** di un numero dato; ciascun numero di **posto pari è cubo perfetto** dello stesso dato numero.

1.3.13 Le serie alfabetiche

Le sequenze possono essere costituite anziché da numeri anche da lettere; tali sequenze sono pertanto denominate **serie alfabetiche**.

Risolvere le sequenze numeriche oppure le sequenze di lettere è pur sempre un esercizio di ragionamento numerico, il secondo richiede una trasformazione in più, dove le lettere costituiscono dei simboli sostituibili da numeri.

A tale proposito si consiglia di imparare l'ordine numerico dell'alfabeto, cioè A = 1, B = 2 e così via.

Alfabeto italiano (prima riga) e corrispondenti numeri d'ordine (seconda riga)																				
A	B	C	D	E	F	G	H	I	L	M	N	O	P	Q	R	S	T	U	V	Z
1	2	3	4	5	6	7	8	9	10	11	12	13	14	15	16	17	18	19	20	21

Solitamente gli esercizi con sequenze di lettere, in Italia, non comprendono le lettere J, K, W, X, Y.
L'abbinamento lettera-numero d'ordine sarebbe il seguente:

Alfabeto inglese (prima riga) e corrispondenti numeri d'ordine (seconda riga)																									
A	B	C	D	E	F	G	H	I	J	K	L	M	N	O	P	Q	R	S	T	U	V	W	X	Y	Z
1	2	3	4	5	6	7	8	9	10	11	12	13	14	15	16	17	18	19	20	21	22	23	24	25	26

Esempio
Data la sequenza di lettere:

A D G L ?

quale lettera completa la serie?
A. M
B. O
C. C
D. P
E. Q

In questo caso non è molto difficile scoprire la regola della sequenza: la risposta esatta è la B.

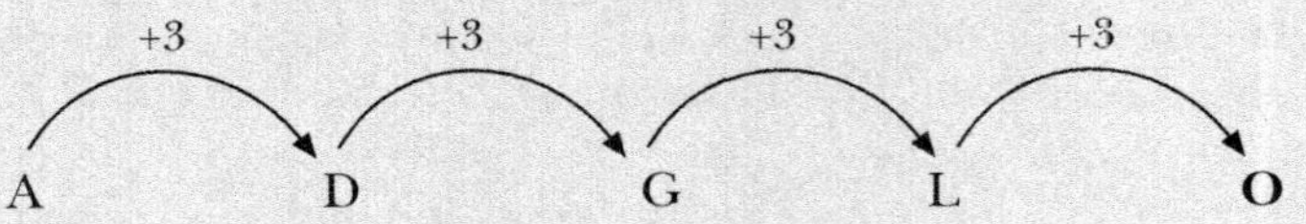

1.3.14 Le serie alfanumeriche

Le **serie alfanumeriche** sono costituite da successioni di lettere e numeri in cui possono esistere nessi logici tra le lettere e tra i numeri in maniera disgiunta oppure possono esistere nessi logici lettere – numeri.

Così come accade con i test costituiti da serie alfabetiche, anche la risoluzione dei test costituiti da serie alfanumeriche si ottiene associando a ogni lettera un numero corrispondente alla posizione della lettera nell'alfabeto.

Esempio
Completare la seguente successione di numeri e lettere, utilizzando l'alfabeto italiano:

1 L 4 H ? ? 16 D

A. 8 I
B. 6 L
C. 9 F
D. 8 F
E. F 5

La serie alfanumerica data è costituita dalla sotto-serie numerica:

1 4 ? 16

e dalla sotto-serie alfabetica:

L H ? D

Per l'alternanza delle due sotto-serie, i termini mancanti nella serie data sono, rispettivamente, un numero e una lettera.
I numeri della sotto-serie numerica sono i quadrati perfetti dei numeri 1, 2, 3 e 4:

$$\underbrace{1}_{=1^2} \quad \underbrace{4}_{=2^2} \quad \underbrace{\mathbf{9}}_{=3^2} \quad \underbrace{16}_{=4^2}$$

Il numero mancante è, pertanto, 9.

Attribuendo a ciascuna lettera della sotto-serie alfabetica il corrispondente numero d'ordine nell'alfabeto italiano, si ottiene:

L	H	?	D
10	8	?	4

I numeri della serie numerica ottenuta sono legati dalla relazione seguente: ciascun numero, a partire dal primo, si ottiene sottraendo 2 al numero precedente. Si ha:

$$\underbrace{10 \quad 8}_{-2}\underbrace{\quad \mathbf{6}}_{-2}\underbrace{\quad 4}_{-2}$$

Il numero mancante è, pertanto, 6, cui corrisponde, nella sequenza delle lettere dell'alfabeto italiano, la lettera F.
La risposta esatta è la C, in quanto i termini mancanti sono, rispettivamente, **9** e **F**.

1.3.15 Le serie numeriche nelle configurazioni grafico-geometriche

Gli esercizi di ragionamento numerico sono presentati sotto svariate forme grafiche. Possiamo trovare sequenze numeriche all'interno o ai vertici di figure geometriche regolari o irregolari, ai vertici di stelle a 6 o 8 punte, alle estremità di figure umane o animali stilizzate, entro sezioni di cerchio, oppure in matrici quadrate, o sotto forma di tessere del domino, e in un'infinita varietà di altre configurazioni.
La particolarità di queste serie numeriche e le strategie risolutive variano a seconda della configurazione: nel caso di numeri ai vertici dei triangoli più spesso il numero al vertice è dato dalla combinazione (somma, sottrazione, moltiplicazione o divisione) dei numeri alla base o da una regola che dia senso all'uso del triangolo. Nel caso di numeri all'interno di quadrati le soluzioni combinatorie sono molto più numerose, per cui il numero mancante potrebbe derivare dalla combinazione dei numeri che si trovano sulla stessa diagonale, o sullo stesso lato, oppure partendo da un punto e ruotare in senso orario oppure antiorario.

Esempio

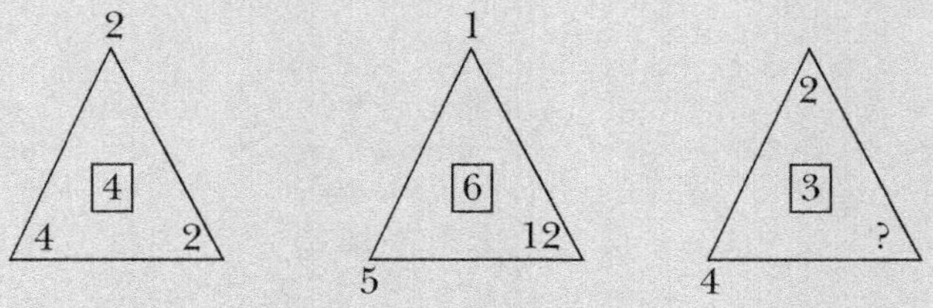

Si noti che all'interno del triangolo c'è un'altra figura geometrica che contiene un numero. Inoltre un'altra caratteristica della sequenza è la presenza di numeri sia all'interno del triangolo che all'esterno.
Cerchiamo a questo punto di capire quali regole accomunano le cifre dei primi due triangoli per scoprire l'incognita del terzo.
Al risultato della somma dei valori interni al triangolo si sottraggono i valori esterni per ottenere il valore interno al quadrato. Quindi $4 + 2 - 2 = \boxed{4}$; $12 - 5 - 1 = \boxed{6}$; $(5) + 2 - 4 = \boxed{3}$. La cifra mancante è 5.

Le regole generali per questo tipo di problemi sono le seguenti:

> Le operazioni di una serie si muovono nel medesimo senso, cioè se alla prima figura abbiamo proceduto in senso orario, anche le altre saranno in senso orario.
> L'esatta sequenza di operazioni della prima figura è valida anche per le altre figure della stessa serie.
> Se si iniziano i calcoli da un certo punto della figura, occorre iniziare dal medesimo punto anche nelle altre configurazioni.

1.3.16 Le matrici quadrate

Nelle matrici quadrate si presentano delle serie numeriche disposte su un medesimo numero di righe e di colonne come nell'esempio seguente.

5	4	1
1	6	3
2	5	?

Queste prove richiedono rapidità di calcolo e flessibilità cognitiva dato che per risolverle è necessario calcolare in rapida sequenza tutte le possibili combinazioni in orizzontale e in verticale (ma mai in diagonale), che danno ragione alla particolare configurazione che non è mai casuale, a meno che, tra le risposte possibili, non sia presente la risposta "non è possibile risolvere la matrice" o una frase simile.

Esempio

Qual è il numero mancante dalla seguente matrice?

5	5	5
6	2	4
9	3	?

Dai resoconti verbali di alcuni soggetti che vi si sono sottoposti, ai quali veniva richiesto di pronunciare ad alta voce tutti i calcoli che stavano facendo per trovare la soluzione, le persone più rigidamente ancorate alla struttura dei dati non andavano oltre alla somma delle righe e delle colonne, per cui non riuscivano a risolverla correttamente.

5	5	5	= 15
6	2	4	= 12
9	3	?	
= 20	= 10		

Una procedura di questo tipo poteva essere valida con una configurazione come la seguente:

9	5	3
8	4	5
2	5	?

nella quale la somma dei numeri della prima e della seconda riga è sempre 17.
Possiamo dire infatti che la procedura seguita non era in sé sbagliata, ma fuorviante in quanto esclusiva. Chi risolve brillantemente la matrice invece supera la fissità funzionale legata alla strutturazione dei dati ed inizia a verificare rapidamente se vi sono altre configurazioni che potrebbero spiegare i dati ottenuti.
Quindi, si procede con calcoli che prendono in considerazione l'ordine di riga e di colonna e si sommano o sottraggono i primi numeri di riga e di colonna con i secondi o con i terzi.
E se non si giunge ad una soluzione soddisfacente, come in questo caso, si somma il primo numero di riga e di colonna con il secondo numero di riga e di colonna.
Nell'esempio il terzo numero di riga è dato dalla metà della somma dei primi due numeri di riga, cioè (5 + 5)/2 = 5, (6 + 2)/2 = 4, ecc.

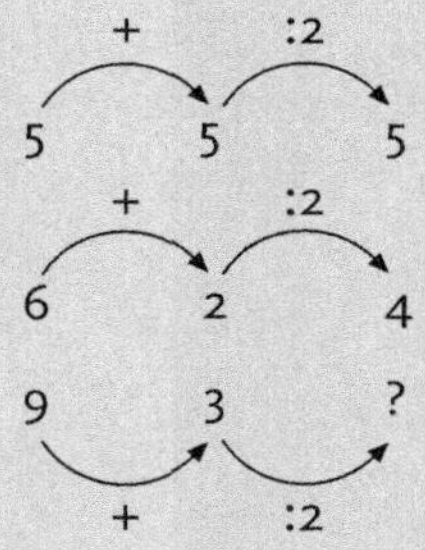

La risposta corretta è 6, cioè (9 + 3)/2.

1.3.17 Esercizi sugli insiemi e sulle ripartizioni

Il concetto di insieme costituisce l'elemento fondante di quella parte della matematica che è la teoria degli insiemi. Con questo termine indichiamo ogni raggruppamento, collezione, aggregato di elementi, indipendentemente dalla loro natura.
Un diagramma di Eulero-Venn (o semplicemente diagramma di Venn) è una rappresentazione grafica di un insieme che consiste nel racchiuderne gli elementi all'interno di una linea chiusa non intrecciata, come quella riportata di seguito.

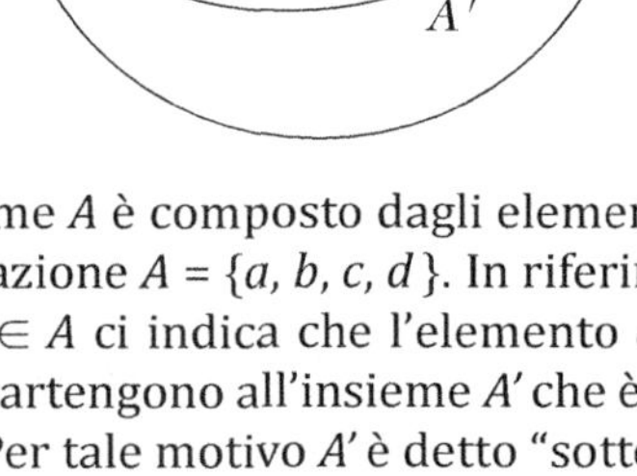

Nella figura proposta, l'insieme A è composto dagli elementi indicati con a, b, c, d; questo viene indicato con la notazione $A = \{a, b, c, d\}$. In riferimento a un singolo elemento dell'insieme, la notazione $a \in A$ ci indica che l'elemento a "appartiene" all'insieme A. Inoltre, gli elementi b e c appartengono all'insieme A' che è contenuto in A (la notazione usata è la seguente: $A' \subset A$). Per tale motivo A' è detto "sottoinsieme di A".

Consideriamo i due insiemi, mostrati in figura, $A = \{a, b, c, d\}$ e $B = \{b, c, e\}$.

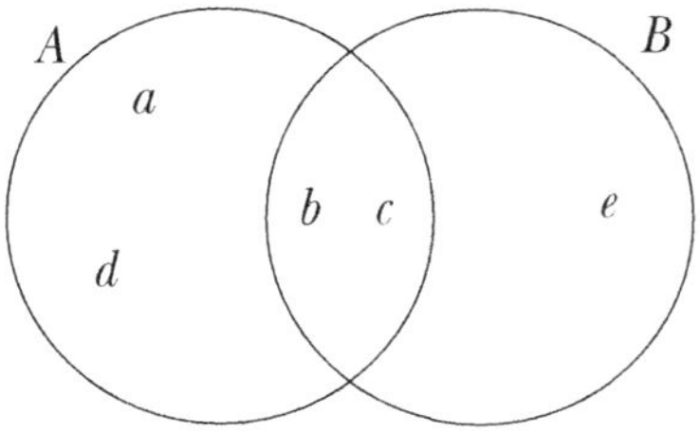

L'unione tra i due insiemi è costituita da tutti gli elementi che si possono trovare in A, in B o in tutti e due. L'unione viene indicata con $A \cup B = \{a, b, c, d, e\}$.
Invece, l'intersezione tra due insiemi è composta da quegli elementi presenti in entrambi gli insiemi. Indichiamo l'intersezione con $A \cap B = \{b, c\}$.

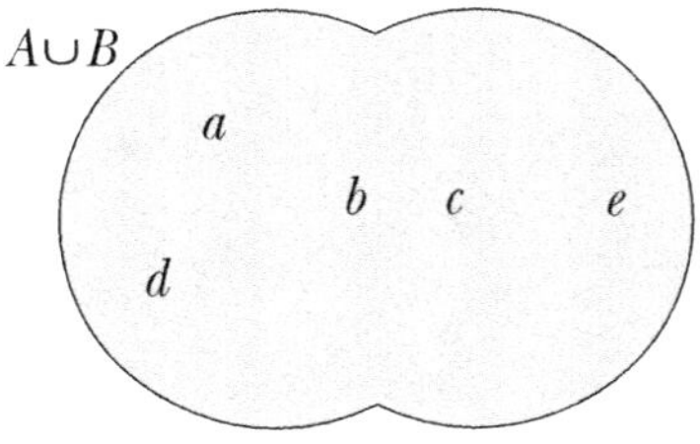

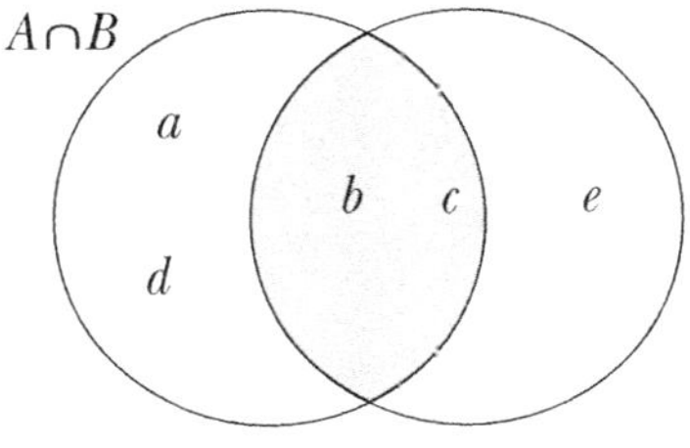

La differenza tra A e B (indicata con $A - B$) è costituita da tutti gli elementi presenti in A a cui vengono sottratti quelli anche presenti in B. Nel nostro caso $A - B = \{a, d\}$. Abbiamo inoltre $B - A = \{e\}$.

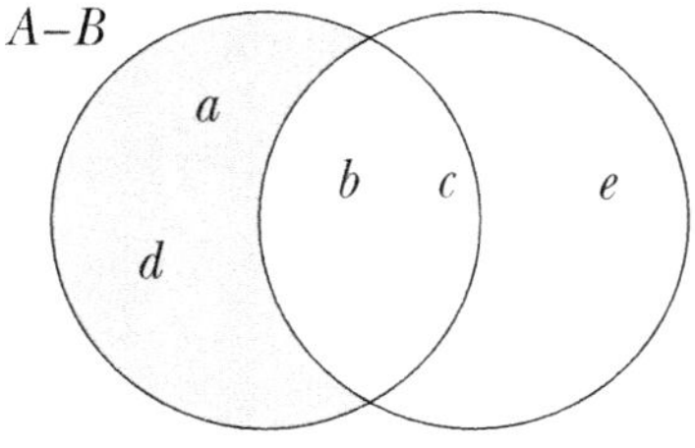

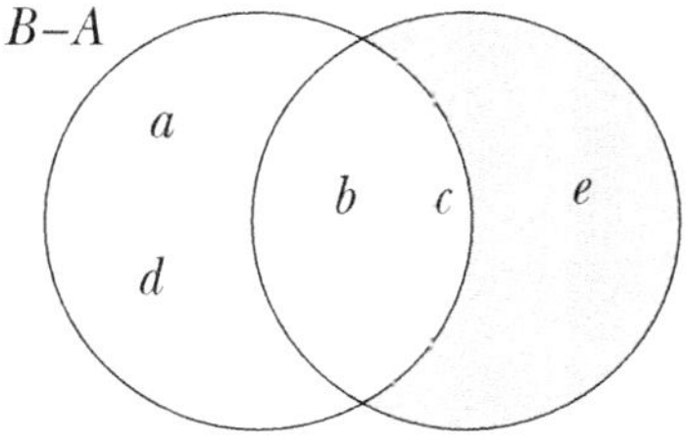

Esempio

In un gruppo di 24 amici, 18 hanno l'hobby della pittura, 15 hanno l'hobby della recitazione, 17 hanno l'hobby della ceramica. Quanti sono, al minimo, coloro che coltivano tutti e tre gli hobby?

A. 2
B. 4
C. 6
D. 5
E. 3

La risposta esatta è la A.
Indichiamo con P l'insieme degli amici che hanno l'hobby della pittura, con R quello degli amici che hanno l'hobby della recitazione e con C quello degli amici che hanno l'hobby della ceramica. Ciò che il quesito richiede di calcolare è il numero minimo di amici che coltivano tutti e tre gli hobby, ovvero l'insieme intersezione $P \cap R \cap C$ (l'area in grigio scuro in figura).

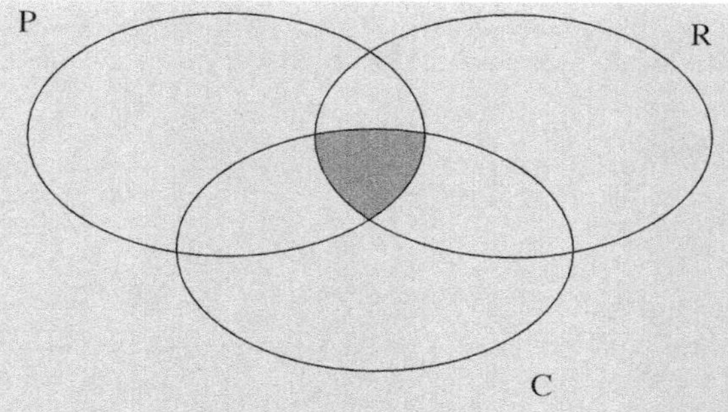

24 è il numero totale di amici.
Possiamo condurre un ragionamento intuitivo come il seguente:
- se 18 hanno l'hobby della pittura, allora non hanno tale hobby: 24 – 18 = 6 amici
- se 15 hanno l'hobby della recitazione, allora non hanno tale hobby: 24 – 15 = 9 amici
- se 17 hanno l'hobby della ceramica, allora non hanno tale hobby: 24 – 17 = 7 amici.

In totale, non hanno almeno uno dei 3 hobby: 6 + 9 + 7 = 22 amici.
Possiamo concludere che, al minimo, coltivano tutti e tre gli hobby:

24 – 22 = 2 amici

1.3.18 *Problem solving*

Questa tipologia di quesiti testa la capacità di comprendere, confrontare, utilizzare e analizzare informazioni matematiche, che si presentano non solo sotto forma di dati numerici espressi in quantità e tabelle, ma anche di grafici, diagrammi e di ragionamento spaziale. Oltre a un livello base di matematica, è richiesta una conoscenza operativa di elementi come equazioni algebriche semplici e probabilità. Nell'ambito dei quesiti che misurano la capacità di *problem solving*, saranno prese in esame tre tipologie.

Selezionare le informazioni rilevanti

Quando sono sottoposti a un'enorme quantità di dati, i ricercatori devono essere in grado di individuare le informazioni che sono pertinenti e rilevanti. Il candidato deve essere in grado di riconoscere quali dati o risultati devono essere considerati rilevanti e utili, e quali devono invece essere scartati.

Esempio

Le cifre sotto riportate mostrano i risultati di un sondaggio sulla dimensione dell'auto attuale, e di quella precedente, svolto su un campione di 1000 persone:

		Auto attuale			
		Grande	Media	Piccola	**Totale**
Auto precedente	Grande	100	120	20	**240**
	Media	80	200	80	**360**
	Piccola	40	160	200	**400**
	Totale	**220**	**480**	**300**	**1000**

Ponendo che la tabella sia rappresentativa delle persone che oggi intendono cambiare la macchina, in che percentuale ci si può aspettare che gli acquirenti la cambino per una più grande?
A. 12%
B. 22%
C. 24%
D. 28%
E. 70%

Occorre individuare le parti della tabella che sono rilevanti per rispondere alla domanda, e trovare il modo di utilizzare tali valori per ottenere la risposta esatta. I dati presentati riguardano l'ultima volta che i soggetti esaminati hanno cambiato la macchina, ma la domanda riguarda l'intenzione di acquistare un'auto nuova: in apparenza sembrano due cose diverse. Tuttavia, il quesito ci informa che la tabella è rappresentativa di quelli che hanno intenzione di cambiare la macchina in questo momento, il che significa che potremmo anche sostituire le intestazioni della tabella scrivendo "Auto attuale" sulla sinistra e "Auto nuova" in alto.
Una volta comprese le informazioni che si hanno a disposizione, occorre chiarire che cosa chiede di trovare la domanda: in questo caso, la percentuale degli acquirenti che, con molta probabilità, cambieranno l'auto attuale per una più grande. Uno dei gruppi con questa caratteristica è quello composto dalle persone che attualmente possiedono una macchina di grandezza media e prima ne avevano una piccola.
Elenchiamo tutti i gruppi che soddisfano questo stesso requisito:

Auto attuale	Auto precedente	Numero
Grande	Media	80
Grande	Piccola	40
Media	Piccola	160

Sulla base di questo prospetto, le persone che ci si aspetta facciano il cambio per un'auto più grande sono 280.
L'ultimo passaggio da fare è calcolare in modo corretto la percentuale corrispondente. Il numero totale di persone su cui è stata svolta l'indagine era 1000, quindi:

$$280 / 1000 \times 100 = 28\%$$

La risposta corretta è D.
Il fatto che sia una delle scelte possibili può aumentare la fiducia nel fatto che sia corretta, ma occorre comunque essere prudenti, poiché gli ideatori dei quesiti propongono come soluzioni alternative delle opzioni che contengono errori in cui si può incorrere con facilità. Se avete tempo, ricontrollate i passaggi.

Individuare analogie

Il lavoro scientifico è reso più efficace e funzionale se i ricercatori riescono a rilevare nei dati nuovi dei modelli già incontrati. Se si riconosce una similitudine con qualche dato rilevato in passato, e si individuano anche le differenze, è possibile utilizzare le informazioni nuove in modo più efficace.
Nell'ambito di questa abilità è inclusa la capacità di riconoscere, nell'insieme dei dati, le relazioni di causa ed effetto e di identificare le possibili cause che generano modelli e variazioni.

Esempio

La tabella mostra i risultati di un sondaggio sugli elettrodomestici posseduti dalle famiglie di una determinata città.

Quale grafico a barre rappresenta accuratamente i dati sotto riportati?

Utensile	Lavastoviglie	Aspirapolvere	Lavatrice	Forno a microonde	Robot da cucina	Tostapane
% possesso	68	98	77	54	34	92

A

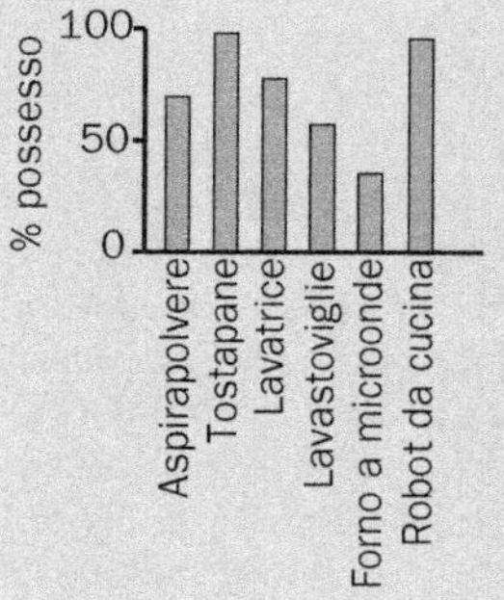

B

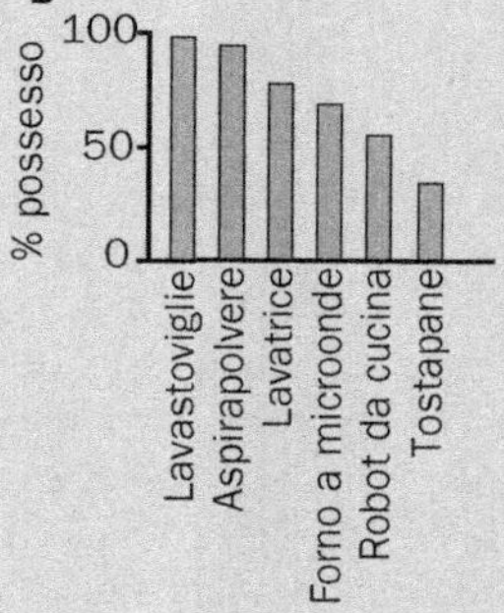

C

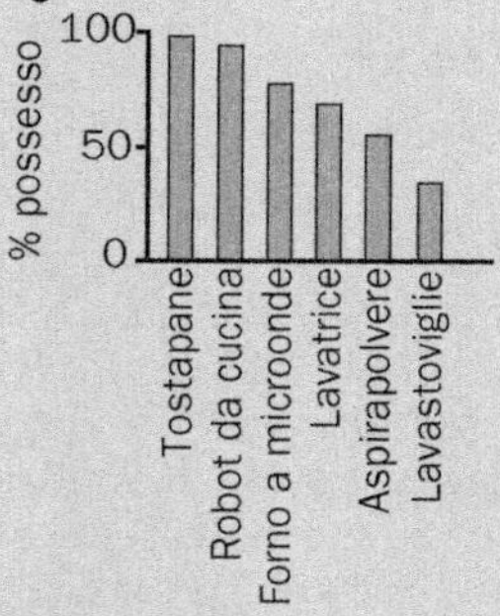

D

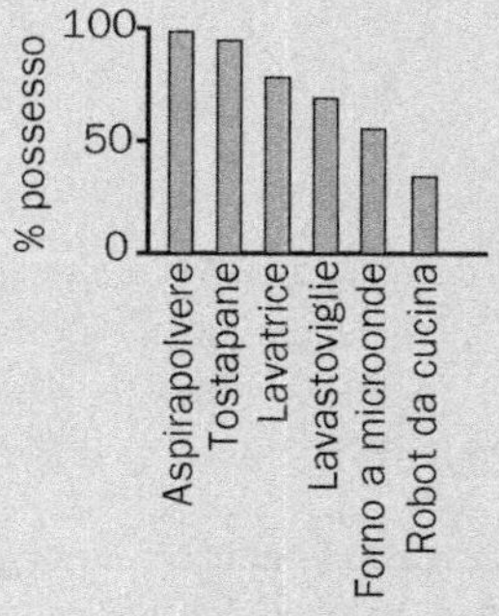

E

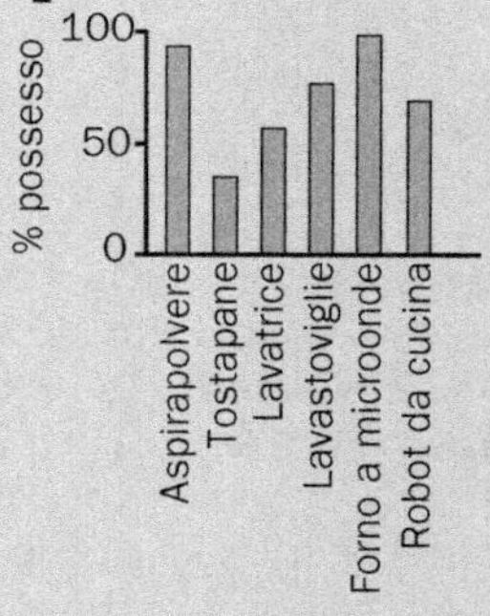

A. Grafico A
B. Grafico B
C. Grafico C
D. Grafico D
E. Grafico E

La domanda è, in realtà, piuttosto semplice: l'importante è far corrispondere correttamente l'elettrodomestico all'altezza della barra. Il problema principale (che può trarre in inganno coloro che non osservano attentamente i grafici e il testo della domanda) è che, in alcuni casi, l'ordine degli elettrodomestici nei grafici è diverso da quello presentato in tabella. Inoltre, non è sempre possibile leggere l'altezza esatta delle barre alla scala a cui sono tracciati i grafici, pertanto bisogna confrontare le altezze relative delle diverse barre.

Di fatto, il grafico corretto è quello riportato nell'alternativa D. Gli elettrodomestici sono stati ordinati per percentuali di possesso decrescenti. Nell'opzione A, gli elettrodomestici sono ordinati come nella D, ma le barre seguono l'ordine della tabella.

Gli altri grafici contengono errori simili: può essere una buona idea quella di provare ad individuare l'errore caso per caso.

Stabilire e applicare procedure appropriate

Per risolvere un problema è necessario combinare dati diversi, che talvolta possono anche apparire discordanti, trovando il metodo più appropriato. Non è sempre detto che la procedura da applicare sia immediatamente chiara, e potrebbe quindi essere necessario svolgere una strategia di ricerca, al fine di trovare informazioni aggiuntive o i metodi necessari a utilizzare i dati di cui si dispone.

Esempio

Il ponte degli U2

Gli U2 – noto complesso irlandese – stanno per esibirsi nella propria città natale, Dublino. Mancano pochi minuti all'inizio del concerto, però per raggiungere il palco i musicisti devono attraversare un ponte nella completa oscurità. Hanno a disposizione una sola torcia elettrica. Essendo instabile, sul ponte possono andare solo due persone per volta. La torcia è indispensabile per attraversare il ponte quindi deve essere riportata indietro. Si sa che ogni componente impiega tempi diversi ad attraversare il ponte: Bono, 1 minuto; Edge, 2 minuti; Adam, 5 minuti; Larry, 10 minuti. Inoltre, si sa che: la torcia non può essere lanciata da una parte all'altra; se il ponte viene attraversato da due persone la velocità sarà data dal più lento. Qual è il tempo minimo che impiegheranno i 4 per raggiungere il palco?

A. 18 minuti
B. 17 minuti
C. 16 minuti
D. 15 minuti
E. 19 minuti

La risposta esatta è la B. Il quesito proposto è una variante di un test utilizzato negli anni '90 nella selezione del personale da parte di Microsoft. Nel testo del quesito originale, infatti, è scritto che "Mancano 17 minuti all'inizio del concerto...", ciò che si chiede di determinare è il giusto ordine di attraversamento affinché tutti i membri del gruppo siano dall'altra parte del ponte entro 17 minuti.

In questo quesito, per calcolare il tempo minimo di attraversamento del ponte, occorre premettere che, quando 2 componenti attraversano il ponte assieme, il più veloce si adegua al passo del più lento. In questo caso, i componenti seguono l'ordine di attraversamento riportato:

Bono (1 minuto) ed Edge (2 minuti) escono	tempo 2 minuti
Edge (2 minuti) torna indietro a portare la torcia	tempo 2 minuti
Adam (5 minuti) e Larry (10 minuti) escono	tempo 10 minuti
Bono (1 minuto) torna indietro a portare la torcia	tempo 1 minuto
Bono (1 minuto) ed Edge (2 minuti) escono	tempo 2 minuti

Tempo totale: 2 + 2 + 10 + 1 + 2 = 17 minuti

Vediamo un'ulteriore variante del quesito.

Gli U2 – noto complesso irlandese – stanno per esibirsi nella propria città natale, Dublino. Mancano pochi minuti all'inizio del concerto, però per raggiungere il palco i musicisti devono attraversare un ponte nella completa oscurità. Hanno a disposizione una sola torcia elettrica. Essendo instabile, sul ponte possono andare solo due persone per volta. La torcia è indispensabile per attraversare il ponte quindi deve essere riportata indietro. Si sa che ogni componente impiega tempi diversi ad attraversare il ponte: Bono, 1 minuto; Edge, 3 minuti; Adam, 4 minuti; Larry, 8 minuti. Inoltre, si sa che: la torcia non può essere lanciata da una parte all'altra; se il ponte viene attraversato da due persone la velocità sarà data dal più lento. Qual è il tempo minimo che impiegheranno i 4 per raggiungere il palco?

A. 17 minuti
B. 18 minuti
C. 16 minuti
D. 15 minuti
E. 19 minuti

La risposta esatta è la A. Per calcolare il tempo minimo di attraversamento del ponte, sappiamo che, quando 2 componenti attraversano il ponte assieme, il più veloce si adegua al passo del più lento. In questo caso, i componenti seguono l'ordine di attraversamento riportato:

Bono (1 minuto) ed Edge (3 minuti) escono	tempo 3 minuti
Bono (1 minuto) torna indietro a portare la torcia	tempo 1 minuto
Bono (1 minuto) e Adam (4 minuti) escono	tempo 4 minuti
Bono (1 minuto) torna indietro a portare la torcia	tempo 1 minuto
Bono (1 minuto) e Larry (8 minuti) escono	tempo 8 minuti

Tempo totale: 3 + 1 + 4 + 1 + 8 = 17 minuti

1.4 Ragionamento astratto e spaziale. Abilità visiva

I test di **ragionamento astratto e ragionamento spaziale** sono misure non verbali delle abilità cognitive che rilevano se e quanto un soggetto è in grado di eseguire un ragionamento semplice o complesso di fronte a materiale stimolo, che può essere costituito da figure geometriche, disegni di diversa forma, diverso orientamento spaziale, diversi elementi componenti o altre caratteristiche atte a differenziare le diverse componenti, tessiture ecc.

Solitamente, appartengono a tale area i seguenti:

- quesiti di completamento di *serie figurali*, in cui, data una sequenza di immagini, bisogna scegliere, tra le alternative proposte, quella che logicamente completa la sequenza. Per risolvere tali quesiti è consigliabile individuare quali sono le proprietà principali delle figure rappresentate: forma, orientamento spaziale, numero di elementi, tipo di elementi, posizione degli elementi, disposizione-configurazione degli elementi. In questo modo riuscirete a risolvere rapidamente tutti i tipi di serie visuo-spaziali;
- analogie figurali, vere e proprie *proporzioni tra figure*, in cui, come termini di una proporzione, le due immagini alla sinistra di un'uguaglianza sono legate dallo stesso rapporto che lega le due immagini alla destra dell'uguaglianza: in tali quesiti sono date 3 figure ed è incognita una quarta figura, che può essere uno qualsiasi dei termini della proporzione;
- quesiti di *scomposizione e ricomposizione di figure geometriche*, piane o solide, che richiedono di saper anticipare in modo corretto quale aspetto assumerà una determinata configurazione in seguito a delle specifiche trasformazioni.

I quesiti di **abilità visiva**, infine, vengono utilizzati anche per valutare attitudini particolari quali l'attenzione, la precisione, l'accuratezza.

1.4.1 Le serie

Tutti gli esercizi che trattano sequenze di numeri, oggetti, lettere, illustrazioni disposti secondo una sequenza "da scoprire" appartengono al dominio degli esercizi di completamento di serie.

Esempio

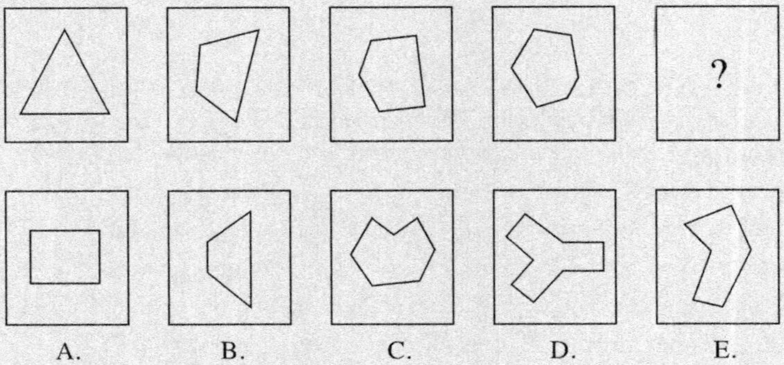

Come per tutti gli esercizi di completamento di serie, dobbiamo cercare di cogliere il legame (la regola costante) che accomuna le immagini della serie. Come risulta lampante, si tratta di figure geometriche di forma diversa. La prima è un triangolo, se osserviamo la seconda ci accorgiamo che i lati sono 4. Esiste infatti una progressione costante del numero dei lati delle figure: 3 → 4 → 5 → 6. Ci aspettiamo dunque che l'incognita debba essere una figura con 7 lati. Infatti la risposta esatta è la C.

1.4.2 Le matrici

La tecnica di costruzione delle matrici è molto semplice e si presta a creare prove di difficoltà crescente sulla base di modifiche da sinistra a destra e dall'alto in basso. Sono solitamente composte da tre stimoli posti orizzontalmente e tre stimoli posti verticalmente che vengono modificati secondo un certo principio in orizzontale e secondo un altro principio in verticale. Il compito consiste nel completare la sequenza sulla base dei principi di costruzione.

Esempio

Esaminiamo la seguente matrice:

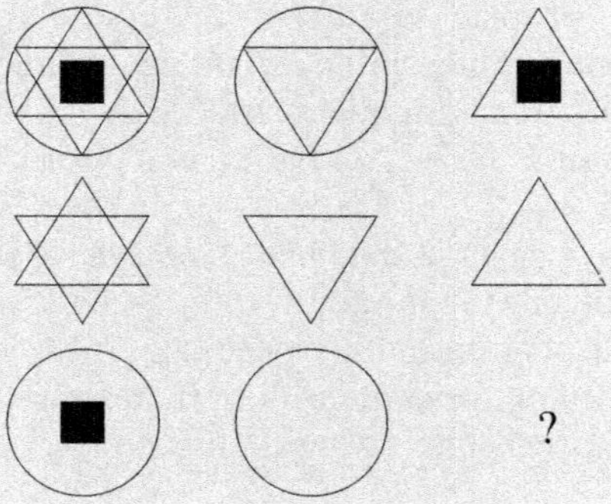

La prima riga della matrice presenta una figura complessa composta da un cerchio che include due triangoli che formano una stella di David, ed un quadrato, all'interno della stella, nero. Osservando lo sviluppo orizzontale si nota che lo stimolo conseguente è formato soltanto da un cerchio che comprende al suo interno un triangolo "capovolto". Lo stimolo successivo è costituito da un triangolo e dal quadrato nero al suo interno. Si deduce che la prima figura è data dalla somma delle altre due. Anche la seconda riga della matrice rispetta la stessa logica: il primo stimolo è dato dalla somma delle due figure alla sua destra. La terza riga, mancante della figura, la esamineremo al termine del ragionamento.
Adesso analizziamo gli stimoli in senso verticale, dall'alto verso il basso. La prima colonna a partire da sinistra è costituita dallo stimolo complesso cerchio, stella di David e quadrato nero, il secondo dalla stella di David, il terzo dal cerchio e dal quadrato.
Dato che a noi interessa, per risolvere il problema, scoprire la logica che sottende lo stimolo da individuare, focalizzeremo la nostra attenzione sull'incrocio dell'ultima riga e dell'ultima colonna. L'ultimo elemento della prima colonna è il risultato della "sottrazione" tra il primo stimolo e il secondo stimolo, cioè cerchio + stella + quadrato – stella = cerchio + quadrato. Anche la seconda colonna è costruita secondo un criterio "sottrattivo": cerchio + triangolo – triangolo = cerchio. L'ultima colonna ci consente dunque di risolvere il quesito: triangolo + quadrato – triangolo = quadrato (nero).

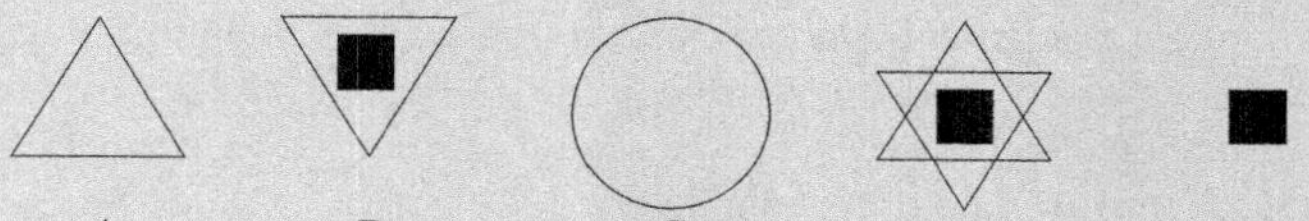

A. B. C. D. E.

La risposta corretta è la E.

1.4.3 Le proporzioni

Le proporzioni sono uguaglianze di rapporti tra grandezze o misure di grandezze, a due a due omogenee. Quattro grandezze A, B, C, D, si dicono proporzionali se A e B sono fra loro omogenee e se lo sono anche C e D. A partire da queste premesse gli esercizi di ragionamento astratto, che naturalmente non implicano grandezze o misure di grandezze, bensì configurazioni di stimoli più o meno complessi, comprendono due figure che esprimono la parte nota della proporzione sulla base delle quali iniziare il ragionamento che completi la parte non conosciuta della proporzione.
La proporzione è tale che sono date 3 figure ed è incognita una quarta figura (?), che può essere uno qualsiasi dei termini della proporzione.
Tale figura è da ricercare tra le opzioni di risposta date: occorre individuare la figura che è logico inserire quale primo, secondo, terzo o quarto termine della proporzione data.
Ricordando che in una proporzione:

antecedente : conseguente = antecedente : conseguente

il quiz è del tipo:

prima figura : seconda figura = terza figura : quarta figura

Si tratta, quindi, di una vera e propria uguaglianza tra due coppie di figure di diversa tipologia.

Esempio

Esaminiamo la seguente proporzione (da leggere in questo modo):

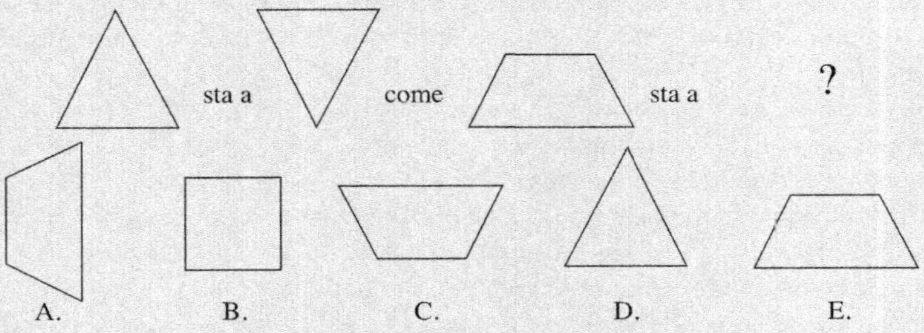

Bisogna considerare gli antecedenti che nella figura sono rappresentati dal primo triangolo e dal trapezio noto, e poi considerare i conseguenti. Nella nostra proporzione l'unico conseguente noto è dato dal triangolo "capovolto": i due triangoli sono in rapporto tra loro in quanto l'uno è il reciproco dell'altro, ovvero sono triangoli che hanno le stesse dimensioni e caratteristiche ma il secondo triangolo è stato ruotato di 180° sull'asse orizzontale. Questa relazione dovrà essere riproposta anche con la figura del trapezio, il conseguente del trapezio dovrà rispettare le caratteristiche del conseguente del triangolo; pertanto la figura che completerà la proporzione sarà data da un trapezio rotato sull'asse orizzontale di 180°. La figura A è data dalla rotazione di 90° sull'incrocio delle diagonali del trapezio, le figure B e D non sono trapezi, la figura E non è ruotata, quindi la risposta corretta sarà data dalla figura C.

1.4.4 Le categorizzazioni e le classificazioni

Gli esercizi che richiedono di scartare determinate figure di una serie, oppure di individuare coppie di stimoli identici, si possono annoverare tra gli esercizi di classificazione. Si tratta sostanzialmente di esercizi di riconoscimento. Letteralmente riconoscimento significa "conoscere di nuovo", ma le abilità di riconoscimento richiedono anche di riconsiderare alla luce di quanto si è appreso ed eventualmente correggere.
Ciò che viene riconosciuto viene categorizzato e classificato secondo determinati criteri più o meno generali secondo quanto è stato precedentemente esperito.

Vediamone alcuni esempi.

Esempio

Qual è la figura da scartare?

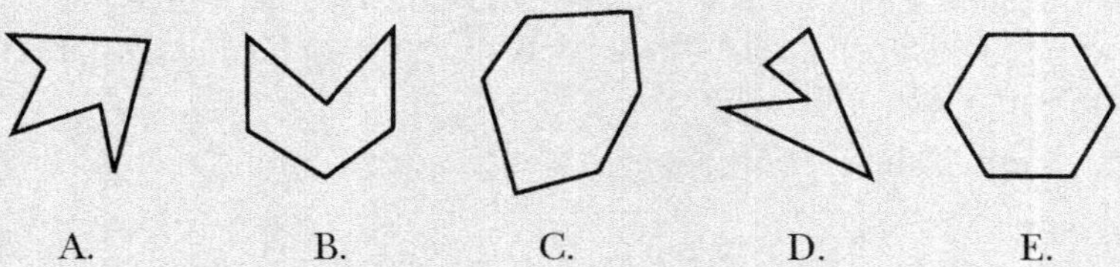

In quesiti di questo tipo la prima cosa da fare è contare il numero di lati di ciascun poligono per vedere se sono tutti uguali a meno di una figura, che sarà quella da scartare. In questo caso tutte le figure hanno 6 lati tranne la figura contrassegnata dalla lettera D, che ne ha 5, ed è quindi quella da scartare.

1.4.5 Scomposizione e ricostruzione di figure geometriche

Le prove di scomposizione e ricomposizione di figure geometriche, piane o solide, richiedono di saper anticipare in modo corretto quale aspetto assumerà una determinata configurazione in seguito a delle specifiche trasformazioni.

Esempio

La figura data si ricompone solo con 5 frammenti. Quali tra quelli proposti?

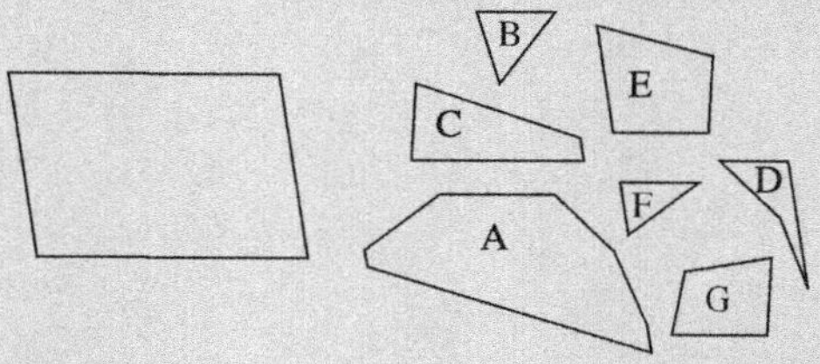

A. I frammenti A, B, C, D, E
B. I frammenti A, B, C, D, F
C. I frammenti A, C, D, E, F
D. I frammenti A, B, C, E, F
E. I frammenti B, C, D, E, F

La risposta esatta è la C.

Partiamo dal corpo della figura: il frammento A. Si nota subito che il frammento B non può rappresentare il vertice in alto a sinistra della figura, perché il lato sinistro del triangolo è troppo lungo. Tale vertice è rappresentato, invece, dal frammento F.
Il frammento G non può rappresentare il vertice in basso a sinistra della figura, perché, anche ruotato, non ha le dimensioni sufficienti. Tale vertice è rappresentato, invece, dal frammento E.
Appare evidente che i frammenti E e C costituiscono la base della figura.
I frammenti che ricompongono la figura sono A, C, D, E e F.

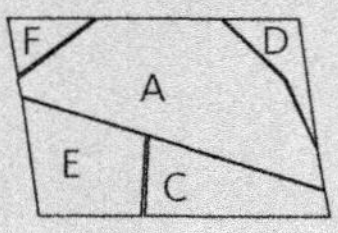

1.4.6 Attenzione e precisione

Abilità visiva con lettere e/o con numeri

I quesiti di abilità visiva con lettere e/o con numeri, in generale, non presuppongono calcoli. Tali quiz richiedono di analizzare le parole che compongono il testo, le lettere che compongono le parole o le cifre che compongono i numeri, valutandone il numero dei simboli.
Si tratta di quesiti molto semplici, che non richiedono ragionamenti particolari e le cui indicazioni non devono essere interpretate, ma semplicemente eseguite con un po' di attenzione.

Sequenze con coppie di lettere di numero uguale tra loro

I quesiti appartenenti a tale tipologia saranno spiegati mediante l'esempio seguente.

Esempio

In quale sequenza di lettere le "I" sono pari al numero delle "E"?

A. HIHUIHEUEHEH
B. EUHEUEIUIHUI
C. IUEEUHIUIHUI
D. UHEUEIIUIHUI
E. UEHEUEUIHUIU

In tutte le alternative di risposta proposte sono indicate sequenze di lettere I, E, U e H. Indicando con I la lettera I e con E la lettera E, nelle alternative di risposta si ha:

A. HIHUIHEUEHEH : 2 lettere I e 3 lettere E.
B. EUHEUEIUIHUI : 3 lettere I e 3 lettere E.
C. IUEEUHIUIHUI : 4 lettere I e 2 lettere E.
D. UHEUEIIUIHUI : 4 lettere I e 2 lettere E.
E. UEHEUEUIHUIU : 2 lettere I e 3 lettere E.

La risposta corretta è, pertanto, la B in cui sono presenti 3 lettere I e 3 lettere E.

Alternanza vocale/consonante in sequenze di lettere

I quesiti appartenenti alla tipologia riportata di seguito forniscono, tra le alternative di risposta, sequenze di lettere; la risoluzione degli stessi richiede l'identificazione della sequenza in cui esiste sempre alternanza vocale-consonante.

Esempio

Indicare in quale delle seguenti alternative viene rispettata la regola di alternanza "vocale-consonante".

A. UCIXEFOMOROSAZQPIDIC
B. UCIXEFOMSAPIDIC
C. UCIXEFOMOROSAZAPIDIC
D. UCIXEFOMOAPIDIC
E. UDUCILUECIUL

Sottolineiamo, per comodità di lettura, tutte le vocali presenti nelle sequenze date:

A. UCIXEFOMOROSAZQPIDIC
B. UCIXEFOMSAPIDIC
C. UCIXEFOMOROSAZAPIDIC
D. UCIXEFOMOAPIDIC
E. UDUCILUECIUL

L'unica alternativa che rispetta la regola di alternanza "vocale-consonante" è la C.

Abilità visiva con immagini

Di seguito proponiamo un esempio di quesito di abilità visiva in cui si chiede di osservare un'immagine.

Esempio

Il numero di ^{3} meno il numero di R è uguale a:

»	R	R	X	&	»	&	&	&	R
<	<	¥	*f*	^{3}	X	*f*	^{3}	»	^{3}
&	^{3}	^{3}	»	#	^{3}	&	R	*f*	X
»	X	*f*	<	*f*	R	R	^{3}	R	*f*
^{3}	*f*	X	X	^{3}	¥	<	X	^{3}	&
R	*f*	»	<	R	#	&	^{3}	»	^{3}
^{3}	&	^{3}	^{3}	^{3}	*f*	»	*f*	X	<
#	<	X	*f*	»	*f*	&	^{3}	*f*	¥
<	»	&	#	<	¥	*f*	R	^{3}	&
»	»	»	*f*	X	^{3}	R	<	#	»

A. 7
B. 8
C. 10
D. 11
E. 5

La risposta esatta è la B.
Nello schema sono presenti 19 simboli ^{3} e 11 simboli R, di conseguenza 19 – 11 = 8.

Capitolo 2
Esercitazioni

2.1 Quesiti

1) Individua tra i seguenti un sinonimo di "piolo"
A. devoto
B. paletto
C. cinguettio
D. caritatevole
E. piccolo

2) Individua tra i seguenti un contrario di "scialbo"
A. negletto
B. piatto
C. disgustoso
D. vivace
E. trasparente

3) Quale tra i termini elencati ha un significato associabile con entrambe le parole proposte? Casa – Calcio
A. Pallone
B. Porta
C. Finestra
D. Vetro
E. Gioco

4) Quale, tra le seguenti parole, è un anagramma di una città italiana capoluogo di provincia?
A. Cervelli
B. Nasi
C. Ritorno
D. Rovina
E. Svanire

5) Qual è la definizione esatta della parola "patogeno"?
A. Ciò che provoca o genera ansia
B. Ciò che è sintomo caratteristico al punto da permettere la diagnosi certa
C. Ciò che provvede o concorre a una secrezione interna
D. Ciò che riguarda la patologia o, più in generale, le malattie
E. Ciò che determina o ha la capacità di provocare fenomeni morbosi

6) In quale dei seguenti termini il prefisso è semanticamente diverso dagli altri?
A. Tribordo

B. Triangolo
C. Tridente
D. Trilogia
E. Trittico

7)

rettamente	caldamente
?	entusiasticamente

A. probamente
B. serenamente
C. tranquillamente
D. erratamente
E. probabilmente

8) Indicare il termine che completa la seguente proporzione verbale:
"fato : lato = talco : *x*"
A. x = falco
B. x = falce
C. x = falda
D. x = folto
E. x = fonda

9) Individuare, tra le alternative proposte, quella che completa correttamente la frase. "Luca decise che non si sarebbe mosso da lì nonostante il telefono ______".
A. squillava
B. squillerebbe
C. squillerà
D. continuasse a squillare
E. continuava a squillare

10) Individuare, tra le alternative proposte, il termine da scartare:
A. antico
B. antisemita
C. antifurto
D. antipatico
E. antitetico

11) Individuare l'abbinamento errato:
A. porta/ingresso
B. corda/petrolio
C. scale/palazzo
D. ringhiera/balcone
E. tetto/casa

12) La spiegazione di uno dei seguenti modi di dire non è corretta:
A. è lapalissiano: è talmente evidente da essere scontato
B. andare per la maggiore: riscuotere un notevole successo

C. mettere all'indice: vietare qualcosa ritenuto riprovevole
D. sbarcare il lunario: vivere al di sopra delle proprie possibilità
E. questioni di lana caprina: questioni senza importanza

13) Leggere il brano e rispondere al quesito solo in base alle informazioni contenute (esplicitamente o implicitamente) nel brano e non in base a quanto il candidato eventualmente conosca sull'argomento.

La scienza non ha mai dato molto credito alle affermazioni secondo cui per apprendere il francese o il cinese è sufficiente ascoltare una lezione su cd mentre si dorme. Un nuovo studio, però, incentrato su un metodo diverso di ascolto durante il sonno, permette di comprendere meglio in che modo funzioni un cervello addormentato. Gli scienziati della Northwestern University hanno reso noto che trasmettere alcuni suoni specifici mentre si dorme è servito ad alcune persone che si sono sottoposte all'esperimento a ricordare meglio ciò che avevano studiato prima di addormentarsi, al punto che la memoria di tutti loro è risultata notevolmente migliorata. La rivista Science ha pubblicato un articolo sullo studio nel corso del quale i ricercatori hanno insegnato ad alcuni soggetti a collocare una cinquantina di immagini al loro posto giusto su uno schermo. Ogni immagine era accompagnata da un suono particolare, per esempio un miagolio per l'immagine del gatto e un turbinio di pale per quella di un elicottero. Dodici soggetti hanno quindi fatto un sonnellino, durante il quale 25 dei suoni ascoltati in precedenza sono stati trasmessi insieme al rumore bianco. Quando si sono svegliati quasi tutti hanno ricordato con maggiore precisione la disposizione sul computer delle immagini i cui suoni erano stati ritrasmessi mentre dormivano, mentre hanno incontrato qualche difficoltà in più per le restanti 25 immagini.

L'esperimento della Northwestern University:
A. è stato fatto sul cervello dei gatti
B. non è stato risolutivo
C. ha utilizzato più di 50 immagini
D. è stato reso noto da una rivista scientifica
E. nessuna delle alternative proposte

14) Completare correttamente il seguente sillogismo: "Tutte le api impollinano i fiori. Alcuni insetti non impollinano i fiori. Dunque .... non sono api".
A. alcuni insetti
B. alcune api
C. tutti i fiori
D. tutti gli insetti
E. alcuni fiori

15) "Non è possibile negare la falsità della tesi secondo la quale l'uomo non è un animale sociale". Qual è il significato corretto dell'affermazione precedente?
A. Non è possibile sapere con certezza se l'uomo sia un animale sociale o meno
B. L'uomo è un animale sociale
C. È corretto affermare che non si può sapere se l'uomo è un animale sociale

D. È falso affermare che l'uomo sia un animale sociale
E. L'uomo non è un animale sociale

16) "Solo se il gatto miagola, il padrone gli dà da mangiare". In base alla precedente affermazione, è necessariamente vero che:
A. se il gatto miagola, sicuramente il padrone non gli dà da mangiare
B. se il gatto non miagola, il padrone non gli dà da mangiare
C. se il padrone non dà da mangiare al gatto, vuol dire che il gatto non ha miagolato
D. il padrone vizia il gatto
E. il padrone non si prende cura del gatto

17) La frase "Quando vedo mio figlio mi sento bene" implica una delle affermazioni elencate, indicare quale:
A. se non mi sento bene allora non ho visto mio figlio
B. se mi sento bene significa che ho visto mio figlio
C. se mi sento bene significa che non ho visto mio figlio
D. non mi sento bene pur avendo visto mio figlio
E. in alcune circostanze non mi sento bene anche se ho visto mio figlio

18) Se Costanza è sorella di Marianna e Ludovico è figlio di Marianna e Gianfranco, quale tra le seguenti affermazioni è sicuramente vera?
A. Costanza è zia di Ludovico
B. Gianfranco è figlio unico
C. Ludovico è figlio unico
D. Gianfranco e Costanza sono fratelli
E. Costanza e Ludovico sono cugini

19) Due fratelli, Andrea e Marco, sono tali che Andrea dice solo bugie il lunedì, mercoledì e venerdì e negli altri giorni dice sempre la verità, mentre Marco dice solo bugie il martedì, giovedì e sabato e negli altri giorni dice sempre la verità. Se ascoltate la seguente conversazione: Andrea: "oggi è domenica"; Marco: "ieri era domenica"; Andrea: "siamo in estate", quale tra le seguenti affermazioni è vera?
A. È un lunedì ma non d'estate
B. È un lunedì d'estate
C. È una domenica d'estate
D. È una domenica ma non in estate
E. Non è domenica, né lunedì

20) Quale diagramma rappresenta graficamente la relazione insiemistica esistente tra i tre termini: Computer, Stampanti, CD-ROM?

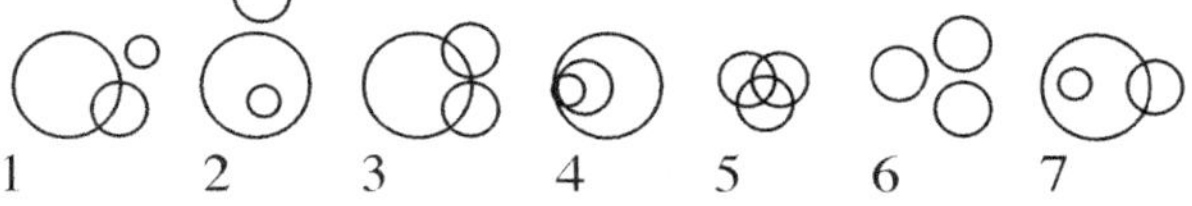

A. Diagramma 6
B. Diagramma 4

C. Diagramma 5
D. Diagramma 2
E. Diagramma 1

21) 1 5 13 ? 61 125
A. 22
B. 90
C. 20
D. 29
E. 43

22) Completare la seguente successione, utilizzando l'alfabeto italiano: B; T; C; R; D; P; E; ?
A. N
B. P
C. Q
D. M
E. L

23) Completare la seguente successione, utilizzando l'alfabeto italiano: V; 11; T; 15; R; 19; ?; ?
A. S; 20
B. P; 23
C. O; 21
D. R; 22
E. T; 21

24) Luigi il lunedì si allena in piscina il triplo del tempo in cui si allena il martedì, giorno in cui si allena 2 ore in più del giovedì e 3 ore in meno del venerdì. Se venerdì si allena 7 ore, quante ore si allena giovedì?
A. 2
B. 4
C. 3
D. 7
E. 5

25) Gaia ha letto i 4/5 del suo libro. Sapendo che ha letto 96 pagine, quante pagine le restano da leggere?
A. 35
B. 24
C. 40
D. 22
E. 36

26) Tre agenti di commercio di una multinazionale si recano nella sede di Parigi, rispettivamente, ogni 3, ogni 8, ogni 12 giorni. Si sono incontrati oggi a Parigi, tra quanti giorni si ritroveranno a Parigi assieme?

A. 24 giorni
B. 25 giorni
C. 26 giorni
D. 28 giorni
E. 30 giorni

27) Fino all'altro ieri Gaia aveva sostenuto degli esami universitari e aveva una media dei voti di 26. Ieri ha superato un nuovo esame con voto 30, e la sua media è salita a 27. Quanti esami ha sostenuto Gaia, compreso quello di ieri?

A. 3
B. 5
C. 2
D. 4
E. 7

28) Per la festa di compleanno di Luigi, Alessandra ha acquistato 80 dolci tra sfogliatelle, cannoli, cassatine e babà. 46 non sono cannoli, 55 non sono babà e le sfogliatelle sono 3 in più delle cassatine. Quante sono le sfogliatelle?

A. 6
B. 4
C. 5
D. 12
E. 11

29) Per andare da casa a scuola in motorino, Luigi impiega 3 minuti alla velocità media di 30 km/h. Quanto dista la scuola dalla casa di Luigi?

A. 1 km
B. 1,5 km
C. 1,65 km
D. 1,15 km
E. 0,75 km

30) Gaia compra un cono con 3 palline di gelato di gusti diversi. Può scegliere tra 15 gusti diversi. In quanti modi diversi Gaia può ordinare il suo cono?

A. 3.375
B. 455
C. 15
D. 2.370
E. 910

31) Lanciando due dadi contemporaneamente, qual è la probabilità di ottenere per somma 3?

A. 1/3
B. 1/18
C. 1/12
D. 1/36
E. 1/8

Distribuzione degli aventi diritto al voto divisi per fasce d'età (in migliaia)[1]

	Nord-ovest	Nord-est	Centro	Sud	Isole
18-25 anni	632	689	705	512	410
26-33 anni	684	564	684	467	365
34-41 anni	561	461	594	387	298
42-49 anni	428	345	512	312	204
50-57 anni	365	265	456	296	192
Oltre	245	198	321	184	103
Totale	2.915	2.522	3.272	2.158	1.572

[1] *I dati contenuti nelle celle della tabella sono stati utilizzati in diversi concorsi gestiti dal medesimo ente, tuttavia la riga di intestazione, che nel quesito in esame è rappresentata da aree geografiche (Nord-ovest, Nord-est, Centro, Sud, Isole), fa riferimento a Regioni (Sicilia, Sardegna, Lazio, Campania, Puglia), inoltre cambia leggermente la suddivisione per fasce d'età.*

32) Nel Nord-ovest, sul totale degli aventi diritto al voto, qual è la percentuale (approssimata) di quelli fino a 33 anni?

A. 23%
B. 17%
C. 50%
D. 45%
E. 38%

33) Sono dodici le squadre che parteciperanno ai Campionati del mondo di Pitchball del mese prossimo. Sono divise in due gruppi da sei. Ogni squadra giocherà due partite contro ognuna delle altre squadre appartenenti allo stesso gruppo e una partita contro ogni squadra dell'altro gruppo. Alla fine, i vincitori di ogni gruppo si scontreranno in finale. Quante partite si giocheranno in tutto nel torneo?

A. 67
B. 91
C. 97
D. 109
E. 193

34) È stata svolta una ricerca sui mezzi di trasporto utilizzati per andare a scuola, che ha rivelato i risultati seguenti (raggruppati per classe):

	1ª media	2ª media	3ª media	1° liceo	2° liceo	Totale
Macchina	30	33	16	18	10	102
Autobus	14	16	13	15	18	76
Bicicletta	5	12	23	25	30	95
A piedi	101	89	100	92	108	490
Totale	150	145	152	150	166	763

Uno dei valori della tabella non è stato riportato correttamente, anche se i totali sono rimasti corretti. Qual è il valore errato?

A. 14
B. 33
C. 23
D. 92
E. 18

35) Trovare il numero mancante: 551 - 525; 558 - 595; 227 - 282; 884 - ...

A. 848
B. 858
C. 458
D. 885
E. 588

2.2 Risposte commentate

1) B. *Piolo* (pezzo di legno cilindrico e appuntito conficcato in una qualsiasi struttura) è sinonimo di *paletto.*

2) D. *Scialbo* è un aggettivo che indica qualcosa di pallido, scolorito, sbiadito, in senso figurato vuol dire anche inespressivo. Il suo contrario quindi è *vivace*, che significa ricco di vita, rigoglioso, vivido.

3) B. *Porta* è un termine polisemico e può indicare sia la porta d'ingresso di *casa* sia la porta del campo da *calcio.*

4) A. *Cervelli* è l'anagramma di *Vercelli.*

5) E. L'aggettivo *patogeno*, nel linguaggio medico, si riferisce a ciò che determina o ha la capacità di provocare fenomeni morbosi. È associato ai termini *germi* o *agenti.*

6) A. I termini sembrano etimologicamente simili, in quanto posseggono il prefisso "tri-". Tale prefisso ha comunemente il significato di "tre" come in: "trilogia" che significa "tre opere dello stesso autore"; "trittico" che significa "opera composta di tre parti"; "triangolo" che significa "poligono di tre lati/angoli"; "tridente" che significa "forcone a tre denti". Seguendo questa logica, la sola risposta corretta è, dunque, *tribordo* in quanto è l'unico in cui "tri-" non equivale a "tre" e in cui "tri-" non è neanche un prefisso, bensì una componente etimologica intrinseca del vocabolo: dal francese "tribord", a sua volta dall'olandese "stierboord", propriamente lato (boord) del timone (stier).

7) A. *Caldamente* è sinonimo di *entusiasticamente*, così come *probamente* è un sinonimo di *rettamente*.

8) A. La prima coppia di parole è legata da una relazione ortografica, infatti, *fato* e *lato* differiscono solo per la prima lettera. La seconda coppia quindi andrà completata con una parola che differisca da *talco* solo per la prima lettera, ovvero *falco*.

9) D. Il congiuntivo è obbligatorio nelle frasi introdotte da alcune espressioni o parole, fra cui, per esempio, "nonostante", espressione che introduce una frase che esprime un contrasto rispetto a ciò che si dice in un'altra frase. Quindi la frase corretta è: "Luca decise che non si sarebbe mosso da lì nonostante il telefono continuasse a squillare".

10) A. In questo esercizio si deve far riferimento all'etimologia della parola. In tutti i casi tranne uno, infatti, si tratta di parole composte dalla particella *anti-* (contro) legata a diverse radici. Il termine che fa eccezione, e che deve essere eliminato, è *antico*.

11) B. In questa serie di coppie la contiguità logica è data dal rapporto parte-tutto (in linguistica detto meronimia), infatti le scale fanno parte del palazzo, la ringhiera del balcone ecc. L'abbinamento errato è *corda/petrolio*.

12) D. L'espressione *sbarcare il lunario* non ha il significato di vivere al di sopra delle proprie possibilità, ma di vivere, tirare avanti a stento, con molti sacrifici e notevoli rinunce.

13) D. Righe 9-10: "La rivista Science ha pubblicato un articolo sullo studio".

14) A. Per risolvere il sillogismo conviene partire da un esame delle premesse mediante diagrammi. "Tutte le api impollinano fiori" è un enunciato universale affermativo: questo significa che l'insieme delle api è incluso in quello degli impollinatori di fiori e che ogni elemento del primo insieme appartiene anche al secondo. "Alcuni insetti non impollinano fiori" è un enunciato particolare negativo: ciò significa che l'insieme degli insetti ha degli elementi che non appartengono a quello degli impollinatori di fiori. Arrivati a questo punto si osserva che il termine "impollinatori di fiori" appare in ambedue le premesse, per cui è il termine medio. Dal momento che il termine medio non può comparire anche nella conclusione e che in quest'ultima già è presente anche il termine "api", per esclusione si capisce che il termine che completa correttamente il sillogismo deve essere il restante dei tre, ossia "insetti". Stabilito ciò, la difficoltà è comprendere se si debba inserire "alcuni insetti" o "tutti gli insetti". A questo riguardo le informazioni offerte dalle due premesse non consentono di sapere con certezza se l'insieme degli insetti sia totalmente disgiunto da quello delle api, conoscenza che permetterebbe di concludere che tutti gli insetti non sono api. Le stesse informazioni, però, portano a concludere in modo certo almeno che ALCUNI elementi dell'insieme degli insetti, cioè quelli che non appartengono all'insieme degli impollinatori di fiori, NON appartengono nemmeno all'insieme delle api, visto che quest'ultimo insieme è incluso in quello degli impollinatori di fiori. Ciò significa che "alcuni insetti non sono api".

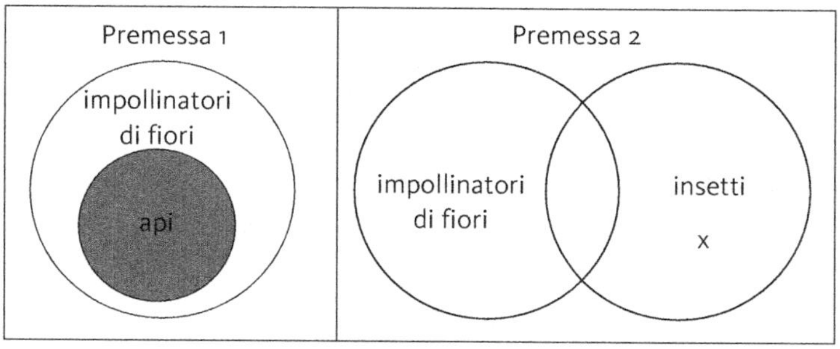

15) B. Come primo dato va osservato che l'espressione "non è possibile" è logicamente equivalente a "è necessario non", per cui "non è possibile negare" equivale a "è necessario non negare", che a sua volta, eliminando la doppia negazione "non negare", equivale a "è necessario affermare". Come secondo dato va riconosciuto che "la falsità della tesi secondo la quale l'uomo NON è un animale sociale" significa che "è vera la tesi secondo la quale l'uomo è un animale sociale". Unendo insieme i due dati, si deve concludere che l'affermazione della traccia equivale a "è necessario affermare che è vera la tesi secondo la quale l'uomo è un animale sociale", il cui significato è, in ultima analisi, che "l'uomo è un animale sociale".

16) B. Se si indica "il gatto miagola" con 'Q' e 'il padrone gli dà da mangiare' con 'P', l'affermazione della traccia presenta la seguente struttura: "Solo se Q, (allora) P". Poiché Q è condizione necessaria di P, è necessariamente vero che "Se NON Q, (allora) NON P", ossia "se il gatto NON miagola (= NON Q), il padrone NON gli dà da mangiare".

17) A. Da un punto di vista logico la frase "Quando vedo mio figlio mi sento bene" è un'implicazione. Simbolizzando con 'P' l'antecedente "vedo mio figlio" e con 'Q' il conseguente "mi sento bene", la frase in esame è del tipo "Se P, allora Q". Questo tipo di asserzione implica "Se NON Q, allora NON P", cioè "se non mi sento bene (= NON Q) allora non ho visto mio figlio (= NON P)".

18) A. Essendo Costanza sorella di Marianna, cioè della mamma di Ludovico, è sicuramente vero che Costanza è zia di Ludovico.

19) A. Si suppone che sia domenica. In questa giornata sia Andrea che Marco dicono la verità. In tal caso dovrebbero essere vere sia la frase detta da Andrea "Oggi è domenica", sia quella detta da Marco "Ieri era domenica".
Le due frasi sono in contraddizione, pertanto si è giunti ad un assurdo supponendo che fosse domenica. Si possono quindi eliminare le risposte C e D che indicano la domenica come giorno della conversazione.
Si supponga di essere in un giorno tra martedì, giovedì e sabato, nei quali Marco mente e Andrea dice il vero. In tal caso si dovrebbe supporre vera la frase di Andrea "oggi è domenica". Si è giunti nuovamente ad una contraddizione in quanto se la conversazione avviene martedì, giovedì o sabato, allora non può essere domenica.

Si supponga infine di essere in un giorno tra lunedì, mercoledì e venerdì, nei quali Andrea mente e Marco dice il vero. In tal caso si dovrebbe supporre vera la frase di Marco "ieri era domenica". Se tale frase è vera l'unica possibilità è che la conversazione stia avvenendo il lunedì. Pertanto la risposta E può essere scartata.
Infine se la conversazione avviene di lunedì, allora Andrea mente; quindi è falso quello che Andrea dice: "siamo in estate". Pertanto si può dedurre che la conversazione avviene di lunedì e non avviene d'estate. La risposta B può essere scartata e risulta corretta la risposta A.

20) A. Computer, stampanti e CD-ROM sono tre dispositivi hardware distinti del mondo dell'informatica.
Pertanto l'insieme che rappresenta tutti i computer non può avere elementi in comune con l'insieme che rappresenta le stampanti, così come quest'ultimo non può avere elementi in comune con l'insieme che rappresenta i CD-ROM. Infine l'insieme dei CD-ROM non può avere elementi condivisi con quello dei computer. In pratica i tre insiemi sono disgiunti.
Pertanto il diagramma che li rappresenta è il "diagramma 6" e la risposta corretta e la A.
In figura è mostrato il diagramma di Eulero-Venn con i tre insiemi.

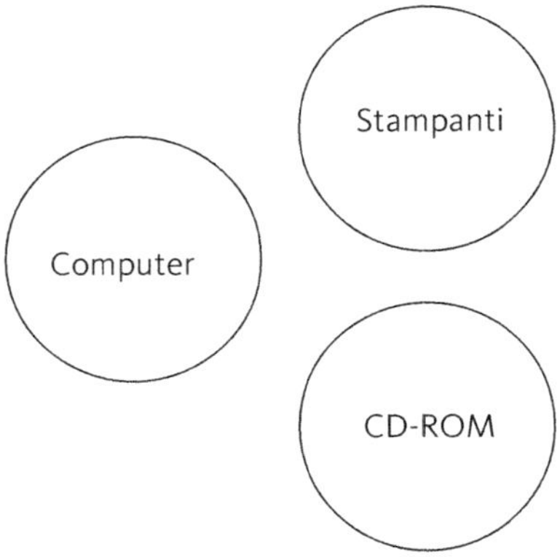

21) D. La serie è crescente. Ciascun numero, a partire dal secondo, si ottiene moltiplicando per 2 il numero immediatamente precedente e aumentando di 3 il prodotto ottenuto:

$$1 \underbrace{\quad\quad}_{\times 2+3} 5 \underbrace{\quad\quad}_{\times 2+3} 13 \underbrace{\quad\quad}_{\times 2+3} \mathbf{29} \underbrace{\quad\quad}_{\times 2+3} 61 \underbrace{\quad\quad}_{\times 2+3} 125$$

In alternativa si può notare che

$$1 \underbrace{\quad\quad\quad}_{+2^2 = 4} 5 \underbrace{\quad\quad\quad}_{+2^3 = 8} 13 \underbrace{\quad\quad\quad}_{+2^4 = 16} \mathbf{29} \underbrace{\quad\quad\quad}_{+2^5 = 32} 61 \underbrace{\quad\quad\quad}_{+2^6 = 64} 125$$

22) A. Convertiamo la serie alfabetica data nella corrispondente serie numerica:

B	T	C	R	D	P	E	?
2	18	3	16	4	14	5	?

Nella serie, occorre considerare la distanza tra le lettere o, equivalentemente, tra i numeri corrispondenti.
La serie numerica ottenuta è composta da due sotto-serie, una costituita dai numeri che occupano posizione dispari, un'altra costituita dai numeri che occupano posizione pari:

2 3 4 5

18 16 14 ?

Nella prima sotto-serie, ciascun numero, a partire dal secondo, si ottiene aggiungendo 1 al numero immediatamente precedente.
Nella seconda sotto-serie, ciascun numero, a partire dal secondo, si ottiene sottraendo 2 dal numero immediatamente precedente.
Seguendo tale criterio, la lettera incognita (l'ultima della serie) si ottiene retrocedendo di 2 posizioni nell'alfabeto a partire dalla lettera P, a cui corrisponde il numero 14, ottenendo la lettera **N**, a cui corrisponde il numero 12.

23) B. La serie alfanumerica data è costituita dalla sotto-serie alfabetica:

V T R ?

e dalla sotto-serie numerica:

11 15 19 ?

Per l'alternanza delle due sotto-serie, i termini mancanti nella serie data sono, rispettivamente, una lettera e un numero.
Per identificare il termine mancante nella sotto-serie alfabetica, associamo a ciascuna lettera il corrispondente numero d'ordine nell'alfabeto italiano; si ottiene:

V	T	R	?
20	18	16	?

Nella serie, occorre considerare la distanza tra le lettere (o equivalentemente tra i numeri corrispondenti) a gruppi di 2. La serie è decrescente.
La distanza tra ciascuna lettera e la successiva è pari a –2. A partire dalla lettera V e retrocedendo di 2 posizioni nell'alfabeto, si ottiene la lettera T; retrocedendo ancora di 2 posizioni si ottiene la lettera R, quindi la soluzione, ossia la lettera P.
Nella sotto-serie numerica, a partire dal primo, i numeri crescono di 4 unità. A partire dal numero 11, quindi, il numero mancante si ottiene nel modo seguente:

- 11 + 4 = 15
- 15 + 4 = 19
- 19 + 4 = 23

La soluzione è data da: **P**; **23**.

24) A. Per sapere quante ore si allena il giovedì Luigi indichiamo con:
L = numero di ore di allenamento del lunedì
M = numero di ore di allenamento del martedì
G = numero di ore di allenamento del giovedì
V = numero di ore di allenamento del venerdì
Sappiamo che il lunedì si allena in piscina il triplo del tempo in cui si allena il martedì, ossia:

$$L = 3\,M$$

Sappiamo, inoltre, che il martedì è il giorno in cui si allena 2 ore in più del giovedì e 3 ore in meno del venerdì, ossia:

$$M = G + 2 = V - 3$$

Se venerdì si allena 7 ore, allora, in base a quest'ultima relazione, possiamo scrivere:

$$M = G + 2 = 7 - 3 = 4$$

da cui, essendo M = G + 2 = 4, otteniamo, da quest'ultima relazione, G = **2**.

25) B. Poiché 96 pagine corrispondono ai 4/5 del volume di Gaia, le restanti x pagine incognite corrispondono a $1-\frac{4}{5}=\frac{1}{5}$ del volume. Per risolvere il quesito, impostiamo la proporzione:

$$\frac{4}{5}:96=\frac{1}{5}:x$$

da cui, il valore di x:

$$x=\frac{96}{4}=\mathbf{24}$$

26) A. I tre agenti si sono incontrati oggi a Parigi.
Il primo agente sarà di nuovo a Parigi tra 3 giorni, poi tra 6 giorni, poi tra 9 giorni e così via. In generale, sarà a Parigi dopo un numero di giorni che è multiplo di 3.
Il secondo agente sarà di nuovo a Parigi tra 8 giorni, poi tra 16 giorni, poi tra 24 giorni e così via. In generale, sarà a Parigi dopo un numero di giorni che è multiplo di 8.
Il terzo agente sarà di nuovo a Parigi tra 12 giorni, poi tra 24 giorni, poi tra 36 giorni e così via. In generale, sarà a Parigi dopo un numero di giorni che è multiplo di 12.
Affinché i tre agenti si incontrino di nuovo, dovrà trascorrere un numero di giorni pari a un multiplo in comune tra i tre numeri 3, 8 e 12. Se cerchiamo il numero minore possibile di giorni che dovranno trascorrere, allora dobbiamo calcolare il minimo comune multiplo. Poiché

3 = numero primo

$8 = 2^3$

$12 = 2^2 \times 3$

i tre agenti si ritroveranno a Parigi assieme tra:

mcm(3; 8; 12) = $2^3 \times 3$ = **24 giorni**

27) D. Dati n numeri, che danno una media m, se a tali numeri aggiungiamo un numero noto x_{n+1}, possiamo calcolare la nuova media m' attraverso la formula:

$$m' = \frac{n \cdot m + x_{n+1}}{n+1}$$

Il problema inverso, che consiste nella ricerca del numero n, note le medie m e m' e noto il numero x_{n+1}, si risolve applicando la formula inversa di quella appena data:

$$(n+1)m' - n \cdot m = x_{n+1}$$

ossia

$$nm' + m' - n \cdot m = x_{n+1} \quad \Rightarrow \quad n(m' - m) + m' = x_{n+1} \quad \Rightarrow \quad n(m' - m) = x_{n+1} - m'$$

ovvero

$$n = \frac{x_{n+1} - m'}{m' - m}$$

Gaia ha sostenuto un numero n di esami con una media $m = 26$, inoltre all'$(n + 1)$-esimo esame ha preso il voto $x_{n+1} = 30$, portando la sua media m' a 27. Il numero n di esami sostenuti fino all'altro ieri si ottiene applicando la formula appena data:

$$n = \frac{30 - 27}{27 - 26} = 3$$

In totale, compreso quello di ieri, Gaia ha sostenuto $n + 1 = 3 + 1 =$ **4** esami.

28) D. I dolci acquistati da Alessandra per la festa di compleanno di Luigi sono 80, tra sfogliatelle, cannoli, cassatine e babà.
Se 46 non sono cannoli, allora i cannoli sono 80 – 46 = 34.
Se 55 non sono babà, allora i babà sono 80 – 55 = 25.
La somma delle sfogliatelle e delle cassatine è 80 – (34 + 25) = 80 – 59 = 21.
Sappiamo che le sfogliatelle sono 3 in più delle cassatine.
Siano s le sfogliatelle e c le cassatine, scriviamo le due equazioni nelle due incognite s e c:

$s + c = 21$

$s = c + 3$

Sostituendo nella prima equazione il valore di s della seconda equazione:

$c + 3 + c = 21$

da cui:

$$2c = 21 - 3 = 18 \quad \Rightarrow \quad c = \frac{18}{2} = 9$$

A questo punto, le sfogliatelle sono:

$$s = 21 - 9 = \mathbf{12}$$

29) B. Usiamo la relazione 1 min = $\frac{1}{60}$ h per convertire il tempo t = 3 minuti in ore:

$$3 \text{ min} = 3 \cdot \frac{1}{60} \text{ h} = \frac{3}{60} \text{ h} = \frac{1}{20} \text{ h}$$

A questo punto, calcoliamo lo spazio percorso da Luigi in questo intervallo:

$$s = v \cdot t = \frac{30 \text{ km}}{\text{h}} \cdot \frac{1}{20} \text{h} = \mathbf{1{,}5 \text{ km}}$$

30) B. Gaia può ordinare il cono con 3 palline di gelato di gusti diversi da scegliere tra 15 possibili gusti.
Non sono possibili ripetizioni, perché i 3 gusti devono essere diversi, e non conta neanche la sequenza con cui viene composto il cono (disposizione) per cui, effettivamente, due coni sono considerati diversi se contengono almeno un elemento diverso, l'uno dall'altro. In tale ipotesi, dobbiamo calcolare le combinazioni di 15 gusti presi a gruppi di 3.
Per risolvere il quesito applichiamo la formula delle combinazioni semplici di 15 elementi a gruppi di 3:

$$C_{15,3} = \frac{D_{15,3}}{P_3} = \frac{\cancel{15}^{5} \cdot \cancel{14}^{7} \cdot 13}{\cancel{3}^{1} \cdot \cancel{2}^{1} \cdot 1} = \mathbf{455}$$

31) B. I casi possibili sono riassunti nella seguente tabella. Sulla riga di intestazione vi è il risultato presente sulla faccia del primo dado mentre sulla prima colonna vi è il risultato presente sulla faccia del secondo dado. Il corpo della tabella riporta la somma dei numeri presenti sui due dadi.

		Dado 1					
		1	**2**	**3**	**4**	**5**	**6**
Dado 2	**1**	2	3	4	5	6	7
	2	3	4	5	6	7	8
	3	4	5	6	7	8	9
	4	5	6	7	8	9	10
	5	6	7	8	9	10	11
	6	7	8	9	10	11	12

I casi in cui la somma è 3 sono $n_f = 2$. In particolare, sono dati dalle coppie di numeri 1-2, 2-1.
Si noti, inoltre, che i casi possibili sono $n = 6 \times 6 = 36$.
Quindi la probabilità è:

$$P(\text{somma } 3) = \frac{2}{36} = \mathbf{\frac{1}{18}}$$

32) D. La soluzione si ottiene considerando le celle, nella colonna Nord-ovest, relative alle righe 18-25 anni e 26-33 anni.
Per ottenere la percentuale richiesta si opera nel modo seguente:

$$\% = \frac{\text{aventi diritto voto Nord-ovest 18-25 anni + aventi diritto voto Nord-ovest 26-33 anni}}{\text{totale aventi diritto voto Nord-ovest}} \times 100$$

	Nord-ovest	Nord-est	Centro	Sud	Isole
18-25 anni	632	689	705	512	410
26-33 anni	684	564	684	467	365
34-41 anni	561	461	594	387	298
42-49 anni	428	345	512	312	204
50-57 anni	365	265	456	296	192
Oltre	245	198	321	184	103
Totale	2.915	2.522	3.272	2.158	1.572

Nella tabella proposta:
- aventi diritto al voto nel Nord-ovest nella fascia d'età 18-25 anni = 632;
- aventi diritto al voto nel Nord-ovest nella fascia d'età 26-33 anni = 684;
- totale degli aventi diritto al voto nel Nord-ovest = 2.915.

Pertanto, nel Nord-ovest, sul **totale degli aventi diritto al voto**, la **percentuale** (approssimata) di quelli **fino a 33 anni** è:

$$\text{percentuale} = \frac{632+684}{2.915} \times 100 = 45{,}146\% \cong \mathbf{45\%}$$

Per semplificare il calcolo è possibile fare delle approssimazioni ed usare particolari accorgimenti.
Innanzitutto, ragioniamo con numeri di minore grandezza, dividendo per 100 i numeri in questione ed approssimandoli:

$$632 : 100 = 6{,}32 \approx 6$$

$$684 : 100 = 6{,}84 \approx 7$$

Nella somma di queste due approssimazioni siamo sicuri di non aver compiuto un errore grande, in quanto un valore è approssimato per difetto ed uno per eccesso. Inoltre abbiamo:

$$2915 : 100 = 29{,}15 \approx 29$$

Pertanto la frazione da considerare è:

$$\frac{6+7}{29} = \frac{13}{29}$$

Impostiamo il calcolo della divisione:

$$13 : \underline{29} \rightarrow 130 : \frac{\underline{29}}{0,}$$

A questo punto, notiamo che il 29 è contenuto 4 volte nel 130 (possiamo accorgercene velocemente se approssimiamo 29 a 30). Pertanto il risultato della divisione comincia con 0,4 che si traduce in una percentuale superiore al 40% ma inferiore al 49,9%.
L'unica opzione di risposta contenuta in questo intervallo è 45%.

33) C. Questa domanda richiede un'attenta lettura delle regole del torneo e la ricerca di un metodo sistematico di annotazione per accertarsi di contare tutte le partite. È meglio non dare mai niente per scontato.

Fase 1: ogni squadra giocherà due partite contro ognuna delle altre squadre dello stesso gruppo. Le squadre sono sei. La squadra A deve giocare contro B, C, D, E ed F due volte, quindi 10 partite. Poi, la squadra B deve giocare contro C, D, E ed F due volte (abbiamo già contato le partite contro la squadra A): 8 partite. Procedendo allo stesso modo, la squadra C ne gioca altre 6, la squadra D altre 4 e la squadra E altre 2.
Il totale, quindi, è: 10 + 8 + 6 + 4 + 2 = 30 per il primo gruppo, più altre 30 partite per il secondo gruppo; quindi, in totale, nella fase 1, si giocano 60 partite.

Fase 2: ogni squadra gioca una partita contro ogni squadra dell'altro gruppo. Chiamiamo le squadre dell'altro gruppo P, Q, R, S, T e U; la squadra A deve giocare contro tutte queste, e lo devono fare anche B, C, D, E e F.
Ogni squadra quindi giocherà 6 partite, per un totale di 36. Notate che questa volta le partite si contano solo una volta: se si conta B contro R non si deve contare anche R contro B. Non c'è neanche bisogno di raddoppiare le risposte per i due gruppi, visto che abbiamo già fatto i conti per entrambi.

Fase 3: i vincitori dei due gruppi si scontrano in finale. La fase 3 consiste in un'unica partita. Il totale, quindi, è: 60 + 36 + 1 = 97 partite. L'opzione **C** è corretta.
Avere ottenuto una risposta che si trova tra le scelte, però, non è sufficiente per essere sicuri di aver risposto correttamente. Ad esempio, se nella Fase 1 avessimo contato solo un gruppo, il risultato sarebbe stato: 30 + 36 + 1 = 67 partite, che è l'opzione A.

34) B. Il metodo più diretto e sistematico per individuare il valore errato è sommare tutte le righe e colonne e trovare le due che sono sbagliate. Il valore che cerchiamo si troverà nell'intersezione. Se si prova a farlo, ci si accorgerà che la colonna della 2° media ha come totale 150 (non 145), e la riga delle macchina ha come totale 107 (non 102). Questi dati si intersecano nel valore 33, quindi la risposta corretta è **B**.
Fortunatamente, per trovare l'errore abbiamo dovuto sommare solo due colonne e una riga. Se volessimo essere veramente sicuri, potremmo continuare e controllare i totali anche di tutte le altre righe e colonne.
Quando si ha poco tempo a disposizione, però, esiste un metodo molto più veloce; è leggermente rischioso, ma se si pensa al tempo che potenzialmente si risparmia, vale la pena provarlo all'inizio. Se, per ogni numero, sommiamo solamente le unità, vedremo molto rapidamente se l'errore è in una riga o colonna particolare. Ad esempio, nella colonna della 1ª media sommiamo: 0 + 4 + 5 + 1 = 10; quindi lo 0, nella colonna del totale, è corretto. L'errore si trova rapidamente nella colonna successiva: 3 + 6 + 2 + 9 dà come risultato una cifra che termina in 0, non in 5. Questo metodo permette di risparmiare molte addizioni e riduce al minimo la possibilità di errore. Tuttavia, però, funziona solo se l'errore è nelle unità: se ad esempio vi fosse 42 invece che 32, il metodo non produrrebbe alcun risultato. Ciononostante, per applicare questa strategia si impiegano solo pochi secondi e, se non funziona, si può sempre svolgere l'addizione completa.

35) B. Nella **sequenza numerica** proposta, i numeri sono divisi in gruppi. La separazione tra ciascun gruppo e il successivo è delineata dal punto e virgola.

A loro volta, i **gruppi** sono costituiti da due numeri di tre cifre, di cui:

> nel **primo numero**, le **prime due cifre** sono **uguali** tra loro;
> nel **secondo numero**, la **prima** e la **terza cifra** sono **uguali** tra loro e uguali alle prime due cifre del primo numero.

Inoltre, la terza cifra del primo numero e la seconda cifra del secondo numero sono consecutive.

Nella sequenza data:

551 - 525; 558 - 595; 227 - 282; 884 - ...

nel quarto gruppo, dato il numero 884, si ha:

$$\text{primo numero} = 884 \Rightarrow \begin{cases} 8 = \text{prima cifra secondo numero} \\ 4+1 = 5 = \text{seconda cifra secondo numero} \Rightarrow \text{secondo numero} = \mathbf{858} \\ 8 = \text{terza cifra secondo numero} \end{cases}$$

Capitolo 3
I test logico-attitudinali nei concorsi per l'Unione europea*

3.1 I test di ragionamento EPSO

I **test di ragionamento EPSO** costituiscono sono parte della **preselezione** per i candidati a diversi profili. La prova, somministrata nella lingua del candidato, consiste in domande a risposta multipla di **ragionamento verbale**, **ragionamento numerico** e **ragionamento astratto**.
I test sono, infatti, del tipo:

> **verbale**, volti a valutare l'abilità del candidato di pensare in modo logico e di comprendere informazioni di natura verbale e numerica
> **numerico**, volti a valutare l'abilità del candidato di pensare in modo logico e di comprendere informazioni di natura numerica
> **astratto**, volti a valutare l'abilità del candidato di pensare in modo logico e di comprendere le relazioni tra concetti che non comportano elementi linguistici, spaziali o numerici.

La prova è prevista per diversi **profili**: Assistenti (AST-SC), Assistenti (AST), Amministratori (AD – Profili generici), Amministratori (AD – Specialisti), Giuristi-linguisti (AD), Traduttori (AD), Interpreti (AD). Inoltre, è prevista per Agenti contrattuali / CAST permanente – Test di ragionamento; per i gruppi di funzioni FG I, II e III, occorre consultare la sezione Assistenti (AST-SC) o Assistenti (AST); per il gruppo di funzioni FG IV, consultare la sezione Amministratori (AD – Profili generici).

3.2 I test di ragionamento verbale

Una delle prove in fase di preselezione dei test UE ha per oggetto un breve brano praticamente su qualsiasi argomento. Il candidato deve scegliere, tra le opzioni di risposta, quella che corrisponde pienamente alle affermazioni nel testo originale. C'è sempre una sola risposta corretta perché le altre opzioni contengono informazioni non deducibili dal brano o comunque false.
Il quesito proposto di seguito è molto semplice. La soluzione si trova semplicemente tra le righe del brano.

Esempio di test di ragionamento verbale dal sito EPSO

Lo haiku è un componimento poetico giapponese non in rima, formato da 17 sillabe organizzate in una sola riga o in tre righe di cinque, sette e cinque sillabe, rispettivamente. Lo haiku contiene sempre una parola che descrive la stagione in cui il componimento è ambientato. Lo haiku espri-

* Fonte: EPSO (*European* Personnel Selection *Office*)

me il massimo utilizzando un numero minimo di parole. Tale forma poetica si affermò nel XVII secolo, quando il poeta Bashō la perfezionò, trasformandola in una forma d'arte raffinatissima. A tutt'oggi, lo haiku è la forma poetica giapponese più popolare.

Quale delle seguenti affermazioni è corretta?

A. Nello haiku, per esprimere il significato, la rima viene usata in modo ingegnoso
B. Gli haiku più lunghi tendono a ripetere la struttura di cinque, sette e cinque sillabe in strofe di sei, nove o dodici versi
C. Lo haiku contiene di solito tre parole di cinque, sette e cinque sillabe, rispettivamente
D. Nello haiku c'è sempre un riferimento alla stagione in cui è ambientato

La risposta corretta è la **D**.
La risposta "Nello haiku, per esprimere il significato, la rima viene usata in modo ingegnoso" non è quella esatta perché proprio nella prima frase del brano è scritto "Lo haiku è un componimento poetico giapponese *non in rima*".
La risposta "Gli haiku più lunghi tendono a ripetere la struttura di cinque, sette e cinque sillabe in strofe di sei, nove o dodici versi" non è quella esatta perché nel brano non è citata la struttura degli haiku *più lunghi*.
La risposta "Lo haiku contiene di solito tre parole di cinque, sette e cinque sillabe, rispettivamente" non è quella esatta perché nel brano non si fa alcun riferimento al numero di parole di cui di solito si compone lo haiku.
La risposta "Nello haiku c'è sempre un riferimento alla stagione in cui è ambientato" è quella esatta perché nel brano è scritto "Lo *haiku contiene sempre una parola* che descrive la stagione in cui il *componimento è ambientato*".

3.3 I test di ragionamento numerico

Una delle prove in fase di preselezione dei test UE ha per oggetto una tabella complessa a più righe e più colonne. La risoluzione del quesito richiede la conoscenza di nozioni aritmetiche di base di base quali addizione, sottrazione, moltiplicazione, divisione, raramente anche il calcolo percentuale.
Per la risoluzione del quesito proposto di seguito, occorre eseguire una semplice somma utilizzando i dati contenuti nella tabella.

Esempio di test di ragionamento numerico dal sito EPSO

Demografia mondiale				
Continente	**Superficie (km^2)**	**Popolazione (in milioni)**	**% della popolazione che vive in città**	**Numero di Paesi**
Africa	30.065.000	877,5	36	53
Asia	44.579.000	3.879,0	34	44
Europa	9.938.000	727,0	74	46
America settentrionale	24.256.000	501,5	79	23
America meridionale	17.819.000	379,5	82	12

Qual è la superficie (in km^2) dell'America settentrionale e meridionale riunite?

A. 42.015.000
B. 42.075.000

C. 42.135.000
D. 42.195.000
E. 42.255.000

La risposta corretta è la **B.**
Per risolvere il quesito è necessario semplicemente sommare le superfici (in km^2) dell'America settentrionale e dell'America meridionale, ottenendo: 24.256.000 + 17.819.000 = 42.075.000.

3.4 I test di ragionamento astratto

Una delle prove in fase di preselezione dei test UE ha per oggetto una serie di figure. Questo test chiede ai candidati di identificare, tra le opzioni proposte, qual è la successiva nella riga, sulla base di una logica intrinseca tra le figure presentate.
Il quesito proposto di seguito è un semplice quesito di completamento di una serie di figure.

Esempio di test di ragionamento astratto dal sito EPSO

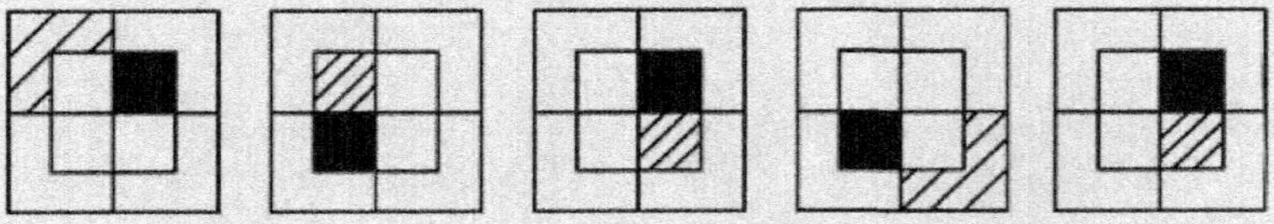

A.
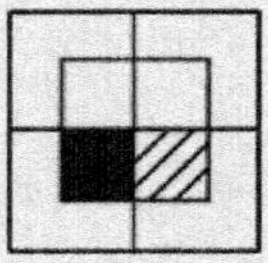

B.
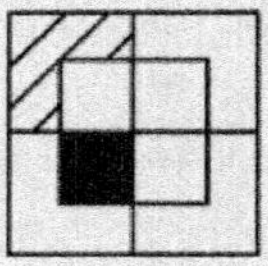

C.
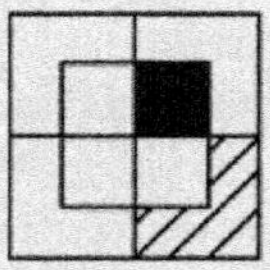

D.
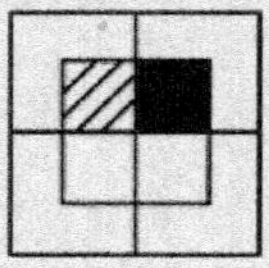

E.
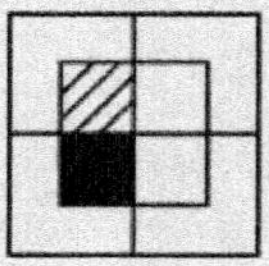

La risposta corretta è la **E.**

Nelle figure, occorre prestare attenzione sia all'andamento del quadratino a righe trasversali sia a quello del quadratino nero.
Nel passare da una figura all'altra, il quadratino a righe trasversali si sposta dall'angolo in alto a sinistra verso il centro, fino al quadrato in basso a destra, per poi tornare nuovamente verso sinistra, passando per il centro.
Nel passare da una figura all'altra, invece, il quadratino nero si sposta dal quadrante in alto a destra del quadrato centrale al quadrante in basso a sinistra del medesimo quadrato, per poi spostarsi nuovamente nel quadrante in alto a destra.
La figura proposta nell'opzione E costituisce il logico completamento della serie.

Appendice

Il colloquio

Appendice
Il colloquio

1 Il colloquio di lavoro: obiettivi e *soft skills* valutate

1.1 Gli obiettivi del colloquio

Il **colloquio** è un momento fondamentale nella ricerca di un impiego: è importante tanto per chi seleziona il personale, che dovrà scegliere il candidato ideale, il più adatto a ricoprire quella determinata posizione, quanto e soprattutto per i candidati, che aspirano a ricoprire una posizione all'interno di un'organizzazione.
Sono molteplici gli obiettivi che si pone un recruiter in questo momento di incontro tra domanda e offerta di lavoro.
Il primo obiettivo del selezionatore è quello di verificare l'**attendibilità delle informazioni contenute nel curriculum vitae** (CV) che il candidato ha inviato. Non si tratta ancora, in questa fase, di controllare concretamente il possesso dei titoli di studio elencati o delle competenze indicate, quanto piuttosto di testare la coerenza tra ciò che è scritto e riportato nel CV e il livello della prestazione.
Il selezionatore ha anche un altro importante interesse: **individuare il profilo, la personalità del candidato, testare le sue capacità di adattamento e idoneità alla posizione offerta e all'azienda stessa**. Non verifica certamente la simpatia o la cordialità, la timidezza o la scontrosità, ma confronta la personalità del candidato con il clima che si respira all'interno della squadra o dell'organizzazione che egli rappresenta.

1.2 Le *soft skills* valutate nel colloquio di lavoro

Le competenze che il selezionatore si prefigge di testare durante un colloquio di lavoro sono molteplici. Senza dubbio, il selezionatore valuta le competenze tecnico-professionali in possesso del candidato necessarie per ricoprire il ruolo. Ma, oltre, a queste *hard skill*, la valutazione verte anche su altre competenze, di tipo ***soft***, che chiaramente dipendono dal ruolo da ricoprire. Le principali riguardano:

- la *comunicazione interpersonale* e l'*ascolto attivo*: per comunicare nel miglior modo possibile occorre sapersi porre nel ruolo di emittente ma anche in quello di destinatario;
- l'*approccio al lavoro* e il *senso di responsabilità*, come la capacità di saper stabilire le priorità, organizzare il carico di lavoro, gestire il tempo e saper prestare attenzione ai dettagli;
- la *fiducia in se stessi*: il grado di autoconsapevolezza delle proprie capacità, dei propri limiti ed emozioni;
- *problem solving*: la migliore risposta possibile a una determinata situazione critica e solitamente nuova;
- *motivazioni* e *ambizioni* riguardo all'azienda.

Il colloquio motivazionale
La **motivazione al lavoro** è quell'insieme complesso di forze che attivano, dirigono e sostengono i comportamenti lavorativi nel corso del tempo. I candidati possono essere in possesso di competenze anche complesse, ma non essere adeguatamente motivati a utilizzarle.
Le domande motivazionali sono una parte importante del primo colloquio di lavoro. La valutazione delle competenze trasversali, infatti, deve essere integrata con la rilevazione della motivazione del candidato a ricoprire la posizione lavorativa per la quale concorre.
Il colloquio motivazionale indaga in un candidato le sue inclinazioni motivazionali, i valori, le aspettative e gli obiettivi professionali per prevedere la sua futura integrazione con il ruolo e con il contesto organizzativo.

2 I livelli di strutturazione dei colloqui

Il livello di strutturazione del colloquio, ovvero il suo livello di complessità e preelaborazione, dipende da quanto viene utilizzato uno schema di domande standardizzato. La tipologia strutturata è preferibile alle altre, poiché permette di porre domande più mirate e di confrontare in maniera più oggettiva i candidati.
Distinguiamo pertanto:

- il **colloquio strutturato**, che ha il vantaggio di essere veloce, preciso, efficace per il selezionatore o il datore di lavoro ma, come contropartita, lascia poco spazio alla partecipazione del candidato e, soprattutto, alla sua spontaneità. Tale tipologia di colloquio è infatti caratterizzata da una serie di domande standard e prestabilite che vengono poste a tutti i candidati;
- il **colloquio semi-strutturato**, utilizzato spesso per i posti di media responsabilità, è certamente la tipologia più comunemente impiegata; unisce la rapidità e la pianificazione della modalità precedente con una maggiore flessibilità che consente al candidato la possibilità di potersi esprimere e formulare risposte più articolate. Questo metodo non prevede risposte troppo dirette, immediate, stringate a tutto ciò che il selezionatore vorrà verificare (lo farà in un altro momento), ma permette di capire in che modo il candidato struttura il suo pensiero, quali sono i suoi valori, le sue priorità, il suo modo di comunicare;
- il **colloquio libero** o **non strutturato**, che lascia ampio spazio al candidato. In questo caso, il recruiter instaura un dialogo che procede seguendo l'andamento della conversazione ed è determinato dalle risposte date, dunque non per una reale pianificazione stabilita a priori.

3 Il colloquio individuale

3.1 Nozione

Il **colloquio individuale** è il metodo più utilizzato in assoluto: un solo candidato intervistato da uno o più selezionatori. È utile soprattutto per approfondire le informazioni che sono state raccolte in una fase precedente (ad esempio nell'analisi del curriculum vitae) e per spiegare nel dettaglio al candidato il profilo ricercato e ciò in cui davvero consiste il lavoro.

In genere, il colloquio individuale si articola in 4 fasi:

1. **Riscaldamento**. Dura pochi minuti, durante i quali il recruiter valuta la prima impressione che ha del candidato, soprattutto rispetto alla comunicazione non verbale, al modo di porsi e all'abbigliamento.
2. **Esame vero e proprio**. Dura circa 20 minuti, durante i quali il recruiter, attraverso una serie di domande, valuta le competenze, le capacità e la personalità del candidato. In particolare, raccoglie informazioni per misurare il livello di motivazione, il tipo di aspirazioni, il modo di ragionare e di interagire, di percepire se stesso e ciò che lo circonda.
3. **Contro esame**. Dura circa 10 minuti, durante i quali, il recruiter, raccolte tutte le informazioni utili sul candidato, gli cede la parola, chiedendogli di esprimere le sue opinioni e di porre domande.
4. **Chiusura**. Il candidato raccoglie le informazioni che gli serviranno a valutare la proposta di lavoro e il recruiter valuta gli elementi raccolti per prendere una decisione rispetto alla candidatura.

Durante l'**esame vero e proprio**, il recruiter pone al candidato una serie di **domande**, che si articolano in: domande personali; domande inerenti l'iter formativo; domande professionali.

Si riportano di seguito alcuni esempi di **domande** appartenenti a ciascuna delle tre categorie:

1. Mi parli di lei. La prima cosa che i recruiter chiedono ai candidati durante un colloquio è una breve presentazione di se stessi e questa fase introduttiva è fondamentale. Inutile, quindi, farsi cogliere impreparati, andare in confusione o, peggio, cercare le parole o farfugliare.
2. Se le piace lo sport, preferisce sport individuali o di squadra?
3. Quali sono i suoi hobby?
4. Qual è l'ultimo libro che ha letto?
5. Quali sono i suoi punti di forza e di debolezza?
6. Dove si vede tra 3-10 anni? (Questa è una domanda tipica)
7. Qual è stato il suo iter scolastico?
8. Perché ha scelto il suo iter scolastico?
9. Quali sono le materie che le sono piaciute di più?
10. Se tornasse indietro quale corso di studi sceglierebbe?
11. Ritiene di avere una buona preparazione?
12. Se fosse un'azienda, quale sarebbe il suo motto?
13. Quali sono le sue esperienze professionali?
14. Descriva la sua ultima occupazione, le responsabilità e le mansioni che ha/aveva.
15. Si sente preparato per questa posizione?
16. Preferisce lavorare da solo o in gruppo?
17. Quali sono i suoi obiettivi professionali a lungo termine?
18. Perché si sente la persona adatta a questa posizione?
19. Perché dovremmo assumerla?
20. Ha qualche domanda?

La **fase di chiusura** di un colloquio è molto delicata per il candidato. Durante questa fase è opportuno non chiedere l'esito del colloquio, ma è possibile fare domande del tipo: "Quali sono i tempi e i modi della vostra selezione?".

3.2 Tipologie di colloqui individuali

Sequenza di colloqui individuali

Si possono pianificare più colloqui in una stessa giornata, nel corso della quale il candidato incontra vari **responsabili aziendali** che intervengono nel processo di selezione.
Dal punto di vista del candidato, questo tipo di selezione è pericoloso perché se il primo responsabile che incontra ha un'opinione negativa potrebbe decidere di porre subito fine alla sequenza di colloqui programmati per la giornata.
L'efficacia di tale tipologia di colloquio dipende molto dalla collaborazione tra colleghi e dal rispetto che ognuno ha delle opinioni degli altri.

Il colloquio con più interlocutori

In questo caso il candidato si trova di fronte a più selezionatori: il **responsabile della selezione** e uno o più **responsabili aziendali** con cui dovrà lavorare.
Per evitare che più persone dell'azienda debbano vedere numerosi candidati, si utilizza il sistema ibrido: il responsabile della selezione può intervistare tutti i candidati e, alla fine di una prima fase di selezione, può sottoporre solo i 3 o 4 profili più interessanti ai responsabili aziendali.

4 Il colloquio di gruppo

Un tipo di colloquio che le organizzazioni usano per reclutare personale è il **colloquio di gruppo**: due o più candidati intervistati da uno o più selezionatori.
Questa modalità di colloquio è tipicamente utilizzata nella selezione del personale in organizzazioni che desiderano assumere più collaboratori o che, a seguito del lancio di grandi campagne di selezione, hanno ricevuto candidature di profili comparabili. È molto diffuso anche per la selezione di candidati agli impieghi commerciali.
In questo tipo di scenario, l'azienda indica le regole del gioco.
In una **prima fase**, il selezionatore fornisce informazioni sull'azienda, sul profilo ricercato, sulle modalità di retribuzione e sugli eventuali limiti o obblighi. I partecipanti sono poi invitati a presentarsi uno a uno. Ai candidati viene sottoposta, quindi, una tematica/problematica sulla quale discutere o viene chiesto di scegliere il tema. I candidati sono invitati a partecipare alla discussione e a trovare una soluzione alla tematica proposta.
In una **seconda fase**, i responsabili dell'azienda possono o ricevere individualmente i candidati che hanno confermato la loro candidatura oppure organizzare un dibattito di gruppo che si articola, spesso, attorno a un tema che possa interessare tutti, tipo un argomento d'attualità. Gli animatori della riunione ascoltano e osservano, prendono appunti e identificano quei partecipanti i cui interventi denotano tratti della personalità o atteggiamenti che risultano particolarmente interessanti.
Il colloquio di gruppo ha l'**obiettivo** di osservare alcune dimensioni di personalità dei candidati relative, in particolare, alle modalità di comunicazione e di interazione personale. I valutatori ascoltano e osservano il comportamento dei candidati, prendono appunti e identificano quei partecipanti i cui interventi denotano tratti della personalità o atteggiamenti che risultano particolarmente interessanti.

Gli atteggiamenti più apprezzati dai selezionatori, in questi casi, sono:
- ascolto attivo
- facilità di argomentazione
- solidità del ragionamento
- combattività
- capacità relazionale
- *leadership*
- flessibilità
- *problem solving.*

5 La comunicazione nel colloquio di lavoro

Partecipare a un colloquio significa **comunicare**: si comunica sia con ciò che si dice sia con ciò che si fa, ma anche con ciò che non si dice e non si fa.
Non si comunica soltanto con le parole, lo si può fare anche con gesti e, per esempio, con la mimica del viso e con la postura del corpo. I due tipi di comunicazione, naturalmente, non si escludono l'un l'altro.
La comunicazione, per sua stessa natura, si dipana su diversi livelli. Generalmente se ne distinguono tre, in grado di racchiudere al loro interno tutte le possibilità della comunicazione: livello di comunicazione verbale; livello di comunicazione paraverbale; livello di comunicazione non verbale.
Il **livello di comunicazione verbale** è il primo e più immediato livello di comunicazione tra individui, ossia quello che utilizza la parola. Impiega codici condivisi costituiti da aggregati di simboli convenzionali (lettere, parole e frasi). Le regole che dirigono l'operato di emittente e destinatario su questo livello di comunicazione sono quelle della sintassi (ossia le modalità di costruzione delle frasi), della semantica (ossia le modalità di attribuzione di significato) e della pragmatica (ossia le modalità della congruenza della comunicazione verbale al contesto di elezione).
Il **livello di comunicazione paraverbale**, di supporto al livello verbale, riguarda le modalità di trasmissione che non utilizzano la lingua con cui il messaggio vocale viene veicolato dall'emittente e con cui il destinatario espone successivamente il suo feedback di risposta.
Il **livello di comunicazione non verbale** riguarda il corpo nell'atto della comunicazione ed è un livello squisitamente analogico cui appartengono la gestualità, le posture, le espressioni del viso, le distanze tra i corpi dei soggetti che comunicano (ossia la prossemica). La comunicazione non verbale comprende un vasto numero di canali comunicativi e di fattori che non rientrano nelle altre due modalità (verbale e paraverbale). Si tratta di una modalità di comunicazione operativa che risulta valida anche quando non si parla, quindi non necessariamente legata al dialogo e all'utilizzo dei codici linguistici.
La ***mimica facciale*** rappresenta una delle principali forme di comunicazione non verbale. Essa accompagna in modo costante la comunicazione verbale dell'emittente e risulta attiva anche nel destinatario quando questi si trova nell'atto di ascoltare il proprio interlocutore. In entrambi i casi, la mimica facciale esprime in modo diretto e sincero lo stato emotivo di chi sta interloquendo.
Durante il colloquio di lavoro i vari livelli della comunicazione giocano un ruolo chiave nel colloquio e, quindi, hanno un grosso peso sul suo esito.

Il candidato deve guardare l'interlocutore negli occhi in modo che questi legga il suo interesse, la sua determinazione, l'ottimismo e la sicurezza. Guardandolo con attenzione, il candidato può accorgersi se getta sguardi furtivi ai documenti sulla sua scrivania, se osserva un punto lontano, che sia alle spalle del candidato o per terra: ciò indica che è distratto da altre cose, ciò che il candidato dice non lo sta raggiungendo, a meno che non si tratti di un tranello per mettere alla prova il candidato. In questo caso, è bene che il candidato smetta di parlare, il silenzio lo riporterà alla situazione corrente e a concentrarsi interamente sul colloquio.
Tutti i segni di professionalità che si danno sono ugualmente atti di comunicazione non detti, ma forti, incisivi. Le informazioni che il candidato ha raccolto sull'azienda, la partecipazione equilibrata al colloquio, il prendere l'iniziativa di fronte all'interlocutore, l'organizzazione dei documenti, il rigore e la precisione delle risposte sono per il reclutatore tutti elementi di garanzia della sicurezza e dell'interesse del candidato.

6 Il colloquio nei concorsi per l'Unione europea

I colloqui EPSO sono generalmente basati sulle **competenze specifiche** dell'ambito del concorso, quindi fatti per valutare le competenze strettamente legate alle mansioni richieste per quel profilo specifico.
Il **colloquio relativo all'ambito del concorso** è, infatti, una prova intesa a valutare, in tutto o in parte (come indicato nel bando di concorso), le competenze inerenti alle mansioni richieste per il profilo specifico. Si tratta di un colloquio strutturato condotto da due membri della commissione giudicatrice. Il colloquio si svolge nella seconda lingua del candidato. Il punteggio minimo richiesto è indicato nel bando di concorso. Il colloquio relativo all'ambito del concorso non deve essere confuso con il colloquio basato sulle competenze generali, che è sempre strutturato, ma che si concentra sulle competenze generali piuttosto che sulle specifiche mansioni.
Di seguito, esponiamo alcune forme di colloquio in cui si valutano competenze trasversali dei candidati e che sono tipici dei concorsi per l'Unione europea.

Colloquio situazionale basato sulle competenze

Il **colloquio situazionale basato sulle competenze** è previsto per diversi profili, tra questi Assistenti (AST), Amministratori (AD – Profili generici), Amministratori (AD - Specialisti), Giuristi-linguisti (AD), Traduttori (AD).
Tale colloquio è volto a valutare, generalmente, analisi e risoluzione di problemi, individuazione delle priorità e spirito organizzativo, capacità di lavorare in gruppo, *leadership*.
Il colloquio situazionale si svolge a distanza in videoconferenza. Si tratta di un colloquio in cui si chiede al candidato come reagirebbe in una situazione specifica. Prima del colloquio, il candidato è invitato a consultare e leggere un incarico scritto e informazioni di base online per prepararsi all'esercizio. Il colloquio verterà sulla situazione descritta nell'incarico e su altre situazioni, non basate sull'incarico. Durante il colloquio il candidato può consultare l'incarico scritto e le informazioni generali.

Colloquio basato sulle competenze

A seconda del concorso e del grado per il quale il candidato ha presentato la candidatura, e come specificato nel bando di concorso, il **colloquio basato sulle competenze** intende valutare, generalmente, apprendimento e sviluppo, capacità di lavorare con gli altri, *leadership*.
I candidati sono intervistati per un dato numero di minuti (indicato nel bando) su ogni competenza. Le domande sono strutturate in modo tale da permettere ai valutatori di verificare le competenze generali del candidato.

Colloquio per valutare la motivazione

La motivazione a lavorare per le istituzioni è articolata e comprende diversi elementi: l'origine dell'interesse a lavorare per l'UE, la consapevolezza di quali sono i valori dell'UE e l'impegno a favore di essi, la comprensione delle sfide attuali e future dell'Unione europea, le aspettative per quanto riguarda una carriera nelle istituzioni, la conoscenza dell'UE e delle sue origini, istituzioni e principali politiche.
Sulla base di questa idea è stato sviluppato il **colloquio per valutare la motivazione**, un colloquio strutturato, della durata di alcuni minuti (indicati nel bando), per permettere a due membri della commissione giudicatrice di valutare la motivazione. Nel corso del colloquio saranno testati tutti gli elementi di cui sopra.

Printed in Great Britain
by Amazon

57109053R00143